2015 年度福建省中青年教师教育研究重点项目《价值多元语境下大学生主流意识形态认同教育研究》(JAS150158)、2016 年度教育部人文社会科学研究青年基金项目《互联网 + 条件下我国高校主流意识形态话语权问题研究》(16YJC710053)阶段性成果。

当代大学生社会主义核心价值观教育创新研究

罗理章　张一　著

中国水利水电出版社
www.waterpub.com.cn

·北京·

内 容 提 要

本书对新形势下大学生核心价值观教育的必要性,大学生核心价值观的教育原则、理念、方法、模式、机制、路径等方面进行了系统的研究与探索。本书以科学的理论指导,以当代大学生核心价值观教育的实践为基础依据,对当前大学生核心价值观教育进行深入的分析和研究,具有时代性和实践性。本书力求理论与实践相结合,以期为当前大学生社会主义核心价值观教育尽绵薄之力。

图书在版编目(CIP)数据

当代大学生社会主义核心价值观教育创新研究/罗理章,张一著. —北京:中国水利水电出版社,2016.8(2022.9重印)
ISBN 978-7-5170-4653-0

Ⅰ.①当…　Ⅱ.①罗… ②张…　Ⅲ.①大学生—思想政治教育—研究—中国　Ⅳ.①G641

中国版本图书馆 CIP 数据核字(2016)第 204044 号

责任编辑:杨庆川　陈　洁　封面设计:崔　蕾

书　　名	当代大学生社会主义核心价值观教育创新研究　DANGDAI DAXUESHENG SHEHUI ZHUYI HEXIN JIAZHIGUAN JIAOYU CHUANGXIN YANJIU
作　　者	罗理章　张　一　著
出版发行	中国水利水电出版社
	(北京市海淀区玉渊潭南路 1 号 D 座 100038)
	网址:www. waterpub. com. cn
	E-mail:mchannel@263. net(万水)
	sales@ mwr.gov. cn
	电话:(010)68545888(营销中心)、82562819(万水)
经　　售	全国各地新华书店和相关出版物销售网点
排　　版	北京厚诚则铭印刷科技有限公司
印　　刷	天津光之彩印刷有限公司
规　　格	170mm×240mm　16 开本　19.5 印张　253 千字
版　　次	2016年9月第1版　2022年9月第2次印刷
印　　数	2001—3001册
定　　价	58.50 元

前　言

党的十八大报告强调指出："倡导富强、民主、文明、和谐，倡导自由、平等、公正、法治，倡导爱国、敬业、诚信、友善，积极培育和践行社会主义核心价值观。"这是我党在实践中对中国特色社会主义理论与时俱进的丰富和发展。从社会主义核心价值体系确立到社会主义核心价值观倡导的整个过程，展现了党在解放思想、实事求是基础上善于学习、博采众长、不断进行理论深化的优秀品质，反映了党与时俱进、求真务实的先进性。社会主义核心价值观从国家、社会、公民三个层面涵盖了中国特色社会主义事业不断前进的深层信念系统。从其内容上看，集纳了社会主义核心价值体系的各个层面，既包含了对马克思主义指导思想坚定不移的坚持，也包含了对社会主义共同理想的明确设计；既包含了对民族精神的高度概括和对时代精神的准确提炼，也包含了对践行社会主义荣辱观的具体化要求，实现了对核心价值体系的内核提炼和精髓把握。践行社会主义核心价值观必将在实践中推动社会主义文化大发展大繁荣，为建设文化强国注入活力，为全面建成小康社会和实现中华民族伟大复兴的中国梦增添持续性动力。

大学生是特殊而重要的社会群体，是宝贵的人才资源，是中国特色社会主义事业的建设者和接班人，他们具有什么样的价值观，不仅反映社会核心价值观的现实状况，也引领着社会主义核心价值观的未来走向；不仅影响其自身价值的实现，而且对国家和民族的命运也有重要的影响。正因如此，重视培育青年学生的价值观，是中国共产党的优良传统。中国共产党建党前后，党的早期领导人陈独秀、李大钊等就十分注重在青年学生中传播马克思主义思想,培育青年学生的共产主义价值观。新民主主义革命时期,中国共产党始终坚持以马克思主义为指导思想来培育青年学生,并随着时局的发展,不断创新价值观教育的方法与途径。新中国成立后,中国共产党着重对青年学生进行爱祖国、爱人民、爱科学、爱劳动、爱社会主义的教育,引导他们确立正确的世界观、人生观、价值观。改革开放以来,在新的时代氛围中,邓小平反复强调要坚持一手抓物质文明建设,一手抓精神文明建设,坚持四项基本原则,反对资产阶级自由化,培养有理想、有道德、有文化、有纪律的四有新人。20世纪90年代以来,中国共产党继承和发展了老一辈领导人的价值观教育思想,突出爱国主义、集体主义和社会主义在大学生价值观教育中的核心地位,强调"要坚持进行爱国主义、集体主义、社会主义思想和共产主义理想的教育,进行近代史、现代史教育和国情教育,增强民族自尊、自信、自强的精神,巩固和发展人民内部平等、团结、友爱、互助的社会主义新型关系,移风易俗,使社会主义思想道德蔚然成风"。进入21世纪,面对新机遇、新挑战,中国共产党明确提出要大力建设社会主义核心价值体系,开展社会主义核心价值体系学习教育。党的十七大报告强调,要"切实把社会主义核心价值体系融入国民教育和精神文明建设的全过程,转化为人民的自觉追求"。党的十八大以来,习近平总书记发表系列重要讲话,对全面贯彻党的教育方针,为党和人民的事业培养合格建设者和可靠接班人做出重要指示,强调"青年一代有理想、有担当,国家就有前途,民族就有希望"。强调"广大青年要从现在做起,从自己做起,要从勤学、修德、明辨、笃实四个方面下功夫",强调"广大青年要使社会主义核心价值观成为自己的基本遵循,并身体力行大力将其推广到全社会去"。

当今世界是一个多元文化的世界,当代中国是一个多元文化社会,多元文化的存在使得社会更有活力的同时,也造成了一些矛盾和冲突。当前,经济全球化和世界多极化在不断发展,社会主义市场经济体制改革的不断深化带来了利益主体多元化、利益关系多元化、利益格局复杂化的新局面,知识经济的迅猛发展,高等教育的大众化,等等。形势和环境的变化使得我国大学生的价值观发生了一定的变化,部分大学生在政治立场、理想信念、价值观、道德观等方面出现了新的解读、新的困惑和新的趋向等等。加强大学生社会主义核心价值观教育,坚持以社会主义核心价值观引领社会思潮,有助于最大限度地形成社会共识,促进社会的团结和进步,广大大学生只有以社会主义核心价值观为引领,才能弘扬科学精神,成为具有科学创新精神的人才,才能让中国梦得以顺利的实现。

本书共七章,以马克思主义哲学原理和思想政治教育学原理为理论基础,借鉴政治学、心理学等多个学科的研究成果,吸取多年来实践中形成的经验与教训,综合运用理论与实践相结合的研究方法、统筹兼顾的系统研究方法、多学科整合与借鉴的研究方法等对大学生社会主义核心价值观教育相关内容进行研究论述。第一章从当代大学生价值观念发展的实际和社会主义核心价值观教育的实际出发,探讨了其时代背景、价值蕴含、教育现状和愿景图绘;第二章对大学生社会主义核心价值观教育的原则、理念和方法进行了研究;第三章研究了大学生社会主义核心价值观教育创新模式构建,主要包括主体性教育模式、价值澄清模式、体谅模式和网络教育模式;第四章对大学生社会主义核心价值观教育创新机制建设进行了分析,主要包括大学生核心价值观教育的宣传教育机制、示范引领机制、监督管理机制和考核评价机制四个方面;第五章至第七章则分别从繁荣校园文化、深化社会实践和提升网络效能三个方面对大学生社会主义核心价值观教育的路径进行深入分析。

全书由罗里章、张一负责撰写,其中第三章、第四章、第五章、第六章及第七章由罗里章负责写作,约 20 万字,第一章、第二章由张一负责写作,约 5 万字,最后由罗理章负责全书的校对和统稿工作。福建师范大学马克思主义学院研究生徐丹霞、霍文娜为本书做了大量校对和资料收集整理工作,在此表示感谢。

本书在写作过程中，引用了一些学术著作和学术论文，在此对相关的作家、学者表示感谢！此外还得到了许多专家与朋友的帮助，特向他们表示衷心感谢！加强大学生社会主义核心价值观教育是一项长期的系统工程，尤其是随着社会经济的发展，也是一个不断创新、不断探索和实践的过程，由于本人学术水平和实践探索的缺陷，书中难免有不足和纰漏，恳请同行专家学者和读者批评指教。

作　者

2016 年 5 月

目 录

第一章 | 大学生社会主义核心价值观教育基本理论

2014年5月4日,习近平在北京大学师生座谈会上倡导青年要自觉践行社会主义核心价值观,他说:"我为什么要对青年讲讲社会主义核心价值观这个问题? 是因为青年的价值取向决定了未来整个社会的价值取向,而青年又处在价值观形成和确立的时期,抓好这一时期的价值观养成十分重要。这就像穿衣服扣扣子一样,如果第一粒扣子扣错了,剩余的扣子都会扣错。人生的扣子从一开始就要扣好。'凿井者,起于三寸之坎,以就万仞之深。'青年要从现在做起、从自己做起,使社会主义核心价值观成为自己的基本遵循,并身体力行大力将其推广到全社会去。"①

大学生群体是最重要的青年群体之一。同时,大学生教育是国家高等教育体系中的一个重要环节,是培养高层次专门人才的主要途径。高校在践行社会主义核心价值观的过程中聚焦新时代的大学生群体,对这一群体进行科学的社会主义核心价值观教育,关乎国家、民族的现在和未来。

第一节 大学生社会主义核心价值观教育的时代背景

面临全球化、市场化、信息化、去中心化和多元化的时代大背景,生存于其中的每一个人都需要顺应这个时代的要求调整自

---

① 习近平.青年要自觉践行社会主义核心价值观——在北京大学师生座谈会上的讲话[EB/OL]. http://news. xinhuanet. com/politics/2014—05/05/c1110528066. htm

己、发展自己。大学生群体也是如此。对他们进行社会主义核心价值观教育不仅仅是为了适应时代对每个人生存与发展所提出的客观要求,而且也是为了承担起时代新发展赋予社会高层次人才的新任务,即以先锋模范作用引领整个社会的价值观念。因此需要着重分析对大学生群体进行社会主义核心价值观教育的外部境遇,以便深入理解这一任务的时代必然性。

一、最现实的时代背景——全球化

全球化是当今世界不可逆的潮流,无论是社会主义国家抑或是资本主义国家都无一避免地卷入这一潮流之中。随着全球化的发展和深入,它显然已经不仅仅局限于经济和技术交流的范畴。全球化对社会主义核心价值观教育带来的影响有利有弊,我们应在弄清全球化内涵与实质的基础上,把握机遇,应对挑战,更好地融入全球化进程,并在全球化的进程中趋利避害。

(一)全球化使人与人之间的全面依存关系得到深入发展

世界市场的日趋拓展使得物质资料、精神产品在全球范围内"共享",打破了国家和民族的局限,形成了资源在全球范围内流动和传播的态势。随着生产力发展水平和对外交往水平的提高,不同国家之间、民族之间的交流与合作越来越频繁,其中"地域性"的个人也已被"世界历史性的个人、经验上普遍的个人所代替"。[①] 人与人之间的关系变化为全面的依存关系,各个看似独立性的个人在世界体系之中都有着普遍的联系和交往。

全球化是由经济领域的全球化所引领的政治、文化等多领域的全球一体化进程,故而,经济全球化、政治全球化、文化全球化乃是全球化表现的应有之义。其中,在意识形态领域,以文化全球化影响最为突出,即便对还在学校围墙之内的大学生群体来

---

① 马克思恩格斯选集(第 1 卷)[C].北京:人民出版社,1995,第 86 页

说,也产生着不可估量的作用。

文化全球化浪潮来势汹汹,各国文化不仅仅是国家软实力的象征,也是各国之间交往的纽带。随着各国交往越来越密切,文化在综合国力中的作用也越来越突显。科学的进步,技术的发展,使得交流手段越来越先进,交流渠道越来越多样,某种文化的流行,很容易演变为全球范围内的时尚。如韩流席卷全球、好莱坞电影遍布世界,这些都是鲜明的例子。文化全球化一方面促进了各国文化的交流,另一方面也极大地冲击着本土文化。

正是在这种多元领域中的冲突与合作造就了世界历史性的个人,形成了这种个人之间的普遍交往。现代社会之中,任谁也无法逃脱人类发展中的这一最为现实的时代背景。

(二)全球化背景下的价值观教育的必要性

全球化已然是不可抗拒的潮流,以前所未有的速度席卷世界每一个角落。人们的生存环境、生存状况发生极大的交互性,尤其是这种相互交往的社会化和全球化使人们的视野扩大,突破了地方意识和封闭意识,也打破了人类文化精神中的"类意识"和整体精神,不同民族和不同文化中的群体、个人摆脱了原有的各种限制,开始作为"社会人""世界公民""普遍价值的主体"思考问题。在这种背景下,如果人们还处于封闭、对抗的关系的话就会变得落后,而开放、合作则给人们带来双赢、共赢。这就要求人们在相互交往中打破种族、国别、地区、宗教、文化等界限和不同,超越具体主体的个性化需要和多样性诉求,在诸多共同的、统一的目的和需要引导下,从整体、全局的视角来看待问题,特别注意相互之间的关系、利益的协调一致。因此,在开放性、多样性的具体主体的价值取向之间,也必然存在着社会的、历史的统一性或一致趋势。在这样的大环境中,尤其是在全球化已加速了人们普遍交往和越来越密切的依存关系的前提下,价值观念的冲突在所难免。

不同文化、不同背景的各个国家要在世界各价值文化碰撞中竞争、生存、发展,就必须要适应全球化所提出的挑战。中国自鸦片战争被迫打开国门之时,中西两大文明在价值观念上的碰撞就已出现,并持续至今。放眼世界,西方价值体系、中华价值体系和伊斯兰价值体系,以及世界其他本土价值理念之间的接触、融合十分频繁。

在全球化浪潮下,西方的拜金主义、享乐主义、个人主义等不良思想传入中国,不仅腐蚀着意志不坚定者的内心,更使得他们在不良思潮影响下,对中国特色社会主义共同理想产生怀疑,对社会主义核心价值观产生动摇。西方思潮的传播,不仅仅带来了多元的文化和习俗,同时也为西方国家意识形态的渗透打开了便利之门,很容易使对西方社会缺乏实际了解的人心生向往,甚至对当前国内社会环境产生误解和质疑,在心理上逐步向西方社会靠拢。因此,在全球化浪潮中,在对外开放进程中抵御西方不良思想就显得尤为重要。适应全球化和增强民族认同是全球化背景下培育和践行社会主义核心价值观不可回避的一项辩证课题。正如亨廷顿所言:"人类在文化上正在趋同,全世界各民族正在日益接受共同的价值、信仰、方向、实践和体制。"①

在竞争如此激烈的全球舞台上,想要有一席之地唯有提高自身的文化软实力。提高文化软实力很重要的一点在于对本国文化有着充分的自信,这在我国体现为对中国特色社会主义共同理想的坚持,对社会主义核心价值体系的支持,对社会主义核心价值观的认同。在多元文化激荡的今天,唯有明确民族文化的重要性,以民族文化为主导,才能立于世界之林,让世界更加了解中国文化,以促进世界更好地了解中国。以社会主义核心价值观为核心,不断对其进行完善,使群众对本国文化更有归属感,更有自信,使人民的行为有所约束和规范,以此促进社会主义共同理想的实现,更好地建设中国特色社会主义。

面对全球化的冲击,我们需要正视西方意识形态的渗透与挑

---

① (美)塞缪尔·亨廷顿著;周琪译. 文明的冲突与世界秩序的重建[M].北京:新华出版社,1998,第43页

战,不断完善社会主义核心价值体系建设,捍卫我国意识形态安全,以社会主义核心价值观来引导中国特色社会主义建设事业持续走向新的高峰。

二、最基础的时代背景——市场化经济

市场经济是当代影响中国发展最重要的社会因素之一。改革开放以来,市场化改革一直是中国社会的普遍共识和共同价值取向,对于改革的想法和方式可能不统一,但对于市场经济的选择却取得了高度一致。改革开放的深入发展使得中国社会主义市场经济高速发展,取得了举世瞩目的成绩。但市场经济在给社会带来巨大发展和进步的同时,也给人们的精神世界带来了不可忽视的撞击,当前社会中与市场经济发展不相适应的精神文化建设问题日益突出。精神文化建设比之市场经济的迅猛发展来说显得相对滞后,因此出现了一系列的社会精神层面问题,如道德受损、精神倦怠、信仰动摇,等等,一些人最后走上违法犯罪的道路,令人惋惜。正是这种种的问题,需要我们重视社会主义核心价值观的践行。

(一)市场经济的竞争性特征

市场经济是以市场为基础,实现资源有效配置的一种经济运行方式。资源配置的有效性体现了社会效率,对于效率的追求,使各市场主体不得不具备竞争意识。竞争是市场经济的一大特点。同时,市场经济产生于西方资本主义国家,追求私利是其永恒的目标。在市场经济体制下,人们的经济活动均与经济利益息息相关,所以趋利成了市场经济又一重要特征。

一方面,竞争性的市场化激发了个人主体性和能动性。以"为我性"为主要标志的独立个人在竞争中谋取自身利益。个人可以自由地进行买与卖,缔结平等的交易关系。市场化的竞争不仅通过这种自由的交易满足了人们的基本需求,而且丰富了人的

社会关系,促进了人的价值实现,使人们更具竞争力,更有效率,有了更多的闲暇时间,促进人更全面的发展。但另一方面,在传统社会中,人们对社会伦理具有自己的底线和准则,通常恪守自己内心信仰的人生观、价值观。然而,当前这些准则、信仰却受到严峻的考验。社会上一系列令人发指或心痛的事件、现象背后,实际上反映了人们内心出现的不同程度的道德失落、理想缺失、信仰危机;市场经济使得贫富差距拉大,许多人失去了心灵的宁静,产生了诸如焦虑、紧张、浮躁、无奈、受挫等情绪问题,最终导致个体的心理失衡;同时,由于缺乏精神支撑,从而使拜金主义、享乐主义、个人主义趁虚而入,精神生活缺失,现实生活被物化。

同时,这种竞争性的以个人利益为目标的经济形式还暗藏着异化的逻辑。在《资本论》中,马克思发现了资本主义剥削的秘密——"剩余价值",深化了这种市场竞争所带来的异化实质。市场经济使人对物的依赖加剧,由此带来拜金主义、个人利己主义、享乐主义,对社会主义道德观产生强烈的冲击。一切旧道德烟消云散,有的只是在金钱关系掩盖下的人与人之间的物化关系。

人类社会历史的发展证明,物质生活会对人们的精神生活具有反作用,物质生活的增长会给人们的精神生活带来深刻的影响。但是一个社会中物质生活的丰裕并不代表精神生活的进步,也不一定能带来一个充实的精神生活。在一个社会如果只有物质财富而缺乏精神财富的话,这个社会必然是一个有缺陷的社会,"一个民族、一个国家,如果没有自己的精神支柱,就等于没有灵魂,就会失去凝聚力和生命力,有没有高昂的民族精神,是衡量一个国家综合国力强弱的一个重要尺度"①。一个没有精神支柱的民族是没有前途的,也是无法屹立在世界先进民族之林的。

(二)市场化背景下的价值观教育的必要性

务实是现代人的一种生存法则,但人作为人本身,或者说因

---

① 中国共产党第十三届中央委员会第四次全体会议

为人在生存之外还有"生活"的需要，所以人还必须学会"务虚"，在现实之中保持一种守望理想的姿态。竞争化的市场充斥着短期的理性算计，一些需要相当长时间才能见效的东西必然容易被忽略。

大学生作为未来参与市场经济的一大重要群体，在市场化的竞争中必然发挥着重要的作用，同时也深受市场化竞争性特征所带来的积极与消极的双重影响。大学生群体为这个竞争日趋激烈的市场贡献知识力量，同时，他们的行为模式、思维方式和价值观念也受着这个市场化时代深刻的反作用。这主要表现在以下两个方面：第一，竞争性的市场经济使得大学生的竞争意识有所增强。随着社会主义市场经济的建立，经济体制的改革使得高校就业制度也发生了改变。市场经济背景下，我国高校实行"自主择业，双向选择"的政策，一方面提升了大学生就业的自主性，另一方面也加剧了就业的竞争性。双向选择不仅意味着大学生可以根据自身的情况选择自己喜欢的工作，也意味着用人单位拥有用人的自主权，意味着用人单位对于大学生的个人素质，无论是专业知识还是个人能力抑或素质品行都有了更高的要求。为了适应市场发展和职业能力的要求，他们会产生一种"危机"意识和"竞争"意识，不断地提升自己，培养各方面的能力，使自己成为一专多能的人才，拓宽自己的专业面和知识面。第二，竞争性的市场经济对大学生的辐射效应还体现在大学生群体受物化关系的影响，其社会关系有功利化、自私化的倾向。一方面，大学生的价值取向无论是对于个人抑或社会发展都有着重要的意义；另一方面，大学生在当前社会转型的关键时期尚未形成与市场经济相适应的价值观，大学生在人生价值的问题上还受到市场经济所带来的消极影响的冲击。市场经济的逐利性，会产生拜金主义和极端利己主义，这就很容易产生见利忘义、坑蒙拐骗、损人利己。因此，引导大学生树立与市场经济相适应的价值取向尤为必要。

三、最活跃的时代背景——信息化发展

不同的时代背景、历史环境和生产方式会带来不一样的生活方式。不同生活方式、实践方式会使得特定社会的价值要求各异。随着科技的进步，信息时代的到来，社会主义核心价值观也在实践中不断地自我发展和自我完善，以反映时代的变迁，以回应时代的召唤。信息化作为最活跃的时代背景，既直接作为价值观的物质载体，又充当了价值观在现代社会形成和发展中的催化剂。

（一）信息化改变生产和生活方式

借助于互联网的迅猛发展，现代社会早已步入信息大爆炸的时代。海量的信息洪流不仅改变了人们的生产方式，也改变了人们的生活方式、交往方式。自1975年开始的三次信息化浪潮催生了"信息生产力"。现在人们可以借助云计算、物联网等，并利用信息传感网络和分布控制系统，直接为生产与生活提供全景式的服务。信息资源成为现代社会生产中最为重要的生产能力，信息化的水平也标志着一个社会的整体发展水平和潜在能力。

不仅如此，信息化所带来的深刻变革还包含着对人们生活方式和交往方式的巨大改变。如今，几乎所有人都被网罗到信息网络之中。信息化的发展带来了网络文化的生活化、常态化。通过移动手机、电脑等终端系统，人们可以轻松地从网络上获取所需要的信息，然后根据各自的需求将这些信息加工、整理，从而产生出新的信息数据、资源。

信息化不仅使信息的获取更加便捷，它还使人与人之间的交往、互动更为方便、频繁。一个开放的、平等的、自由的网络虚拟空间打破了人与人之间在社会实际生活中的种种隔阂。人们渴望表达，也愿意倾听。值得注意的是，在一个多元的、消除权威的扁平化网络空间之中，如果充斥着散漫的、游离的、虚伪的，甚至

是恶意的声音,也会对人与人之间的平等交流产生障碍。

价值观念的改变根源于生产方式的变革。现代信息化浪潮所带来的"信息生产力"必然使整个社会的生产关系发生重大改变,从而对人们的社会地位、主体关系产生巨大的影响。同代之间以及代际之间的交往、不同群体之间的交流、互动,都会因此而有所不同。人们的生活观念、价值选择等也会出现很大的差别。因此,信息化作为这个时代最为活跃的生产因素和交往方式,必然会使人们的价值观产生历史性的转变。

(二)信息化背景下的价值观教育的必要性

互联网时代的到来,人类正在由工业化时代进入信息化时代。信息化的特征是:生产巨量化、内容碎片化、取向多元化、传播迅捷化等。

第一,信息化增强了价值观教育的主体意识。信息网络已经覆盖了人们生活的方方面面,为人们了解国内国外的动态提供了便利。信息网络更使得各民族、各国家之间实现了价值观念的跨地域、跨时空交流,让人们对于世界之大、文化之多也有了更充分的认识。对大学生群体来说,正是信息网络为他们提供了一种更有效的方式,为大学生了解世界,参与国家政治生活,打开了一个新的窗口,开阔了大学生价值认知的视野,增强了大学生价值观教育的主体意识。信息网络使大学生能够表达出在现实世界中不愿意表达、不敢表达、不方便表达的观点和想法。总的来说,信息网络对于新时代大学生群体主体意识的增强有着不可忽视的影响,如今的大学生,微博、微信、博客已然是其生活中不可或缺的一部分。这些工具的频繁运用也正促使着大学生更好地发现自己、认识自己、评价自己、实现自己。

第二,信息化对道德品质、价值观念和学习方式产生了深远的影响。首先,道德品质信息化时代,人与人之间形成了现代社会中新的交往模式。由于不少网络行为主体的匿名性、面具化,容易产生安全问题与道德失落,因此,加强道德自律就显得更为重要。其次,价值观念。现代信息化浪潮所带来的"信息生产力"必然使整个社会的生产关系发生重大改变,从而对人们的社会地位、主体关系产生巨大的影响。信息技术的进步,实际上改变了人类生活中一切要素流动的方式与规模,大大加速了经济全球化的步伐,而经济全球化的一个直接的副产品就是人们价值选择的多样化。最后,学习方式。信息化时代,大学生的学术生活与信息运用密不可分。学术生活与日常生活都需要遵守一定的道德要求、行为规范,也具有一定的价值追求。然而,移动媒体与搜索引擎容易将时间碎片化、将信息收集简易化而导致学术懈怠、学术不端,最终影响学生的品德形成。因此,要使学生认识并遵循做人的基本规范,培养并形成自己的思考方式,进行人际交往。

第三,信息化所带来的价值观混乱局面。网络空间多种思想交流交融交锋,价值观念日趋多元,对主流的思想意识带来挑战。信息网络以其信息量大、传播与更新速度快、涵盖范围广、开放性、平等性、互动性等特点深深地"抓住"了渴求知识与崇尚民主、自由、平等价值观的大学生群体。它在为大学生更快速便捷地了解世界,更方便地学习新知识、新技术的同时也不可避免地带来了一些负面的影响,造成了价值观教育的混乱局面。信息化时代使传统思想政治教育工作受到了挑战。西方的主流思想借助互联网信息传播优势,给思想政治教育工作带来了不小的挑战。一些错误思潮在网络空间甚嚣尘上,长此以往容易将青年学生的思想引上歧途。一方面,相比于传统社会一定意义上的"熟人社会"而言,信息网络世界中缺乏监督,网络信息的无序性,网络文化的鱼龙混杂、良莠不齐,很容易使大学生在思想观念上产生疑惑,在价值评判上出现混淆。网络信息没有国界,没有完善的监督体系,每个人都可以在网上畅所欲言,可以按照自己的意愿加以利用。但因为网络道德规范和信息网络法规的建设还不健全,某些不良言论盛行一时,会给大学生带来不良的示范使其产生错误的行为,不和谐的价值观念会对大学生的价值观形成冲击,使其产生极端个人主义、利己主义等思想,与新时代社会所弘扬的主流价值观念相冲突。另一方面,网络信息依托于现代信息技术,西方发达国家在技术上占有优势,这便为他们拥有信息网络控制权提供了可能。部分别有用心的西方发达国家凭借其信息网络技术优势,利用互联网进行意识形态渗透,宣传历史虚无主义等社会思潮,使得一些大学生丧失明辨是非的能力,在信仰上产生迷茫,民族意识和民族情感削弱,甚至形成西方化倾向,对社会主义产生怀疑,在一定程度上增加了社会主义核心价值观教育的难度。

四、最深层的时代背景——个体化

个体化或者说"去中心化",是互联网 Web 2.0 的核心理念之一,是指原有的中心意义被大大弱化或完全转向,变得更加个体化和多元化。去中心化的特点是用户中心论取代了权威中心论,文化的发展不再是一个受到少数精英阶层把持的、定向的、有限的过程,互联网用户反"客"为主,成为主流文化形成的推手。"网友"成为网络文化的真正主人,在动态中充当着文化权威的角色。少数的精英权威被分散的普通网民所代替。权威式的文化中心主体意志被淡化,平等自由的主体间的交往成为主流,所形成的文化关系则是"去中心化"的,进而产生了不同于传统的文化构成模式。在 Web 2.0 里,网络文化一再呈现叛逆性的内容,传统文化认知被不断改变。个人喜好不同、视角不同,对事物的看法也有很大差别,网民可以通过创建、上传自己的作品来分享自己的文化观。"去中心化"极大地促进了网络文化个体化、多元化的转变。

（一）个体化浪潮发展

从一开始,个人便一方面接受着社会化的规定,另一方面又必须成为"个人",即拥有自我意识和自由意志,进行着个体化的过程。因此,社会化和个体化都是个人成为社会的个人,成为自觉和自主的个人的必要过程。当今时代开创了前所未有的个体化浪潮。社会自身的发展规律越来越要求以个人的个性和独立性为条件来发挥作用。每个人走出了对共同体和他人的依附,必须依靠自身的力量谋取生存资料,建构属于自己的生活方式。社会的发展要求每个人都要具有个性和独立性。现代的个人不同于以往蜷缩于狭隘的共同体中,受他人或政治等级关系束缚的传统个人,而是以自身的劳动能力或"占有的其他生产条件"进行私人活动的个人。个人之间是平等的、自由的权力义务关系,因此祛除了传统个人那种情感性、模糊性和奴役性的关系特征。

现代化的进展促使个人能力的增长,个人个性的张扬有了前所未有的进步,同时这又是个人发挥自身"类力量"的必然手段。人与人之间的关系物化了。个人与共同体之间出现了多重分裂和对立,对个人的价值和地位的关注就被边缘化,个人所遭受的控制其实更为深重和隐秘。在资本主义的个人关系中,政治统治、意识形态的强控制变为消费意识形态、技术理性的非批判思维的软控制。个人与社会之间深层的矛盾,个人之间关系物化,其根本原因就在于生产的社会化与资本主义私人占有制之间的矛盾。

具体到当代中国的个体化发展,个体化已经蔚然成风,具有不可逆转的趋势。市场经济的深入发展催生了具有独立意识和自主能力的个人。人们都普遍注重维护自身的个人利益和基本权利,一旦权利受损也会通过各种方式表达自己的诉求。在"去集体化"的趋势之下,个人得到了解放,现代意义的独立个人普遍成长起来。人们都在为争取和维护自身利益和个人幸福而奋不顾身,努力工作。

需要指出的是,个体化与社会化并不是相互对立和排斥的。其实,个体化不过是社会化在特定历史时代的一种表现方式。个人的社会化通过社会分化及个人自身的独立性和自由个性的增长等方式而实现。这样个体化和社会化其实是相辅相成的关系。但不可忽视的是,个体化在个人那里又并不都是积极的,当个人被"孤立化"或在观念上被当作"原子"来看待的时候,个人主义就企图将个人从社会中加以区隔,并使二者走向对立。个体化因为个人主义的出现使个人陷入孤立化发展的境地,进而社会也因此而产生各种危机和崩溃的迹象。

(二)个体化背景下的价值观教育必要性

个体化对当前的价值观教育有着两方面的影响。首先,就个体化本身的必然出现而言,它作为人的现代化和社会化的一种方式,必然对价值观教育的内容和方式转变都有着积极的推动作用。其次,个体化对个人自身的发展而言,也有着自身的消极作用。

大学生群体普遍成长于信息化和网络化蓬勃兴起的时代。借助这种新的交往平台,年轻人更加愿意张扬自我个性,表现自身的独立性。他们的学习、生活,以及社会实践也都趋向于能够更加体现自身的独特个性,追求不同于其他个人的生活品味和活动方式。顺应这一心理,社会主义核心价值观教育若要俘获人心,尤其是打动这些年青一代的灵魂,就需要在教育内容和教育方式,还有教育载体等上面有所创新。

第一,发挥个体化的积极作用,提高价值观教育的实效性。我们的社会主义核心价值观本身就是顺应新时代的客观要求而提出的。其三个层面都需要体现在"现代公民"的主体那里,同时,这些也都是现代意义上的独立平等的"公民"所应有的基本要求。现代公民正需要在个体化的社会趋势中获取自身的独立性和自由个性,而不是在"人群"中人云亦云,没有自己的独立判断和个人利益。所以,社会主义核心价值观教育本身就与个体化的方向相一致。

第二,避免个体化的消极作用,发挥价值观教育的正向引导。个体化也有着不可忽视的消极作用,正如马克思所指出的,现代资本社会是一个物化的社会,是一个普遍异化并异化已经达到极端形式的社会。这样的社会虽然使个人普遍走向了独立化,但个人之间彼此又是相互对立的。现代流行的个人主义、消费主义和虚无主义等,其实都是个体化的严重后果,它造成个人越来越孤立化、冷漠化。另外,个体化的消极后果又造成对共同体的破坏。走向孤立化和冷漠化的个人彼此之间也就缺少了基本的信任和人的情感依靠。而社会主义核心价值观也是针对这种普遍的现代性后果应运而生的。个人走向孤立化,只以自身私利为目的,若不加以正向的引导,必然导致社会的溃败,到时也会危及每个人的生存。所以,社会主义核心价值观作为一种引领社会风尚和价值观念的新的指向标,必然对个体化所带来的这些消极作用有一个清晰的辨别,也应当有一些必要的规避机制。对大学生群体来讲,自觉认同社会主义核心价值观正是一个避免各种个人主义的、消费主义的和虚无主义的思想侵袭的有效途径。大学生群体努力追求个性自由和独立特性的活动,追求自我发展、个人利益和幸福生活的愿望,完全可以与践行社会主义核心价值观的活动紧紧捆绑在一起。只要对他们的个性自由表现出足够的尊重,对他们的个人梦想给予必要的支持,对他们的价值观选择提供正确的指引,大学生群体自己也能在自觉的实践活动中为社会主义核心价值观的发扬和再度阐释做出积极的贡献。

五、最包容的时代背景——多元化

人类文化的多样性是人类社会进步的象征,是人类生活得以丰富多彩、充满活力的基本保障。21世纪以来,人类文化的发展进入了新阶段,文化交往全球化将成为全球历史进程的必然过程,文化的多样性和丰富性是维护文化生态的前提,失去了这个前提就不复有文化的繁荣和发展。不同民族文化的交流与融合,形成了不同文化共存的局面,导致文化多元化。

(一)多元化的主要表现

1.文化发展多元化

随着我国改革开放的深入,科学技术的迅速进步为我国多样化文化格局的形成提供了坚实的基础。生产力的发展成为文化多样化的推动力。而社会经济成分、就业形式以及社会利益关系的多样化发展,社会精神文明生活和文化也趋于多样化。文化的多样性是对最广大人民对文化方面需求的增强的最好体现,是人民精神世界和个性特点的多样化的表达。文化的多样化是改革开放的必然产物,同时也是顺应我国改革开放、时代进步趋势的结果。文化多样化主要表现在以下几方面。

(1)主文化、亚文化以及负面文化的共存

文化的多样性首先表现在主文化、亚文化以及负面文化在文化市场中的共存上。主文化,是指在社会中占据主导地位的文化,体现了一国的根本价值观。亚文化,是指不在整个社会中占据主要地位,而只在特殊群体中受到推崇的文化,体现了在社会转型加速期社会价值观念的分化。负面文化就是指完全与主文化相反的文化,并且对于人们的日常生活起不到积极作用。

(2)传统文化、西方文化以及当代马克思文化共同发展

文化的多样化不仅体现在国内各种文化的共存上,而且体现在国内外多种文化共同发展的特征上。当代中国的先进文化,是在继承和发扬我国传统优秀文化的基础上,代表最广大人民根本利益的文化,是以马克思主义为指导思想的文化。当然,在我国先进文化的发展过程中,难免要摒弃我国传统文化中糟粕、消极的部分,并积极吸取国外优秀文化的精髓,从而促进我国先进文化的发展。

我国当代文化的多样化表现出传统文化、西方文化以及当代马克思主义文化共同发展的趋势。传统文化就是指在进入现代社会之前,我国经过长期的发展和历史沿革所形成的独有的文化。传统文化经过长久的发展和继承,成为规范人们行为习惯的共同精神,并对人们价值观的形成和思维方式的养成具有重要的引导作用。西方文化就是指最早在欧洲形成,并且逐渐在欧洲、北美洲以及澳洲等地区盛行的文化。从本质上来看,西方文化是一个个体文化,相对来说,东方文化是一种整体文化。当代马克

思主义文化就是指将马克思主义联系中国实际,形成的一种具有中国特色的马克思主义文化。

在当今的社会环境中,文化的多样化不仅丰富了社会文化的内容,而且满足了人们对于精神文化不同层次、不同类别的需求。同时对人们来说是一次强烈的精神冲击,尤其对于价值观念尚未完善的人们来说,在这样文化迅猛发展的时代,要形成科学的人生观和价值观是不容易的事情,这也给思想政治教育带来了挑战。

2.多样化社会思潮

传入我国的西方社会思潮种类繁多,但从根本上来说,西方社会思潮都是为西方社会服务,为资产阶级服务的。因此,从本质上来说,社会主义国家的核心价值体系与西方社会思潮是根本不同的,并且随着西方社会思潮进入中国,必然会在一定程度上危害和影响社会主义核心价值观。影响较深、传播范围较广的西方社会思潮主要是新自由主义思潮、民主社会主义思潮和极端个人主义思潮。

（1）新自由主义思潮

自由主义思潮产生于 17、18 世纪英国和法国反封建专制的资产阶级革命时期,是在自由主义的基础上发展演化而来的,是资本主义的核心价值体系和主流意识形态。而新自由主义最初产生于 20 世纪 50 年代末 60 年代初,当时西方发达国家相继出现了经济停滞、通货膨胀和失业增加等诸多经济疾病,而凯恩斯主义又无法解释这一现象,因而新自由主义思潮于 20 世纪 70 年代在西方国家中流行起来,它是对自由主义的复活和发展。在以哈耶克为代表的伦敦学派和以弗里德曼为代表的货币主义学派的大力鼓吹下,新自由主义在西方社会的地位开始不断上升,并逐渐成为西方发达国家占统治地位的思想和意识形态。新自由主义作为对凯恩斯主义的继承和批判,有它自身合理的成分,但由于它主张贸易经济自由化、市场定价（使价格合理）、消除通货膨胀(宏观经济稳定)和私有化,所以本质上是在维护资本主义,因而对发展中国家特别是对社会主义国家来说,就是西方发达国家控制和剥削发展中国家的一种工具和手段,是另一种"新帝国主义"。这种社会思潮对社会主义国家的经济体制改革、意识形态建设都带来很大的冲击和影响。

(2)民主社会主义思潮

民主社会主义是从社会民主主义一词演化而来的,它经过了一个发展的过程。在19世纪中后期,受马克思的影响,欧美国家建立了一些具有社会主义性质的政党,对资本主义的生产关系和政治制度持批判和否定的态度。19世纪末俄国十月革命爆发后,欧美国家走上了改良主义和修正主义的道路。但这一时期,民主社会主义对社会主义代替资本主义,建立公有制,推行国有化的社会主义道路还是赞成的。第二次世界大战以后,各国社会党在1951年组建了社会党国际,发表《法兰克福声明》,这标志着民主社会主义与科学社会主义的正式决裂,它成为与科学社会主义相对抗的意识形态,在实现社会主义的手段、目标等方面开始与科学社会主义有了本质的不同。1959年德国社会民主党在《哥德斯堡纲领》中提出自由、公正、互助是社会主义的基本价值,并很快被各国社会党和社会党国际所接受。从此以后,民主社会主义与马克思主义已经成为两种根本不同的思想理论体系。民主社会主义或社会民主主义是对资本主义的否定而产生的,但是这种否定不是从根本上的否定,只是认为资本主义可以通过改良产生一种新的社会制度,即他们所谓的社会主义。由此可以看出,民主社会主义实质上是一种改良的资本主义,它与科学社会主义是不同的,有着本质的区别。因此可以说,民主社会主义的本质是反对马克思主义的,并企图与资本主义共同生存,这显然与马克思主义以推翻资本主义建立共产主义为目标有着本质的区别。民主社会主义在目前的中国危害极大,他们主张指导思想的多元化,大肆鼓吹中国要实行私有制,更有甚者,他们认为拯救中国只能通过民主社会主义实现,对于现代的中国来说,已经实现了民主社会主义。对此,我们要认清他们的本来面目,对它严厉批判。

(3)极端个人主义思潮

极端个人主义思潮是在经济全球化的过程中,伴随着中国市场经济的建立和发展,掺杂在形形色色的西方社会思潮中涌入中国的。在改革开放的过程中,极端个人主义开始在我国逐渐泛滥起来。个人主义或极端个人主义并不是西方特有的社会思潮,而是一种在东西方、古代和现代都存在的人性特征。在中国古代就有关于人性善恶的辩论,具体来说就是集体主义和个人主义的纷争。在私有制消除以前,这种思想在中国也一直都存在。同样,在私有制占主体地位的西方,个人主义或极端个人主义更是始终存在的。在资本主义社会里,追求利润的最大化是资本的唯一属性,反映在人与人的关系上,就是最大限度地保护自己的利益,因而极端个人主义思想在资本主义社会里也得到了最大的发展。

在当代的中国,随着全球化的深入发展,我国改革开放不断深化,在思想文化领域不断涌现出各种不同的思想观念以及社会思潮,相互碰撞,相互竞争,这不可避免地对人们的思想产生重大影响。尤其近几年由于相对宽松的政策在社会思潮领域的实施,造成全社会呈现出多种社会思潮并存的局面,由此造成多种社会思潮之间正确与谬误、文明与愚昧、进步与落后、真善美与假恶丑之间的对立,甚至会导致多种思想观念的激荡和斗争。当前社会思潮多样化的特点,对我国在意识形态领域的工作提出了更高的要求,越是社会思潮和价值观念趋向多样化的时候,越需要用全社会所普遍认同的思想理论和价值观念来对价值取向进行整合,以便统一思想认识。由于社会主义核心价值观和其他社会思潮并存共生,彼此渗透,对此,解决"怎样引领社会思潮"的首选之举就是如何建立科学有效的引领机制。[①] 因此,在当前我国意识形态领域,做到以社会主义核心价值观引领多样化的社会思潮,已经成为一项非常紧迫的任务,这也是社会主义核心价值观的根本

---

① 程霞,马得林.社会主义核心价值体系引领社会思潮机制研究述评[J].毛泽东思想研究,2014(5)

目的所在。

(二)多元化背景下的价值观教育的必要性

当前,在"文化全球化"的大背景下,多样的文化观念和价值观选择给我国社会的发展注入了活力,带来了生机。但是多元化的价值观念、道德规范也强烈地冲击着传统落后的思想观念,有利于讲究实效、发扬科学民主和平等竞争等价值观念的形成。因为市场经济之中存在的自发性和盲目性,一些不利于大学生精神发展的消极道德现象开始在我国社会滋长和蔓延,主要表现为拜金主义和享乐主义。

拜金主义是和金钱相关的。持有这类观点的人往往盲目崇拜金钱,认为金钱是万能的,人生目的以获得金钱为至上标准。在衡量他人价值之时,拜金主义者往往以其拥有多少金钱为标准,在衡量物品价值时,拜金主义者则仅仅以该物品相当于多少金钱为标准。

享乐主义者以尽情追求自己在物质上的享受和肉体上的愉悦为人生目的。享乐主义者乐于使用一切手段进行物质上的享受,用一切办法刺激自己的感官。为了得到更多的享受,享乐主义者往往拼命追求金钱。因此享乐主义者往往和拜金主义者具有一定的相通性。

总之,我国出现的这些现象在一定程度上影响了大学生的核心价值观,对社会主义市场经济建设与和谐文化构建造成了一定的冲击。因此,在今后的工作中,要加强大学生社会主义核心价值观教育,要给腐朽落后的思想以克制,确保大学生树立起一个正确的价值观,从而成为我国社会主义的合格建设者和接班人,促进全面建成小康社会工作的全面开展,确保我国社会能够沿着社会主义的方向奋勇前进,实现人民生活和社会建设两个方面的共同发展。

第二节 大学生社会主义核心价值观
教育的价值蕴含

大学生是国家的栋梁,是祖国未来的建设者和接班人,又是一个在心理上逐渐走向成熟但尚未成熟的特殊群体,具有一定的可塑性。能否将大学生塑造好、教育好、培养好,事关国家未来和民族兴旺。由于大学生思想上具有一定的可塑性,从大学生群体在我国未来社会主义建设中担当的重要角色这一角度出发,开展大学生社会主义核心价值观教育具有多方面的价值蕴含和重要意义。

一、开展大学生核心价值观教育是推进中国特色社会主义事业的基础工程和内在要求

在一个社会之中,无论是国家、民族还是个人,其轨迹运行都是在价值观的指引下进行的。中国特色社会主义事业"它既需要不断完善经济、政治、文化、社会和生态文明等各方面制度,也需要不断探索社会主义在精神和价值层面的本质规定性;既需要为人们描绘未来社会物质生活方面的目标,也需要为人们指出未来社会精神价值的归宿"[①]。因为价值观对人们的思想意识、道德评价、选择取向和实践行动都产生了深刻影响。整个社会正是在这一规律的基础上稳定运行的。因此,作为我国社会基础之一的大学生要不断加强自身的价值观教育,从而维持这个社会在长期能够稳定运行。因此,培养大学生的社会主义核心价值观有利于中国特色社会主义事业的长久快速发展。

社会价值观对于整个社会来说具有重大的意义,是整个社会信念得以存在和发展的基础。每一个社会都有一定的正当性观

---

① 王晓晖.积极培育和践行社会主义核心价值观[J].求是,2012(23)

念体系,这个体系是人们共同价值观念、政治信念的基础,已经得到了全体人民的认可。否则,在社会发展的过程中各种问题就会出现,整个社会都有可能无法长期持续发展。这一套价值观念的核心即是核心价值体系,这是维持社会长期稳定发展的重要基础。

当代大学生在社会发展之中承担着未来社会攻坚的核心力量。胡锦涛曾指出,"青年代表未来,青年创造未来。只有赢得青年,才能赢得未来"。针对大学生开展社会核心价值观教育是确保我国社会在未来阶段长期稳定发展的重要基础。只有对大学生开展良好的思想道德素质教育,大学生才能深刻认识到社会交往过程中应有的行为举止,在社会建设之中应做出的贡献。因此,大学生开展社会主义核心价值观教育对于中国特色社会主义建设事业来说具有极其重要的作用。不断造就大批具有创新能力的高素质人才,这是我们能够在未来社会主义事业建设过程实现目标的必然要求。

二、开展大学生社会主义核心价值观教育是深入推进社会主义核心价值体系建设的现实需要

社会主义核心价值体系的内容包括"马克思主义指导思想,中国特色社会主义共同理想,以爱国主义为核心的民族精神和以改革创新为核心的时代精神,社会主义荣辱观"。通过多年来的实践,在中国共产党的领导下,社会主义核心价值体系建设工作取得了巨大成就。无论在引领社会思潮、凝聚社会共识方面,还是在把握和坚持社会主义意识形态的本质,以及巩固和规范社会公众的价值和道德规范等方面,都不能忽视社会主义核心价值体系的重大作用。但不可否认的是,在具体的社会主义核心价值体系建设实践中,其存在着很多不足,如文字表述较多、不便于理解、理论化太强等,不利于全社会特别是在广大青年学生中对社会主义核心价值体系进行普及和推广。社会主义核心价值观,"是党的十八大关于文化建设和社会主义核心价值体系建设的一

个突出亮点和点睛之笔,为继续推进社会主义核心价值体系建设确立了精神内核"[①]。因此,科学阐述社会主义核心价值体系精髓的最好方式是利用最朴实简单的词语进行表述,以便于理解和实践。这样的表述方式可以与我国古代核心价值观表述方式相媲美,易于被普通大众特别是青年学生接受和熟记,能够使广大青年学生对社会主义核心价值体系的内涵做到全面理解和把握,积极推动他们自觉践行社会主义核心价值体系。

十八大提出的"三个倡导"的社会主义核心价值观,从价值的三个维度——价值目标、价值追求和道德准则进行了明确的阐释。"富强、民主、文明、和谐"表达了现阶段全社会的价值目标,是我们建设中国特色社会主义的基本目标;"自由、平等、公正、法治"表达了现阶段全社会的价值追求,是价值理念追求的最大公约数;"爱国、敬业、诚信、友善"表述了现阶段全社会的道德准则,是社会大众应达到的基本道德水准。通过在青年学生中培育和践行社会主义核心价值观,就能够使青年大学生在自我价值追求和价值实践过程中深刻理解和全面把握社会主义核心价值体系的内涵,从而在更高层次和更深领域内推动社会主义核心价值体系的建设工作。

三、开展大学生社会主义核心价值观教育是提升国家软实力的需要

"软实力"(Soft Power)是与"硬实力"(Hard Power,指经济、军事等力量)相对的一个国际政治学概念,它最早由美国哈佛大学教授约瑟夫·奈在1990年提出。奈认为,"软实力是一种通过吸引别人而不是强制他们来达到你想要达到的目的的能力,一个国家的软实力有三个来源:文化(能够吸引他者)、政治价值(当国家内政外交都坚持的时候)以及对外政策(当他者认为其有合法

---

① 戴木才.积极培育和践行社会主义核心价值观[J].思想教育研究,2014(2)

性和道德权威的时候)"①。软实力概念引入中国后,基于文化在提升国家软实力的重要作用,国内学者多从"文化软实力"角度使用该概念。如中国文化软实力研究中心主任张国祚认为,文化是软实力最根本的源泉。没有文化高度的软实力是短视的,没有文化深度的软实力是肤浅的,没有文化广度的软实力是狭隘的,没有文化开放的软实力是封闭的。文化在软实力中居于灵魂地位,发挥经纬作用。② 文化软实力这一概念的广泛使用,体现了当前国家之间竞争的新态势。在暴力殖民已然失去市场的当今世界,我们可以看到这样一幅图景:传统的军事手段越来越引起国际社会的警惕和反感,取而代之的是,文化的作用越来越凸显,越来越成为综合国力的重要因素,文化软实力越来越成为争夺道德制高点、国际话语权的重要砝码。而文化要真正形成具有国际竞争优势的软实力,就必须增强文化的吸引力、感召力和凝聚力,可文化的力量归根到底来自于凝结其中的核心价值观。这样培育和践行社会主义核心价值观,建设先进文化,提高文化的吸引力、感召力,就成为提高国家文化软实力,以争取有利国际地位的迫切要求。

对我国而言,提高文化软实力,塑造自身的国家形象不仅仅是经济高速发展过程中急需同步解决的科学发展问题,也是中国确立自己文化身份和地位,寻求文化认同和尊重,展示中华文化的吸引力、感召力,进而在国际上掌握文化话语权,进行核心价值观"反渗透",巩固马克思主义在意识形态领域的指导地位,维护国家文化安全的重大战略。大学生群体文化程度高、关注国家社会发展的意识比较强,在社会主义文化建设方面具有很好的引领作用。加强大学生社会主义核心价值观教育是提升国民思想道德素质、精神状态和意志品质的重要途径,也是发展社会主义先进文化的基本要求,促进社会主义文化大发展大繁荣的重要举措。

---

① 张国祚.张国祚和约瑟夫·奈关于软实力的对话[J].中国社会科学报,2012
(15)

② 文大山.城市文化软实力提升的路径及其保障[J].求索,2012(12)

四、开展大学生社会主义核心价值观教育有利于促进社会主义人才的全面发展

我国正处于社会主义初级阶段，处于全面建成小康社会的新时期，处于实现中华民族伟大复兴的中国梦的新阶段，需要大量的优秀人才积极投入到社会主义现代化建设事业和中国梦的实现过程中去。培养什么人，如何培养人，是我国社会主义教育事业发展中必须要解决的根本问题。2013年5月4日，习近平在《同各界优秀青年代表座谈时的讲话》中强调指出："青年最富有朝气、最富有梦想。"[1]"青年是引风气之先的社会力量。一个民族的文明素养很大程度上体现在青年一代的道德水准和精神风貌上。"[2]青年，代表了未来的力量，创造了未来的价值。因此青年是一个民族前进的重要力量。这个民族只有赢得青年，才能赢得民族发展的未来。大学生是一个优秀群体，在青年群体之中具有巨大的影响力，是国家建设最宝贵的人力资源。因此，大学生的思想政治素质同党和国家的前途命运直接相关，关系到我国走向共产主义社会的道路目标能否实现，关系到中国特色社会主义建设事业是否能够长足发展。

在校大学生正面临人生发展的关键期，这一时期也是他们的世界观、人生观、价值观形成的重要阶段。但这个阶段同时也是大学生思想最容易受到外界干扰的时期，他们在价值观念和社会心态上也呈现出比较开放、透明的状态，他们对于新鲜的事物会比较好奇，同时接受能力也比较强，但是由于社会实践不多，社会经验也比较少，因此，对于一些诱惑他们缺乏抵制的能力，有时候会在人生的分岔路口做出错误的决定，影响以后的人生道路。

马克思追求人类的彻底解放，理想目标是实现人的自由而全面的发展。因为培养"全面发展"的人是高校开展社会主义核心价值观教育的重要目标。社会主义核心价值观教育的开展和实

---

① 习近平.在同各界优秀青年代表座谈时的讲话[N].人民日报，2013—05—05
② 习近平.在同各界优秀青年代表座谈时的讲话[N].人民日报，2013—05—05

施,就是要将大学生群体中的负面价值观清除掉,帮助其树立正确的价值观,提升整体思想道德素质,促进其身心健康发展,进而提升专业能力、扩展知识视野等,以全新的形象为社会主义现代化建设做出贡献。

五、开展大学生社会主义核心价值观教育为实现中国梦凝聚正能量

"人类社会发展的历史表明,对一个民族、一个国家来说,最持久、最深层的力量是全社会共同认可的核心价值观。核心价值观,承载着一个民族、一个国家的精神追求,体现着一个社会评判是非曲直的价值标准。"[①]一个国家和民族只有建立起全社会共同认同的价值观,才会形成共同的精神纽带,才会有共同的思想和行动,才会产生强大的凝聚力和向心力。

"中国梦"指明了国家和民族前进的方向,凝聚了几代中国人的夙愿,体现了中华民族和中国人民的整体利益,是每一个中华儿女的共同期盼。青年大学生是国家的希望、民族的未来,是富有理想追求的群体,习近平总书记提出的"中国梦",也是青年大学生的成才之梦、报国之梦。因为大学生是实现"中国梦"的生力军,是"梦之队"的中坚力量。在追梦的旅程中,大学生只有将个人梦想融入"中国梦"之中,"中国梦""个人梦"才能实现。

共同富裕,公平正义,民主法治,自由平等,诚信友善,文明和谐……这些内容既是人民群众的愿望理想,也是每个人中国梦的不同体现。而这些平实朴素的梦想与社会主义核心价值观是完全相融合的,社会主义核心价值观为中国梦的实现指明了方向。当代大学生成长在改革开放的新时期,承担着实现"中国梦"的历史重任。青年大学生价值观状况如何,不仅关乎个人道德水平状况和个人成长成才,更关乎国家富强和民族复兴的中国梦。通过

---

① 习近平.青年要自觉践行社会主义核心价值观[EB/OL]. http://edu. people. com. cn/ n/2014/0505/c1053－24973276. htm

在大学生中积极培育和践行社会主义核心价值观,能够教育引导广大青年学生胸怀共产主义远大理想,坚定中国特色社会主义信念,增强抵制各种腐朽思想侵蚀的能力,做到坚持理想信念不动摇,坚持奋斗精神不懈怠,自觉投身到中国特色社会主义伟大事业中,自觉把个人的前途命运与国家和民族的前途命运紧密联系起来,努力学习,掌握本领,艰苦奋斗,自觉磨炼自己,为实现中国梦而贡献青春,为实现中国梦提供坚实的能力保证。

第三节　大学生社会主义核心价值观教育的现状描述

　　大学生社会主义核心价值观教育是一个过程,20 世纪 80 年代以来,党和国家对大学生社会主义核心价值观教育高度重视,出台了一系列的方针政策。大学生社会主义核心价值观教育经过 30 多年波澜壮阔的历史发展,取得了一些丰硕的成果。准确把握当前大学生社会主义核心价值观教育的现状,认清目前大学生社会主义核心价值观教育的环境,分析大学生社会主义核心价值观教育的优势特点,了解大学生社会主义核心价值观教育存在的问题,对推进大学生社会主义核心价值观教育,促进中国特色社会主义社会事业发展具有重要的现实意义。

一、大学生社会主义核心价值观教育的环境分析

　　(一)大学生社会主义核心价值观教育的环境内涵

　　沙漠里生长着倔强的仙人掌,北方寒冷的山地造就了大片的针叶林,而苔藓却在阴暗、潮湿与闷热的环境中生长。植物与环境和谐相处,相得益彰,动物、人类以及其他一切事物,无论是具体的,还是抽象的也都完全如此。环境与事物之间相互依存,相互促进,辩证统一。

关于环境的界定很多,如"环境是我们生活于其中的客观世界""环境是我们生活的周围空间""环境是物质的、精神的客观存在""环境就是指自然环境和社会环境""环境是指人生活于其中,围绕在人周围并影响人发展的一切外部世界。环境是人生存与发展的重要条件"等等。对于这些界定本书不敢苟同,比如,前两种只强调了人类生活的环境,忽视了其他事物存在的环境;后两种是抛开事物孤立地谈环境,或是从分类或举例的层面概括环境,都存在一定的片面性。本书认为,环境是事物存在或发生的基础和条件。不能离开事物谈环境,特别是离开具体事物,环境就失去了存在的意义;环境是事物的环境。事物是存在或发生在环境之中的事物,没有环境,事物怎么会存在或发生。因此,不能离开事物孤立地谈环境,离开事物谈环境是没有意义的。同样,也不能离开环境谈事物,离开环境谈事物也是没有意义的。所以,环境是事物存在或发生的基础和条件。

通常,人们讨论到环境问题,更多注意的是自然环境、物理环境、生态环境、环境污染等问题,而忽略了人文环境、社会环境,其实,人文环境、社会环境才是最重要的。其中社会环境基本上是由人文因素决定的。

以环境构成范围大小为依据来进行划分的话,大学生社会主义核心价值观教育的环境可以分为宏观和微观两大环境类型。从宏观来看,思想政治教育环境主要包括政治、经济、文化等环境。从微观上看,大学生社会主义核心价值观教育的环境有家庭、学校、学生群体环境等方面。相比较来看的话,宏观环境对大学生社会主义核心价值观教育的影响是抽象、间接的,微观环境的影响则是直接的。

(二)微观环境的特点

1.互动性

从某种角度来看,大学生社会主义核心价值观教育微观环境对人的成长和发展有一定的决定作用,它影响着人的思想和心理,对人的成长发展和心理品质的形成有重要的作用。但这并不说明人对微观环境是无能为力的,在实际的生活中,人可以通过实践活动对微观环境起到能动的反作用,人可以在一定程度上创造和改变微观环境。这种辩证关系体现了人与微观环境之间的互动性。人可以优化大学生社会主义核心价值观教育微观环境,但由于人在环境中生存和发展,必然会受到环境的制约和影响,从而使人与环境协调发展。

2. 具体性

教育双方都可以直接参与到大学生社会主义核心价值观教育微观环境中,由此来看,大学生社会主义核心价值观教育微观环境是具体的、可以被人体验和感知的。这种具体性主要表现在以下两方面:一是大学生社会主义核心价值观教育微观环境是以具体的物质和精神形态表现出来的,不论其是简单还是复杂。二是大学生社会主义核心价值观教育的主客体双方总是在一定的具体的微观环境中生存和发展。由具体环境的不同从而使人们有不同的心理差异。因此,在对大学生社会主义核心价值观教育微观环境进行具体的分析研究时,要选择合适的内容和方式。

3. 可创性

由于人具有主观能动性,就可以主动去认识、利用和改造微观环境,按照人要实现的目标去创造环境。一方面,按照一定的大学生社会主义核心价值观教育的目标及教育对象的思想实际,选择有利的微观环境,从而增强大学生社会主义核心价值观教育的有效性;另一方面,积极改变不适应的微观环境,合乎规律地创造新的大学生社会主义核心价值观教育微观环境,对思想政治教育带来不良影响的微观环境进行改造,使消极因素变为积极因素,同时从大学生社会主义核心价值观教育的目标出发,去创造新的微观环境,以保证大学生社会主义核心价值观教育目标的实现。

(三)当前环境现存的问题及其对大学生核心价值观的影响

1.社会环境

社会环境对大学生价值观的影响是非常大的。社会主义市场经济、互联网、现代大众传媒等社会因素都无时无刻不在影响大学生对社会主义核心价值体系的认同。市场经济会引发大学生在思维方式、荣辱观上存在扭曲,网络上大量的信息会影响大学生的判断。现代大众传媒具有感染性、广泛性、公开性、即时性的特征,它是一个双向的过程。大众传媒会带给大学生最直接的感官信息,大学生对社会的认知大部分都是通过传媒传达的信息获得的。在社会因素作用下,大学生的核心价值体系受其影响很大。我们要建立健康的文化系统,坚持用社会主义核心价值体系引领社会思潮,不断增强社会主义意识形态的吸引力和凝聚力,使整个社会形成健康向上的文化氛围,为大学生营造良好的文化环境。总之,社会环境像一个源源不竭的发动机,不断推动大学生对社会主义核心价值观的认同向前运动发展。

2.校园环境

(1)校园环境的构成

校园环境是指对大学生社会主义核心价值观教育和大学生的思想品德形成和发展产生影响的一切内、外部因素的总和。从范围上来看有校园内环境和校园周边环境;从构成要素看,包括物质环境和精神环境两个方面。校园物质环境主要是指校园的物质设计,包括教学、生活设施等。例如学生宿舍、操场、教学楼,等等。这些物质文化设施既是教学活动所必须依存的,又能体现出一个学校的文化面貌,它以自己独有的风格和内涵,影响着在校师生的观念和行为。校园精神环境是校园环境中重要的组成部分,包括校风、学风、教风、管理制度、师生关系以及学生的社团活动等方面。校园精神环境是校园环境构成的核心部分,它充分体现了高校软实力的强弱。通过精神环境建设,可以对学生的思想和价值观产生积极健康的影响。

(2)校园环境对大学生思想及价值观产生影响的特点

第一,复杂性。所有的环境因素中,良性与恶性、积极与消极、先进与落后的因素总是混杂在一起,共同作用并影响着人们的思想和行为。校园环境因素也是如此,与自然科学研究的实验室环境不同,一方面,将大学校园中不同因素分离开来是相当困难的;另一方面,不同的大学个体对校园环境的适应优化也存在着很大差异,同样的环境对教育对象和教育本身的影响往往存在较大差别。有的学生在复杂的校园环境中,能够发挥个人的主观能动性,汲取积极的有益的影响,克服消极的不良的影响,获得良好的教育效果;有的学生在复杂的环境中,选择能力差,被动地接受不良的影响;有的学生甚至在良好的环境中也没有形成良好的思想道德素质。所以,同样的学生面对不同性质的校园环境,同样性质的校园环境对不同学生的影响存在着很大差异。

第二,开放性。这主要表现在以下两方面:一是校园环境对大学生思想上的影响在空间上不是固定的。随着改革开放的深入和互联网的运用与普及,大学无论在地理空间、信息交流还是在思想上都不再与社会封闭隔绝,大学校园处于一个开放的环境和各种思想文化相互激荡的过程中。现代师生不仅可以从书本上、课堂上、会场上接受熏陶,还可以将知识和信息的获取延展到社会环境和国际环境。当前各种国际性学术会议、训练、考察、讲学、进修等文化交流活动日趋频繁,国际性书刊的流通渠道逐步顺畅,校园已经成了中西文化的一个重要交汇点,已处于一个全方位的开放环境中,校园环境具有的开放性特征在其影响力推广的空间上已经突破一定的空间界限。二是校园环境自身的形成是一个动态的过程。校园环境是动态的、变化的。在经济全球化大背景和我国社会转型的新时期,高等教育已由精英教育转为大众化教育,大学里越来越普遍采取企业化经营方式,渐之呈现市场化、娱乐化、功利化等等复杂的变化。这些变化主要为:一是随着社会政治、经济、文化的变化而变化；二是随着师资力量、学生主体特征的变化而变化；三是随着校园环境影响因素主次关系的变化而变化；四是在影响性质的正负面的较量中发展。

3. 家庭环境

家庭是社会的细胞，是人社会化的最初起点，家庭成员之间直接地接触，潜移默化地互相影响，耳濡目染地彼此教化，对人的社会化有重要的作用。家庭是青年大学生进行社会学习的第一课堂，是大学生在进入大学前的主要生活场所，是青年大学生的第一所学校和个人成长的摇篮。

（1）家庭环境对大学生思想和价值观形成和发展影响的特征

第一，普遍性和特殊性。普遍性是指所有大学生个体都生活在一个特定的家庭中，几乎每一个大学生都要受到家庭的影响和教育。如果一所高校把该校所有大学生的家庭都动员起来做大学生的思想教育工作，就会极大地壮大大学生社会主义核心价值观教育的力量。特殊性是指每一个大学生个体受到自己家庭的影响是具体的，有限度的。每一个大学生个体的家庭环境是不一样的，不仅以父母为代表的家庭成员的思想政治品德的状况不一样，教育影响的方式方法不一样，家庭环境中的经济状况、社会地位等其他因素也会不一样，因而对大学生个体思想政治品德形成和发展的影响也是不同的，故家庭对大学生个体的影响又具有特殊性。

第二，针对性。俗话说："知子莫如父，知女莫如母。"大学生个体从小到大，很多时间都是在家庭中度过的，即使是上了大学，远离了家庭和亲人，但血浓于水的亲情和现代通信工具也能使他们与家人保持着密切的联系。由于长期的共同生活，父母对子女的性格、志趣、爱好、学习、习惯、思想等最熟悉、最了解。教育者若能与大学生个体的父母（或其他亲人）保持经常的联系，及时汇报学生在大学的学习和其他方面的情况，学生的父母（或其他亲人）就能够根据其具体情况和特点，有针对性地施加教育影响。

第三,血缘伦理的亲和性和权威性。父母长期对子女的无微不至的关怀、爱护和教育,与子女之间形成的是血缘伦理亲情关系,这种关系是教育者难以达到的。血缘伦理的亲和性能使父母产生对子女教育的权威性。不仅如此,在上大学前和上大学后对父母(或其他亲人)经济上的依赖性,也会导致父母(或其他亲人)对大学生个体教育权威性的产生。因此,从家庭教育影响的血缘伦理的亲和性和权威性上看,大学生社会主义核心价值观教育者也应当利用家庭环境的这一特点来加强大学生社会主义核心价值观教育,来提高教育的实效性。

(2)当前家庭教育中存在的错误理念

家庭教育理念即是指家庭希望自己的孩子将来成为什么样的人和如何培养自己孩子的观点。家庭教育理念是否正确对青少年健康心理、健全人格的发展有重要的影响。当前来看,有以下几种不良观点影响了青少年的健康发展。这也影响到了大学生社会主义核心价值观教育的开展和实施。

一是非诚信化教育观念。由于市场经济的发展,一些社会问题层出不穷,诚信危机是其中比较突出的问题。这就导致一些父母在教育子女时有一些不正确的观念。有些家长教育子女"老实人会吃亏""逢人宜说三分话,未可全抛一片心"等。这些教育理念对青少年的心理及行为产生了一些不良的影响,助长了非诚信行为的增加,给大学生社会主义核心价值观教育造成了一定程度的负面作用。

二是重智轻德的教育观。在多数人看来,一个人拥有丰富的科学文化知识和科学技术水平就是一个良好的人才,而这个人的德行如何则不是很重要。有些家长认为孩子只要功课好就行,其他的不用管。这种不正确的成才观使得一些青少年产生一种错误观念,不注重对自身修养的培养,这就直接导致大学生的道德水平素质下降。

三是不良的金钱观教育。受我国传统文化的影响,许多家长在关于金钱观方面的教育一直有一些问题。他们对子女的金钱管理很严格,对子女的事情进行包办,这不利于青少年养成正确的金钱观,一些大学生不知道怎么正确对待金钱,在金钱的使用上也有很多不合理的地方,导致独立生活比较困难。此外,也有一些家长将学习、做家务等作为子女获得金钱的手段,这种教育方式不利于青少年责任感的培养。这种观点进入到高校中会给大学生的相处带来功利色彩,不利于大学生的健康发展与成长成才。

二、当前大学生核心价值观教育的优势特点

从 21 世纪开始,我国进入了全面建设小康社会、加快推进改革开放和社会主义现代化建设的新的发展阶段。高校思想政治教育在党的理论创新和实践创新中迎来了新的发展机遇,大学生社会主义核心价值观教育步入快车道。这个时期的大学生社会主义核心价值观教育具有两大优势特点。

(一)中央采取了一系列重大措施加强和改进大学生思想政治教育工作,开创了大学生社会主义核心价值观教育的新局面

世纪之交,为了适应新形势、新情况,突破高校思想政治教育的薄弱环节,中央采取了一系列重大措施。一是中共中央、国务院及有关部门相继出台了多个加强和改进大学生思想政治教育的重要文件,大学生社会主义核心价值观教育获得了政策上的强力支持。2004 年 8 月,中共中央、国务院发出了《关于进一步加强和改进大学生思想政治教育的意见》。2005 年 1 月,中央专门召开了大学生思想政治教育工作会议,胡锦涛同志发表了重要讲话。在此前后,教育部、卫生部、共青团中央、中央宣传部等相关部门相继下发了多个配套文件,大学生社会主义核心价值观教育获得了政策上的强力支持。二是马克思主义理论研究和建设工程启动,大学生社会主义核心价值观教育获得新的动力。2004 年1 月,中央发出了《关于进一步繁荣发展哲学社会科学的意见》,并

随后召开了实施马克思主义理论研究和建设工程工作会议，大力推进马克思主义理论研究和建设工程。三是高校思想政治理论课新方案出台，课程设置更为合理。2005年，中宣部、教育部发出《关于进一步加强和改进高等学校思想政治理论课的意见》，明确了高校思想政治教育理论课程改革新方案，形成了结构合理、功能互补的思想政治理论课课程体系。

(二)党的理论创新取得重大成果，丰富了社会主义核心价值体系的内涵，完善了大学生社会主义核心价值观教育的内容

党的十六大以来，我们党不断推进理论创新，形成了一系列富有创造性的理论成果。这些理论创新成果，是对马克思主义的重大理论贡献，丰富了大学生社会主义核心价值观教育的内涵。一是提出了以人为本的科学发展观，奠定了社会主义核心价值体系的基石。十七大报告系统论述了科学发展观的基本内涵，其以人为本的指向深刻反映了中国特色社会主义的价值，因而在意识形态上成为社会主义核心价值体系的重要内容，构成了社会主义核心价值体系的基石。二是提出了构建社会主义和谐社会的重大任务，"和谐"成为社会主义核心价值体系的核心理念。党的十六届六中全会对构建社会主义和谐社会做出了总体部署。和谐社会理论中的"和谐"精神深刻体现了中国特色社会主义的核心价值，成为社会主义核心价值体系的基本理念。三是提出了以"八荣八耻"为主要内容的社会主义荣辱观，丰富了社会主义核心价值体系的基本内容。2006年3月，胡锦涛在参加全国政协十届四次会议上明确提出了以"八荣八耻"为主要内容的社会主义荣辱观。社会主义荣辱观丰富了社会主义核心价值体系的基本内容，充实了大学生社会主义核心价值观教育的道德基础。四是提出了建设社会主义核心价值体系的战略任务，大学生社会主义核心价值观教育成为时代的重大课题。2006年10月，十六届六中全会提出了社会主义核心价值体系的基本论述。2007年年底，十七大将"建设社会主义核心价值体系"纳入报告中。"建设社会主

义核心价值体系"成为构建社会主义和谐社会、推进中国特色社会主义建设的战略任务,大学生社会主义核心价值观教育成为高校思想政治教育的引领力量。2012 年党的十八大对社会主义核心价值观进行了高度凝练,总结为 24 个字,指出了社会主义核心价值体系是兴国之魂,是社会主义先进文化的精髓,决定着中国特色社会主义的发展方向。

三、当前大学生价值观教育现存问题及成因分析

(一)现存问题

总的来看,当前大学生社会主义核心价值观教育总体状况是比较好的,但仍然存在一些不可忽视的问题。

1.没有一个明确的大学生社会主义核心价值观教育定位

大学生社会主义核心价值观教育与思想政治教育是相互联系又有区别的,目前高校在大学生社会主义核心价值观教育的内容定位上存在偏差,片面地将其与思想政治教育内容合为一体。思想政治教育的内容是比较宽泛的,而社会主义核心价值观教育则重点是要帮助学生树立社会主义核心价值观,对学生进行正确的"三观"教育,使其成为有用有德的人才。在大学生社会主义核心价值观教育的方式定位上也存在不明确的地方。现行的大学生社会主义核心价值观教育没有作为单独的一门课程进行研究,主要是沿用思想政治教育替代社会主义核心价值观教育。我们知道思想政治教育相关理论内容多、方向多,教育者在进行理论传授、实践指导时往往会受多种因素干扰,对大学生社会主义核心价值观教育的定位、目标及内容把握不准,使得教育效果打了折扣。

2.在内容上与学生的实际生活和社会程度不够贴近

大学生社会主义核心价值观教育只有从大学生的实际出发,

了解大学生的个性特征,站在大学生的角度上思考问题、解决问题,才能赢得大学生的拥护和支持。目前在这方面存在的问题主要有:第一,教学的课程设计还不能够紧密结合大学生的生活实际,教育者只是机械地讲授书本知识,而忽视了书本知识与大学生现实生活的联系,导致理论与实践的脱节。第二,教育忽视学生个性特征和身心发展规律,针对性不强。教育者没有研究大学生的个性特征和身心发展规律,只是笼统地传道授业,而没有针对大学生的个体特征和身心发展规律,教育没有实现与学生个体的互动与反馈。第三,教育缺乏人文关怀和人性化。教育者过分注重大学生的智育,轻视大学生人格培养,教育没有考虑大学生的实际需求,缺乏人文关怀和人性化。这些导致学生上课的出勤率较低,认真度不高,很多学生认为思想政治理论课对于他们是没有用的,不喜欢上马克思主义理论课和思想品德课。大学生思想政治教育的主阵地、主课堂、主渠道作用没有充分地发挥出来。

3.在教育方法上缺乏针对性和实效性

目前大学生思想政治教育内容忽视了时代变革中的新情况、新现象,对大学生的个人实际和学生所关注的社会热点、难点等实际问题关注度不够,这种状况使得思想政治教育本身缺乏针对性,缺乏时代感,无法与时俱进,不能适应时代发展的要求。主要表现在以下几方面:第一,教育以课堂说教为主要方法,进行"填鸭式"的理论灌输,内容陈旧,形式枯燥,缺少互动。第二,榜样教育脱离大学生现实生活,过度"高、大、全",不能深入大学生内心,不能产生共鸣,教育缺乏感召力。第三,教育重视校园文化,但是娱乐性过度、内涵不足,校园文化缺少规划性。第四,教育重视社会实践,但是实践流于形式,没有科学规划,也与学生所学知识脱节。传统的大学生社会主义核心价值观教育思路和方法已经不适应时代的发展需要,也不适应当前大学生价值观教育的现实情况,应该加强对网络的运用与管理,充分利用好现代传媒手段。

4.教育队伍比较薄弱

大学生社会主义核心价值观教育主要是由思想政治教育教师以及教育管理人员进行。目前大学生思想政治教育工作队伍还不能适应大学生思想政治工作的要求,质量有待提高、数量有待增加、队伍有待稳固。从管理队伍的质量和数量来看,专职管理政工人员数量不足、经过专业培训的管理人员更是少之又少。根据国家教育部要求,每120至150名学生需要配备一名专职政工管理人员,而在实际工作中,虽然大多数高校都为各院系配备了专职总支副书记、党团委书记,但是和教育部的规定相比,缺额现象比较严重。大学生社会主义核心价值观教育的队伍人数少、综合素质参差不齐,而且教育者身兼其他事务性工作负担,工作任务繁重。缺少合理的评估激励机制,教育者的工作主动性不强,动力不足。

5.没有充分形成教育合力

大学生社会主义核心价值观教育是一个由社会、学校、家庭、个人共同参与的教育,全社会应该形成人人关注大学生社会主义核心价值观教育,人人投入大学生社会主义核心价值观教育的全员教育局面。但是,当前的教育还没有引起足够的重视,大部分的教育责任落在了高校,家庭和社会没有能够担起教育的责任,教育的统合力尚未形成。主要体现在以下两个方面:第一,教育没有得到社会、家庭和学校的足够重视,尤其是社会和家庭的重视程度严重不足。第二,教育没有得到社会的全员参与,缺少合理的支持,高校承担了几乎全部的教育责任,社会和家庭的参与度不高,教育应该是社会、学校和家庭共同发挥作用。

(二)问题成因

1.高校对核心价值观教育工作重视度不够

目前大多数高校将更多的精力放在学校的办学规模、学科建设、师资队伍建设上,把学生的社会主义核心价值观教育工作作为软任务,没有给予足够的重视。教育者没有把对大学生的社会主义核心价值观教育当成是教育者自身的责任,也没能全身心地投入到教育中。教育者存在"重智轻德"的偏见,往往只重视大学生知识和技能的学习而忽视了大学生价值观、道德品质、人格修养的教育。另外从大学生的角度看,大学生本人往往把社会主义核心价值观教育当成是课业负担,而没有真正深入内心,认真学习,活学活用;也存在重知识才能,轻道德品质的偏见,没有把成才与成人,把自身成长与国家命运联系起来。

2.国内外环境变化对价值观教育带来的冲击

大学生社会主义核心价值教育是在一定的社会环境中进行的,社会环境对接受具有导向的作用,决定着接受的大方向。就国内环境而言,改革开放以来,我国现阶段社会情况比以前发生了复杂而深刻的变化。随着改革开放的发展和经济的转型,社会转轨,在意识形态领域,出现了多种思想观念相互碰撞。当代大学生由于阅历尚浅,容易受社会变化的影响,难免会出现思想的困惑或混乱。此外,社会主义市场经济体制的确立,对尚处在世界观价值观形成中的大学生来说影响会更大。改革开放出现的一些消极腐败现象及社会上的坏风气,也严重地影响着青年学生的心灵。从国际环境看,由于苏联的解体和东欧剧变,社会主义运动从高潮转入低谷。来自不同国家,代表不同的政治观点、文化观念、道德行为、价值观念和生活方式的信息云集网上,在这些信息中不乏消极的、错误的、甚至是反动的观点,境外敌对分子往往利用互联网的优势推销自己的价值标准、意识形态和社会文化。西方敌对势力通过网络中的"思想侵蚀",实行"西化""分化"战略,不同程度地冲击着大学生的思维方式、价值观取向。

3.教育队伍的角色多重化

当前高校大学生社会主义核心价值观教育队伍主要由辅导

员、部分专职理论课教师、行政人员等组成。他们发挥着各自不同的作用：行政人员负责学生的思想教育的组织、协调、实施；理论课教师根据学科和课程内容、特点，负责对学生进行思想理论教育、思想道德教育和人文素质教育；辅导员、班主任负责按照党委部署有针对性地开展德育活动，在思想、学习和生活等方面指导学生。但是，在这些工作人员中普遍存在着同一个问题，从事社会主义核心价值教育只是暂时的，而不是长期持续的，从事社会主义核心价值教育的专业人员不多，专职教师较少，兼职教师比重过大，社会主义核心价值教育工作队伍素质参差不齐。而且，兼职教师大部分同时还担任行政领导、党务工作或学生管理工作，他们都肩负着比较繁重的学生管理工作或行政工作，不能把社会主义核心价值教育作为重点对待，对备课和教学投入的精力也很有限，在选择教育内容和教育方法时缺乏科学性，导致大学生社会主义核心价值教育工作薄弱，对学生的世界观、价值观、人生观教育不能得以很好地展开实施。

4.大学生成长家庭环境及教养方式带来的不良影响

每个大学生的家庭出身不同，家庭成员结构不同，家庭成员素质不同，家庭成员处世处事方式不同，这些因素决定了每个大学生家庭在大学生社会主义核心价值观教育问题上的认识、态度、处理方式也有差异。首先，现在大多数学生都是独生子女，从小父母对其溺爱有加，包办过多，部分家长过度关注孩子的智力发育而忽视孩子的身心健康，过度重视孩子的学业成绩而忽视孩子的品德修养，过分放纵孩子的随心所欲而忽视教导约束。这些家庭偏见导致家庭对大学生社会主义核心价值观教育的重视程度不够，认识不全面，执行不得力。其次，家庭过度依靠学校。部分家庭认为孩子一旦上了大学，教育就是学校的事情，高校应该承担其学生成长成人、成才的重担。因此，家庭出现了推卸教育孩子责任，完全依靠学校的行为，而且家庭主动与高校进行的沟通严重不足。最后，家庭成员素质参差不齐。部分学生的家庭成员本身对社会主义制度就不认可或者有动摇、不够坚定,或者家庭成员的文化水平、道德修养、处事方式存在问题,这些因素都会直接影响到家庭对大学生社会主义核心价值观教育的开展和效果。

第四节　大学生社会主义核心价值观教育的愿景图绘

愿景(Vision),即远景、远见,所谓愿景,在企业中是指由组织内部的成员所制定,借由团队讨论,获得组织一致的共识,形成大家愿意全力以赴的未来方向。在大学生社会主义核心价值观教育中则主要由其目标体现出来。大学生社会主义核心价值观教育愿景主要体现在以下几个方面。

一、国家层面:服务于意识形态宣传,维护社会稳定

从国家层面来看,大学生社会主义核心价值观教育愿景是由其意识形态属性决定的,体现着鲜明的工具性,主要由以下几个方面构成。

(一)引领社会思想

社会主义核心价值观包括四个方面的内涵,分别构成了自身的灵魂、动力、精神支柱与道德基础。在大学生社会主义核心价值观教育过程中,我们要旗帜鲜明地坚持马克思主义理论的指导,高举中国特色社会主义旗帜,大力弘扬以爱国主义为核心的民族精神和以改革开放为核心的时代精神,牢固树立社会主义荣辱观,充分发挥灵魂、动力、精神支柱与道德基础的作用。要把社会主义核心价值观融入大学生思想政治教育的全过程,以社会主义核心价值观引领青年学生思想发展,使其成为青年学生奋发向

上的精神力量,成为他们努力进取、锐意创新、团结和睦的精神纽带,成为他们形成正确的价值观的基础。

(二)宣传党的政策

党在每一个历史阶段,都会为了完成特定阶段的历史任务,针对这一历史阶段的特点制定一系列的路线方针政策。这些路线方针政策首先要赢得人们的价值认同,才能落到实处。在党的路线方针政策大众化过程中,青年学生的价值认同举足轻重。要以青年学生乐于接受的形式,随时把党的路线方针政策转化为价值观培育的鲜活内容,融入青年学生的思想中,使大学生认同党的价值取向,成为党的路线方针政策的理解者、拥护者、实践者、宣传者。

(三)凝聚民族精神

精神状态决定行为方式。民族精神是人们积极向上的动力源泉,是一个民族赖以生存和发展的精神支撑。社会的发展、民族的振兴、国家的繁荣,都需要凝聚全体人民的精神力量,都需要崇高的民族精神。一个民族,没有振奋的民族精神和高尚的品格,不可能自立于世界民族之林。在当代大学生中培育民族精神,有利于强化当代大学生的民族自尊心和自信心,激发他们的民族凝聚力和向心力,形成国家稳定和发展的基础。大学生社会主义核心价值观教育是弘扬和培育民族精神、凝聚人民精神力量的重要途径。要坚持民族精神教育与时代精神教育相结合,引导青年学生培养爱国情怀,提高创新能力,保持积极进取、昂扬向上的精神风貌。

(四)维护稳定社会

社会主义市场经济体制改革势必涉及利益的调整,孕育冲突的萌芽。社会转型期各种灰色的思想与行为的存在,也使社会的道德风险、和谐风险加大。全球化时代,国际政治生活中的一些突发事件,也会对国内的社会秩序产生冲击。在改革开放的过程中,要降低国内外社会变动带来的震荡,促进社会的和谐稳定,实现社会发展的各项目标,就需要疏通思想、化解矛盾、理顺关系、阐明事理。

大学阶段是青年学生走向社会的重要过渡期。他们能否用科学的理论武装头脑,能否理解并拥护党和国家的路线方针政策,能否正确认识社会生活中的各种现象,以及他们用什么样的眼光观察世界、以什么样的心态迎接挑战,将直接关系到社会能否稳定、国家的建设目标能否完成、和谐社会能否建立、持久发展的目的能否实现。要按照党和国家的要求,引领当代大学生认同并致力于建设"富强、民主、文明、和谐"的国家与"自由、平等、公正、法治"的社会。实现这样的社会目标,对于建设一个健康运行的社会、持久增长的社会、和谐发展的社会具有十分重要的意义。

二、社会层面:服务于文化创新和社会主义现代化建设

(一)服务于文化传承与创新

大学生社会主义核心价值观直接面对的是大学生的思想、观念或者认识上的问题,它必然属于人类精神活动的范畴。而文化,就其本质而言,也是人类精神活动的产物,因此两者有着内在的特定联系。具体来说,大学生社会主义核心价值观服务于文化的传承和创新。

第一,大学生社会主义核心价值观具有文化选择的功能。人类的文化多姿多彩,按照不同的理解方式可以做多种划分。一定的社会观念、思想、知识等文化因子与思想政治工作的目标一致或趋向一致,思想政治教育就会吸收积极因素,并将其纳入到思想政治教育的轨道,成为思想政治教育的有机组成部分。如果文化因子与思想政治教育的目标背道而驰或者有相互抵触的成分,思想政治教育就会摒弃消极因素,将其排斥出工作体系,以确保

思想政治教育目标的实现。积极的文化因子被不断强化,消极的文化因子被不断抑制。社会主义核心价值观是属于积极的因子,其必然会得到认可和传承。

第二,大学生社会主义核心价值观具有文化创新的功能。一个民族的文化要想走在世界文化发展的前列,就必须不断创新,借鉴、吸收、整合世界文化遗产中的优质因子,丰富和发展本民族的原有文化,形成最具影响力和凝聚力的先进文化。

(二)服务于社会主义现代化建设

随着知识经济的浪潮席卷全球,各国的生产方式都在发生深刻的变革,过去依靠的那种"资金+资源+劳动力"的粗放型经济增长模式已不再适应时代的要求。全世界都在寻找一条"科技含量高、经济效益好、资源消耗低、环境污染少"的经济发展之路,大学无疑成为探索这条道路的中坚力量。在经济全球化的今天,社会的进步将更加依赖科技的发展,而随着具有学科门类齐全、人才密集、设施先进、文献资料丰富、信息资源广泛等方面优势的高等学校日渐向社会敞开大门,参与到为社会经济服务的行列中来,以科技为核心要素的生产力得到了空前的释放,极大地推动了社会经济的发展。正如比尔·盖茨(Bill Gates)在其《资本主义的未来》一书中预言的那样,在21世纪重要竞争方式的改变中,高等教育扮演的角色是具有决定意义的。

高校开展社会服务工作,不仅有力地推动了社会经济的发展,而且激发了学校的活力,增强了办学实力。通过社会服务,高校可以促进学科发展。大学适应社会的需要,积极扶植若干学科,使弱势变优,优势变强;积极推动学科间的交叉融合,在对经济和社会发展有重大推动作用的领域抢占制高点。通过社会服务,高校可以促进人才培养。这里的人才培养不仅体现在可以开阔教师和科研人员的视野,提高他们理论联系实际的能力,从社会实践中发现自身的不足,从而激发学习和研究的热情;而且还体现在对学生实践能力和创新能力的培养上,训练了他们解决问题的实践技能,增强了社会责任感,强化了社会价值观。通过社会服务,高校可以扩大经费来源,为学校的发展提供更好的物质基础。从某种意义上讲,大学的社会地位和公众形象不仅取决于人才培养和科学研究的水平,而且更多的来源于对社会经济的贡献力和影响力。高校从国家、地方政府(纵向)和社会、企业(横向)得到的支持,一般而言,同高校对国家和地方经济发展做出的贡献呈对应关系。"以服务求支持,以贡献求发展"就是要求高校在为社会经济服务中体现自身的价值,取得社会的承认、信任和支持,也为自身的后续发展创造更好的条件。

三、个体层面:塑造中国特色社会主义建设的合格人才

(一)培养大学生坚定的政治素质

良好的政治素质是大学生形成科学的世界观、树立正确的人生观和价值体系的根本保证,是大学生成长的内在因素和成才的动力。政治素质的好坏,是大学生成为社会主义国家人才的关键。政治素质的高低,标志着大学生在政治上的觉悟程度和认识、参与政治能力的强弱。政治素质正是回答了"为谁培养人"的问题。当代大学生要具备以下政治素质。

第一,坚定的政治方向。大学生首先要为社会主义国家服务,我国的大学生是要成为社会主义现代化建设人才的。为此,大学生要深入学习党的基本理论、基本路线、基本纲领和基本经验,了解我国历史,正确认识现阶段国内形势的发展,承担起国家赋予的使命,把实现个人理想与服务祖国人民统一起来,脚踏实地的为实现党在现阶段的基本纲领而奋斗。

第二,崇高的理想信念。崇高的理想和坚定的信念,是大学生实现人生价值和前进的动力。大学生要树立社会主义的理想信念。社会主义的理想信念是科学的世界观、人生观、价值体系的集中表现,是与社会主义市场经济相适应的思想道德体系的核

心。高校要对大学生有计划、有系统地加强马克思主义理论教育，用马克思主义人生观、价值体系构筑大学生的精神支柱，使大学生正确认识人类社会发展的必然规律，树立起远大的共产主义理想。

第三，扎实的科学理论基础。任何实践都必须有科学的理论作指导，只有科学理论的指导，实践才能取得成功。当代大学生要掌握马克思主义、毛泽东思想和中国特色社会主义理论体系的基本原理和科学方法，要在把握其科学体系和精神实质上下功夫，要立足于我国的具体实际，形成正确的学习风气，提升自身思想政治素质。

总的来说，就是要提高大学生对核心价值观的认同感，使广大学生提高明辨是非的能力，抵御各种社会思潮的影响，习近平说："我们什么时候都要坚守在中国大地上形成和发展起来的社会主义核心价值观，在时代大潮中建功立业，成就自己的宝贵人生。"①

（二）促进大学生的全面发展

马克思认为，人的全面发展是人发展的最高目标。在马克思看来，人的全面发展包含着人的全部特征的发展，人以一种全面的方式，就是说，作为一个总体的人，占有自己的全面的本质。人的全面发展理论是马克思主义学说的核心理论，马克思主义所有的学说和理论，归结到一点就是实现人的自由和解放，促进人的自由、全面发展。马克思主义关于人的全面发展理论有着十分丰富的内涵。正确认识和梳理人的全面发展的科学内涵，是我们推动实现当代大学生全面发展的基本前提。在马克思看来，正是人的需要的发展和需要的不断满足推动着人类和人类社会的文明进步。马克思指出，人的需要的发展证明了人的本质力量和人的本质的充实。人的需要具有层次性，需要形式的日渐多样，以及

---

① 习近平.谈治国理政[M].北京:外文出版社,2014,第174页

需要的不断得以满足,推动着人的全面发展,进而推动人类社会的全面进步。

第一,人的全面发展的内涵。人的全面发展包括以下几层含义。

一是人的发展的全面性。一方面,人的全面发展是指全社会中的每一个人都普遍地得到发展;另一方面,人的全面发展是指人的个体素质、丰富个性都得到自由而全面的发展。二者相辅相成,缺一不可。

二是人的劳动能力的全面发展。劳动,作为人的根本实践活动,创造了人,也造就了人的类本质。因此,劳动能力的强弱和劳动水平的高低,直接决定并且反映着人的自由自觉性的发展程度,劳动能力的全面发展,成为人的自由全面发展的根本。

三是人的需要的全面性。在马克思看来,正是人的需要的发展和需要的不断满足推动着人类和人类社会的文明进步。人的需要是人的意识活动及其他各方面行为活动的内在动力。人的需要是多样的和多层次的,不仅有物质需要,还有精神需要,精神需要中又有发展需要、自我实现的需要等。人们总是在旧的需要得以满足的基础上产生新的需要,从而推动各项事业的发展。所以,马克思指出,人的需要的发展证明了人的本质力量和人的本质的充实。人的需要具有层次性,需要形式的日渐多样,以及需要的不断得以满足,推动着人的全面发展,进而推动人类社会的全面进步。

四是人的社会关系的全面性。人的社会关系的发展,是个人形成的社会关系日益普遍化、全面化的过程。每个人都有自己的社会圈,每个人每天都在同他人交往着,只有在同他人交往的过程中,人才能发展,所以说,个人的发展通常取决于与他发生交往的人。

第二,人的全面发展在现实社会生活中的体现。只有社会进步了,人才能获得全面的发展。在我国现阶段,人的全面发展就是人要实现现代化。人要随着时代的发展和社会的进步而相应地发展。人的现代化必须从心理、思想、道德、态度和行为方向等方面加以提高。实现人的现代化的过程实质上就是推进人的全面发展。在我国，现代化的人应是树立了崇高思想的人，他们富有理想、理性意识强烈、拥有高尚的道德情操；现代化的人应是具有较高道德水准的人，具有优良的社会公德、职业道德和家庭美德；现代化的人应是拥有健康心理素质的人，他们对人生价值的实现有一个正确的理解，能够自觉为社会做贡献，同时实现自己的生命价值。

第三，当代大学生的全面发展。时代的发展对大学生提出了更高的要求。大学生光有一肚子学问是不够的。大学生除了要有文化知识素养，还要具有多方面的综合素养。

(三)坚定大学生的理想信念

理想信念在人的主观精神世界中居于核心地位，起着主导和统领的作用。大学生社会主义核心价值观教育的目标之一，就是引导大学生树立正确的个人理想与社会理想，坚定他们为理想坚持奋斗的信念；引导大学生把个人的成长进步同中国特色社会主义伟大事业、同祖国的繁荣富强紧密联系在一起。

第一，坚定对马克思主义的信仰。马克思主义是将科学的世界观方法论、彻底的唯物主义、无产阶级的党性原则、全心全意为人民服务的精神融为一体的崇高信仰。它是不断创新的理论，能一直引领时代潮流，成为指导社会发展、人类进步的指路明灯。在21世纪我党提出的"三个代表"重要思想和科学发展观是在不断深化对人类社会发展规律、社会主义建设规律、共产党执政规律认识的基础上提出来的，是与时俱进的马克思主义的体现。它体现着鲜明的时代性，把握着事物发展与社会发展的规律性，从而富于伟大的理论创新。中国特色社会主义的健康发展已经向世人昭示，以马克思主义为指导，社会主义必定迎来它新的辉煌。

第二，坚定对党和政府的信任。信任，指的是人民群众对于领导干部的信任，这实际上也是对党对政府的信任，对马克思主义和社会主义制度的信任。大学生作为社会主义现代化事业的建设者和接班人,他们中的许多人将会走上领导岗位。当大学生担任领导干部后,更应该通过称职有效的工作,取得人民群众的信任。要自觉地树立以人民群众为本的价值观,实现好、维护好、发展好人民的利益,真正做到亲民、爱民、为民,权为民所用、情为民所系、利为民所谋。

第三,坚定对建设中国特色社会主义的信念。最高理想作为人的最高价值追求,是一种未来的目标,它只有具体化为一些阶段性的理念目标,并付诸实践,在实践中化为现实,才能逐步得以实现。共产主义最高理想,只有在社会主义社会充分发展和高度发达的基础上才能实现。实现共产主义是空前伟大而艰巨的事业,建设中国特色社会主义现代化事业,是一项全新的伟大工程。建设中国特色的社会主义是一项艰巨的任务,在这个过程中,很多深层次的思想问题也会表现出来。而要解决这些问题,就要依靠思想政治教育,重点是加强社会主义核心价值观教育,通过马克思主义理论、共产主义和社会主义思想以及集体主义和爱国主义的教育,使青年学生真正从思想上认识到社会主义代替资本主义的总趋势是改变不了的;坚持四项基本原则是立国之本,"三个代表"重要思想是我们党的立党之本、执政之基、力量之源,是指引我们通过中国特色社会主义迈向共产主义美好未来的根本保证。唯有如此,才能坚定建设中国特色社会主义的信念,也才能将信念转变为自觉的行动,为中华民族的伟大复兴做出自己最大的贡献。

第四,坚定对改革开放和现代化建设的信心。经过多年的建设,特别是改革开放30多年来的发展,我国的综合国力大大增强,为今后的发展创造了有利的条件,奠定了比较坚实的物质基础。当前,以习近平同志为总书记的党中央正率领全国人民向着全面建成小康社会的宏伟目标奋勇前进。广大青年学生一定要积极参与改革开放和社会主义现代化建设的伟大实践,提高对"三个代表"和科学发展观重要思想实践性的认同,使之内化为坚强的信心。

(四)推进大学生的思想道德发展

在人才的素质中,思想道德素质处于统领地位,它决定着一个人为谁服务和如何做人的大问题,决定着人才成功的方向。同时,在我国改革开放和现代化建设对人才培养不断提出新的更高要求的情况下,以荣辱观作为大学生思想道德品质教育的核心目标,准确把握当代大学生思想道德品质的状况,切实加强大学生思想道德品质的培养。

正确的荣辱观是激励人生的重要动力。马克思唯物辩证法认为矛盾双方既相互对立又相互转化。荣与辱作为道德的双方也不是一成不变的,在一定条件下也可以相互转化。正确的荣辱观是激励人生的重要动力。当人们的行为受到他人和社会的赞许时,就会视荣誉为生命,增强对荣的认知和践行,使人们在道德实践的过程中更好地发挥其主动性,增强内心对真善美的追求动力;而当人们意识到耻的存在时,在正确荣辱观的指引下就会化耻为前进的动力,促进自身行为向荣的转化,做到见贤思齐,促进自身素质的提高。

以"八荣八耻"为主要内容的社会主义荣辱观,体现了马克思主义的世界观、人生观和价值观,为大学生判断行为善恶、做出道德选择、确定价值取向,提供了基本的价值准则和行为规范。确立社会主义荣辱观为大学生道德品质教育目标,对于大学生健康成长成才和培育文明道德风尚具有重要的规范、激励和指导作用。践行正确的荣辱观能够使大学生增强正确道德选择的能力,使其不断自我反省、自我激励,努力提升道德境界。践行社会主义荣辱观对大学生的全面发展会产生重要的影响。当代大学生应认真学习、深刻领会树立社会主义荣辱观对自身全面发展的重大意义,准确把握"八荣八耻"的基本要求,并以此来规范自己的言行举止,做到自省自警、自珍自爱、知荣求善、知耻改过,经过反复的实践和逐步的养成,使社会主义荣辱观转化为自己内在的道德品质和行为习惯,成为自己生存、发展的内在精神源泉。

第二章 | 大学生社会主义核心价值观教育的原则、理念和方法

　　社会主义核心价值观是社会主义核心价值体系的具体实践形态和主观内化。在大学生中积极培育和践行社会主义核心价值观,可以引导青年学生有效地进行价值取向整合,帮助青年学生树立正确的主流价值观。大学生作为我国社会主义现代化建设的生力军,其价值观的正确与否直接关系到我国未来建设事业的发展,通过对大学生这一特殊群体进行社会主义核心价值观教育,对大学生的价值观做出正确的引导与整合,可以从思想层面影响到大学生,从而使大学生成为社会主义核心价值观的践行主体和引领主体。在进行大学生社会主义核心价值观教育的过程中,遵循一定的原则,不盲目开展教育,使整个教育过程有章可循,这是十分重要的。同时,在教育的过程中,奉行一定的理念,为大学生提供正确的价值指引。与原则和理念同等重要的就是方法,因而,在整个社会主义核心价值观教育的过程,选用合适的方法,是实现社会主义核心价值观教育有效性的重要条件。

第一节　大学生社会主义核心价值观教育的原则

　　社会主义核心价值观结合了几千年来中华民族文明积淀的优秀价值准则,是我们国家和民族价值体系中起决定作用的最本质部分。社会主义核心价值观不但要深入人心,更要付诸行动。大学生是中国特色社会主义事业的建设者和接班人。在大学生中培育和践行社会主义核心价值观应以内化于大学生心灵、外化

为大学生行为的方向发展为目标,在培育中践行,在践行中培育,相辅相成。为了更好地促进大学生培育和践行社会主义核心价值观,必须从认识、方法、实践上遵循以下几方面原则。

一、坚定方向

坚持方向性原则是大学生社会主义核心价值观教育工作者必须遵守的第一原则,有组织就不能没纪律,站在对大学生进行社会主义核心价值观教育的教育者的角色上,第一纪律就是遵守方向性原则。

坚持方向性原则就是要坚持马克思主义信仰,坚持马克思主义的思想指导。在我国社会主义核心价值体系建设中,马克思主义为我们提供了正确的世界观和方法论,提供了正确认识世界和改造世界的有利思想武器。只有用马克思主义的立场、观点、方法来正确认识经济社会发展趋势,正确认识社会思想意识中的主要矛盾和次要矛盾,才能在错综复杂的社会现象中拨开云雾,看见真理,保持清醒的意识和方向。当代大学生肩负着建设富强民主文明和谐的社会主义现代化国家、实现中华民族伟大复兴的历史重任。要想完成这样的历史重托,需要他们有理想、有道德、有文化、有纪律,需要他们积极践行社会主义核心价值观。但通过对大学生社会主核心价值观的认同调查可以看出,部分大学生对马克思主义理论知识的把握尚有欠缺。这就要求我们把坚持和发展马克思主义统一到社会主义核心价值观的培育和实践中,坚持马克思主义的基本原理,坚持发展马克思列宁主义、毛泽东思想、中国特色社会主义理论体系,促进大学生从内心深处认同社会主义核心价值观,把马克思主义的立场、观点、方法,融入塑造大学生灵魂、培育大学生道德的育人教育过程中。引导他们在纷繁复杂的社会思潮环境下,运用马克思主义的立场、观点和方法去分析问题,坚定正确的政治方向和政治立场,保持清醒的政治头脑,保持正确的发展方向。

要坚持在整个教育过程中，从教育的开始到教育的完成实现，从头到尾灌输马克思主义理论，并在马克思主义的正确指导下，使核心价值观的教育工作朝着积极稳定的方向不断迈进。作为社会主义的中国，明确国家性质，毋庸置疑的拥护走社会主义道路，坚持中国共产党的领导，能够在社会大潮中不迷失方向，在众多的社会思潮中正确取舍，抵制错误思想的影响，为构建社会主义先进文化不断输入新鲜血液。

在坚持方向性的同时，要注意与文化多样性相结合。作为社会主义的中国，马克思主义是最根本的指导思想。大学生社会主义核心价值观教育以马克思主义为指导，是唯一正确的选择。大学生一方面要坚持马克思主义信仰，另一方面要警惕西方各种文化思潮，要在正确的价值指引下学会取舍。我国处在社会主义初级阶段，各项制度都不怎么完善，加上改革开放以来各种文化思潮的涌现，出现了宣扬不同利益要求的各阶层的思想动态。在这样的大环境、大背景下，缺乏社会经验的青年群体——大学生很容易迷失自己，迷失前进的方向。因此，高校要加强马克思主义信仰教育，坚持社会主义的主旋律，在思想意识领域，始终高举社会主义核心价值观的大旗，同时提倡多样性，鼓励多种思想文化并存，促进大学生精神文化的健康繁荣。

二、长期坚持

长期性原则是指大学生社会主义核心价值观教育要有连续性，持续不断地进行。从哲学角度看，整个人类的发展是螺旋式上升的，期间充满曲折和反复。大学生社会主义核心价值观的教育和践行也是如此，必定会经历一个反复的较长的过程，因此，大学生社会主义核心价值观教育要坚持长期性原则，这是必须坚守的原则，要从校内、校外两个领域来贯彻。

在校内领域看，高校开设的核心价值观教育课程承载着大学生社会主义核心价值观教育的任务，从大一到大四，关于社会主义核心价值观的课程都不间断,在课程安排上也占有较大部分的时间。在校内坚持大学生社会主义核心价值观教育的长期性原则,不仅仅是要求每一学期都要有大学生社会主义核心价值观教育课程,更重要的是不能将这门课程孤立起来,而要在别的课程中不断融入核心价值观的内容。只有这样,大学生才能提起兴趣,在有限的时间内吸收更多的核心价值观的知识,才能处处受到核心价值观潜移默化的熏陶,从而使社会主义核心价值观的教育更加具有实效性。

从校外领域看,大学生未出茅庐或者初出茅庐,他们的人生阅历有限,社会经验不足,很容易受到变化莫测的社会的浸染和影响。由于这些因素,大学生的思想比较动荡,很容易"朝三暮四""见异思迁",正是由于整个社会环境的复杂多变以及大学生这种反复的思想特点,决定了大学生社会主义核心价值观教育的长期坚持原则。从教育者到受教育者都要认识到整个教育过程的循环往复,全社会都要树立终身教育的理念。具体来说,政府相关部门有必要成立各种正式组织和非正式的组织,创造自由交流、自由分享对社会主义核心价值观的体会的社会大环境,这样的组织、机制或活动可以使得大学生即使在离开学校之后,社会主义核心价值观教育也还能够进行。

三、融入生活

"大学生社会主义核心价值观教育的目的在于教育、引导学生提高其思想政治素质、道德素质、心理素质等。"[①]为了实现这一目的,大学生社会主义核心价值观教育就必须走进学生、走进学生的生活和思想领域。但必须进一步指出的是,走进绝非消极地在空间上靠拢,而是要通过有效的教育路径积极引导学生,以社会主义核心价值观造就自我、完善自我。因此,这就需要在大学

---

① 　杜晶波.大学生社会主义核心价值观培育路径研究[M].沈阳:东北大学出版社,2014,第19页

生社会主义核心价值观教育中遵循融入生活的原则，真真切切让学生能够在社会主义核心价值观的指引下做出一些有意义的事。

坚持生活化原则，就是指社会主义核心价值观教育要"以生活为本源，在生活中进行教育，引导人们改善生活，提高生活质量，过美好的生活"①。

所谓生活，既包括人为了生存进行的各种活动，也直接指向人们的衣、食、住、行、文化等方面的情况。在马克思主义哲学中，生活是一个包容性很强的概念，包括"物质生产、物质生活、个人生活、国家生活、日常生活、政治生活、实践生活、社会生活等"②。

社会是由人组成的，每个人都是社会中的一员，因而，人与社会之间是一个不可分割的整体。生活作为整个社会活动中的一种，与人自然也有着密不可分的联系。首先，人是生活的主体，有人才有生活；其次，人不能脱离生活而存在，只有拥有生活，人才能变得充满活力，生机勃勃。人与生活浑然一体。对于人而言，生活是直观而真实的。

美国教育家杜威提出了"教育即生活"的观点，在我国，教育界也有相关的理论，如陶行知就曾提出"生活即教育"，他认为"生活即教育，用生活来教育，为生活而教育"③。把这个问题放在价值观教育的问题上，也就是价值观教育生活化。

价值观教育生活化，就是以现代生活为中心，充分开发具有价值引导功能的现代生活资源，从主体的现实生活、现实存在、现实活动出发，采取感情的、实践的方式，促进主体价值观体系的自主构建，把生活作为教育的起点，同时也作为教育的归宿。

坚持价值观教育的生活化。从生活出发、在生活中进行、再回到生活，使价值观教育贯穿在人的所有生活之中，转变那种在

① 杨明，张伟.社会主义核心价值体系论纲[M].南京:南京大学出版社,2013,第211页

② 杨明，张伟.社会主义核心价值体系论纲[M].南京:南京大学出版社,2013,第211页

③ 乐智峰.课堂寄情于生活[J].新课程,2014(7)

计划预定的地点与时间里传授思想理论的传统教育方式,实现贯穿生活各个方面、各个细节的教育,才能使人们过道德的生活,才能在生活中逐渐积累起对生活的认识和感悟,才能真真切切地体验生活,在生活中不断加深对自我的认识,在生活中不断成长。

在社会主义核心价值观教育活动中坚持生活化原则,应当正视并鲜明地强调现实生活中不同意识形态的分化与对立,能够树立正确的生活态度,在众多的意识形态中坚持正确的方向,勇于面对生活中的挑战,在正确的意识形态的指引下不断朝着正确的方向前进。

大学生是一个具有较高文化素质的群体,其生活水准的提高不仅要求有很高水平的物质文化生活条件,还要有精神文化生活水准。社会主义核心价值观教育的生活化,客观上要求不断推进经济建设、政治建设、文化建设和社会建设的协调发展成果进入校园,让广大在校大学生了解我国社会主义改革和建设的进程,培养其对社会主义建设事业的信心。在此现实基础上,大学生更加容易在其观念中确立社会主义核心价值观的指导地位。

四、实事求是

马克思认为:"不是意识决定生活,而是生活决定意识。"[①]因而在进行大学生社会主义核心价值观教育时,关于实践的教育显得尤为重要。实践教育就是通过实践将理论转化成实际,将一些原则要求变成具体的操作,同时可以将实践融入原有的理论中,从而产生新的理论。邓小平曾经讲过,"教育一定要联系实际"[②],"一定要和实际相结合,要分析研究实际情况,解决实际问题"[③]。因此大学生社会主义核心价值观的教育不能仅停留在书面或口头上,要回归现实之中,用事实去充实并检验社会主义核心价值

①　马克思恩格斯选集(第1卷)[C].北京:人民出版社,1995,第31页
②　邓小平文选(第3卷)[C].北京:人民出版社,1993,第143页
③　邓小平文选(第3卷)[C].北京:人民出版社,1993,第144页

观理论。任何一个价值观的形成都离不开其得以产生的社会背景，同样，当代大学生的价值观形成也有着其深刻的社会因素。社会主义市场经济的确立和发展是其形成的重要根源。本着实事求是和客观分析的态度不难发现，我国当代大学生的价值观虽存在其合理的一面，但受市场经济的一些负面影响，也暴露出了一系列问题。对于当前大学生价值观现状及反映出的种种问题，我们不能一概而论，要坚持一分为二的原则分析其背后产生的真正原因，保证价值观教育的合理性。当前，我国正处于全面建设小康社会的关键战略机遇期，也是不断提升文化"软实力"的关键期，当代中国人民正在以马克思主义的最新理论成果为指导，积极培育和践行社会主义核心价值观。我们也应当培养大学生用发展的眼光看问题，教导他们把社会主义核心价值观的践行与中国特色社会主义建设事业结合起来，在中华民族伟大复兴的事业征程中，用社会主义核心价值观引导并塑造中国特色社会主义建设的伟大社会实践。这就要求我们在社会主义核心价值观教育过程中必须遵循实事求是的原则。

实事求是，是马克思主义的思想路线，指的是从实际对象出发，探求事物内部联系及其规律性，认识事物的本质。简言之，就是一切从实际出发。它是做好一切工作的根本，是高校做好价值观教育工作的基本原则。胡锦涛在全国进一步加强和改进大学生思想政治教育工作会议上的讲话中特别强调："要坚持解决思想问题与解决实际问题的结合，增强思想政治教育的实际效果。"①因而这也要求我们在社会主义核心价值观教育的过程中，一定要从实际出发，从事实出发，针对有关社会实际情况对当代大学生价值观的影响进行深入分析。

传统的教育模式往往是对学生进行知识的大量灌输或理论说教，并不能引起学生内心的认知冲突，究其原因无外乎是对学生直接经验的忽视与脱离。因而坚持实事求是原则，就是要调动

---

① 邓小平文选(第2卷)[C].北京：人民出版社，1994，第104页

学生的积极性和主动性,通过角色体验、情境体验等方式,让学生们成为社会成长的主动者。只有这样,社会核心价值观对于当代大学生才不是那种高高在上的理论,而是一种与现实生活密切相关,与现实生活中的事实又相符合的价值观。这将极大地缩小学生与社会主义价值观间的心灵距离,进而增强社会主义核心价值观的吸引力和亲和力。

五、教学相长

教学相长的原则是指教学既要充分发挥教师的主导作用,又要尊重学生在教学活动中的主体地位,充分调动他们努力学习的主观能动性,使教师的"教"与学生的"学"密切配合,达到提高教学质量之目的的教学准则。在社会主义核心价值观教育过程中,两个关键的主体是教师和学生,只有教师的"教"或者学生的"学",这都是不对的,达不到真正的教学效果,同时这也是传统教学过程中的一个重要弊端。因而,在社会主义核心价值观教育中,一定要将两者相结合,从而达到有效教学的目的。

在社会主义核心价值观教育中贯彻教学相长原则,这里的"教"和"学"不是局限于学校教学和课堂教学,而是包括任意教学情境和教育过程;教和学的双方也不是特指教师和学生,而是泛指大学生社会主义核心价值观教育活动中的教育者和受教育者。

在大学生社会主义核心价值观教育中,教育者的角色通常情况下是由学校教师、年长一代、为社会发展进步做出了突出贡献的先进模范人物以及各种宣传组织机构承担,对大学生进行各种形式的社会主义核心价值观教育。教育者通常都具有一定的职位、职务、模范事迹或年龄方面的资格和资历。然而,在信息社会,教育者的权威受到挑战。特别是在道德领域、价值观领域,作为"教育者"本身并不能保证其道德认知和道德实践的合一性、其价值观信仰的彻底性。教育者要能够在教育活动中得到认可,树立起自己作为教育者的威信,确立并巩固自己作为教育者的主导地位,完成教育任务,实现教育目标,必须将施教于人的活动与自己的学习活动统一起来,实现教育者的"教学相长"。

贯彻"教学相长"原则,一方面,教育者要依据教育情境的要求,从受教育者角度思考有关教育实施的具体内容建构问题、具体教育方式和教育手段问题等;从受教育者的反馈信息中发现自身的不足,通过学习和反思,提高自身理论素养和人格修养。另一方面,学习是无止境的,道德修养更需要穷其一生而时有所悟。追求有意义的生活,是人永恒的生命活动过程。

只有坚持内在省察、反观自我之心灵、注重身体与心灵的一体化,将知识的获得和生命的直接体验融合为一体,不断地把这种内化的知识运用于生活实践之中,以知行合一的态度应对社会人事,才能够获得身心境界的不断提升。

贯彻"教学相长"原则,要求教育者具备"小学生"或"空杯"心态。教育者在知人不足的前提下,更要知己不足。只有在这样的前提下,教育者才能放下身段,将受教育者一些重要的观点收纳进自己的知识框之中。

教学相长原则还要求教育者能够具备职业责任感和教育使命感,对自己所学的理论和所拥有的见识进行反思。教学相长原则本身就包含着教师的反思批判精神,大胆怀疑,小心求证,教导学生以开放的态度接受他人的见解或者批评,助人又助己。

六、坚持创新

新时期以来,改革创新已成为我国社会主义核心的时代精神。创新精神和能力的高低不仅影响着大学生个人的生存与成长,同时也决定着一个国家的未来和发展。任何一个没有创新精神和创新能力的国家,都必然无法适应日益激烈的竞争环境。因此,在社会主义核心价值观教育的过程中,充分利用改革创新为核心的时代精神,引导大学生在问题的解决过程中坚持创新精神,培养创新意识,提高创新能力,坚持社会主义核心价值观教育的创新性原则。

创新性原则主要是指大学生社会主义核心价值观教育中教育内容的"新"和教育方法的"新"。"我国目前正处于经济全球化、国内市场化、网络信息化和文化多元化的社会大变革大转型时期,大学生的价值观呈现多元化的特征。"[①]然而在这种背景下,大学生的价值观教育却不尽如人意。这种现状追根溯源是教育的相对滞后所造成的,因而要满足时代发展对学生提出的种种新要求,教育就应不断去创新。

教育内容是教育的重要载体,在以往的价值观教育中,常常发现本应与时俱进的教学内容,却如一潭死水,几十年都不变,如此落后陈旧的材料对于信息化时代下的当代大学生,毫无吸引力,更不用提对社会核心价值体系的认同和接受。因而要增强学生对教育的认同,对社会主义核心价值观的认同,就必须将其内容进行更新。一方面可将马克思主义中国化的最新理论和实践成果融入其中,另一方面也要把社会生活中,最新的热点和焦点问题充实其中,给学生以新的信息刺激,激发其学习兴趣,进而从思想上真正接受社会主义核心价值观的教育。教学方法是教育的重要手段,随着新科技的发展,人们在享受这种便利的同时,思想也越来越现代化。因而在价值观教育的过程中,如果仅采用传统的讲授模式,就无法满足学生的心理需求。所以教学方法必须"新",必须多样化,使教育更加生动和直观,进而增强对学生的吸引力。

第二节　大学生社会主义核心价值观教育的理念

理念是一个精神、意识层面上的概念,实际指的就是指导行为的最基本、最核心的思想认识,这个基本的定义既体现了人在

---

① 唐国战.增强高校思想政治教育实效性的对策思考[J].洛阳师范学院学报,2008(4)

主观能动性的作用下对行为及其结果的理想性认识和理想性追求,同时也包括对相应的正确的行为方式的坚信和持守。大学生社会主义核心价值观教育理念是建立在教育规律基础上的先进的教育理念,作为一种"远见卓识",反映了教育本质和时代特征。当今历史条件发生了很大的变化,在这样的历史背景下,想要加强对大学生社会主义核心价值观的教育,就必须要加强对大学生理想信念教育研究,坚持以人为本、全面发展和立德树人的理念,用正确的理念指引大学生未来正确的前进方向。

一、以人为本理念

以人为本,是指在大学生社会主义核心价值观教育中,高校各级领导干部和社会主义核心价值观教育工作者,在制定规章制度、日常管理和改进传统工作方法的同时,要坚持一切从大学生的合理需要、个性发展出发,调动和激发大学生学习和科研的积极性与创造性,以德智体美劳的全面发展为目的的一种理念。

马克思认为"人之为人,人区别于其他存在者,是因为人是一种具有自我超越意识、不断生成新的自我、具有生存本性的特殊存在者"。从中我们可以看出这个描述较之于人的本质理论的描述要更为深入,因为它不仅对本质这一共性认识进行了分析,还对人的生存性进行了解释。

(一)大学生社会主义核心价值观教育中"以人为本"的具体体现

大学生社会主义核心价值观教育以人为本的人本化趋势,随着科学发展观在高校教育中的深入贯彻与实践,日益凸显为以学生为本,主要表现在以下几个方面。

1.大学生是发展主体

以人为本在大学生社会主义核心价值观教育中的体现就是

"以生为本",具体来说就是充分尊重大学生在社会主义核心价值观教育中的地位和作用,通过引导与激励的方式促进其主体意识的苏醒,增强社会主义核心价值观教育的效果。大学生社会主义核心价值观教育不仅要关注他们思想动态的变化,也要为他们的健康成长和全面发展负责,这种作用主要体现在以下三个方面。

（1）重视教育和引导大学生正确认识和处理好现实发展与持续发展的关系

大学生的可持续发展,是实现大学生人生发展最大价值的前提,也是实现社会可持续发展的最重要的基础。大学生的可持续发展,就是要发现和挖掘大学生发展的巨大潜力,增强大学生自我持续发展的意识和能力,建立大学生发展的长效机制。大学生社会主义核心价值观教育应该从长远出发,注重大学生对社会关系的处理以及对社会实践认识的教育,将各种长远的、能够持续发展的因素结合在一起,只有这样才能彻底解决教育短视的行为,使大学生能够更好地适应社会的发展与情景的变化。在学习过程中,大学生也要不断适应学习型社会和学习型组织的基本要求,不断充实和更新自身的知识结构,增强持续发展的坚定意志,克服发展中面临的种种困难和障碍,实现自身的可持续发展。

（2）重视教育和引导大学生正确认识和处理好自发发展和自觉发展的关系

从现实状况来看,大学生的发展主要有两种形态,即自觉发展和自发发展。具体来说,就是学生本人缺乏自我发展的意识和概念,对大学生成长发展的规律没有明确的认识,在自己的成长与未来规划中没有目的,这种发展会使大学生在发展过程中遇到很多挫折,并容易产生放弃心理,从而影响社会主义核心价值观教育的效果。自觉发展是一种以自我为主导的发展模式,这种发展形态中,学生自身往往具有更好的自主意识,对自己未来的发展具有清晰的规划,遇到困难能够利用自己所学到的知识和掌握的方法去解决,他们能够更好地利用规律。大学生社会主义核心价值观教育十分重视引导大学生克服发展的盲目性,增强发展的自觉性,掌握和遵循人才成长发展的规律,不断健康成长。

(3)重视教育和引导大学生正确认识和处理好片面发展与全面发展的关系

大学生的综合素质是一个复杂的集合体,它是一个各种素质的集合概念,主要包括个人的思想道德水平和素质、科学文化水平和素质以及身心健康素质等。要使大学生的综合素质有所提升,而不是培养出片面发展的不健全的大学生,就必须进行全面发展的教育。社会主义核心价值观在诸多方面提出了对当代大学生的要求,因而具有十分有效的指引作用,引导大学生克服发展的片面性,增强发展的全面性与协调性,实现健康发展。

2.大学生是实践主体

大学生社会主义核心价值观教育以人为本首先体现为以大学生为实践之本。大学生的主要任务是学习,这是大学生在校期间作为实践主体的主要活动形式。大学生是学习的主体。大学生社会主义核心价值观教育越来越注重寓社会主义核心价值观教育于大学生学习活动之中,引导大学生明确学习目的和科学知识的价值;激励他们勤奋学习和系统掌握人类创造的全部科学文化成果,提高创新精神和实践能力,培养与所学专业密切相关的职业道德和职业精神;全面提升思想道德素质,为大学生的全面发展和毕业以后走向社会,推动社会实践活动奠定重要的思想基础;同时使大学生弘扬中华民族的传统美德,刻苦学习、严谨治学,在社会实践中更加具有积极主动性。大学生社会主义核心价值观教育还更加注重引导在校大学生积极参与社会实践活动,运用学习掌握的科学理论知识指导和推进社会实践活动,自觉走与实践、与工农相结合的青年知识分子成长道路,在社会实践中受教育、做贡献、长才干。

从根本上说,社会主义核心价值观教育就是一项针对人的工作,并没有具体条款和措施来约束,因此教育者可以最大限度地发挥自己的主动性,帮助大学生提高他们的思想政治素质和水平。作为一项以人为工作对象的工作,思想政治工作者应该明确自己的工作对象,并根据工作对象的特殊性制定具有针对性的教育措施,将人作为思想政治工作的核心。在社会主义核心价值观教育工作中,我们要对教育的对象保持足够的尊重,不仅要强调理想的崇高性,调动人们参与为社会主义理想共同奋斗的情绪,还要尊重个人的意愿,尊重教育对象的个人理想与发展意愿,并帮助他们不断提升自己。

新时期,随着人们物质生活的提高和精神生活的丰富,人们的自主意识也开始增强,这种客观变化要求思想政治工作必须要从实际出发,从受教育者的角度出发,只有坚定不移地坚持群众路线,才能赢得人们的支持。在社会主义核心价值观教育实践中,社会主义核心价值观教育工作者一定要尊重客观规律,根据规律办事,不能凭自己的主观判断决策。我们应该清楚地认识到,只有对社会主义核心价值观教育的主体保持足够的尊重,才能赢得他们的信任与配合,才能让我国的社会主义核心价值观教育工作充满活力地向前发展,为伟大的社会主义建设事业培养一批又一批的人才。

(二)“以人为本”大学生社会主义核心价值观教育的基本思路

1.解决学生的实际问题

大学生思想的形成往往与其所在的客观生活有着很重要的联系,因为思想本身属于意识领域,而意识就来源于客观实际。因而,解决大学生的思想问题,归根到底还要从思想的源头出发,也就是大学生在生活和学习中遇到的实际问题。只有了解学生的生活与学习,才能从更深层次掌握学生的思想动态,引导学生正视遇到的问题,不断克服困难,解决问题,在解决问题的过程中不断成长。

2.要充分尊重学生

尊重是沟通交流的基础。在高校社会主义核心价值观教育工作中,树立以学生为本的理念,遵循大学生的成长成才规律和教育规律,善于引导,充分尊重大学生的主体地位和个性需求,融入人文关怀,尊重大学生的尊严、人格、价值和创造性,与他们真诚地沟通,理解、关心、帮助他们,给予他们信心和鼓励,使他们感受到温暖和希望,不断提高高校社会主义核心价值观教育的亲和力、说服力,最大限度地发挥学生的主观能动性,充分激发他们的学习积极性和参与教育活动的热情,努力增强社会主义核心价值观教育的针对性和吸引力。

3.全面调动学生的参与积极性

当前,从高校思想政治的教育模式来看,教师与学生之间的关系并不是主体与客体之间的关系,更准确地来说,他们之间应该是一种主体与主体之间的关系。对于教师来说,他们是教授、传播知识的主体,而学生在教学过程中是一个积极主动的主体,在整个教育过程中是积极的参与者。在教学过程中,教师应该在平等的前提下与学生展开交流与沟通,鼓励与引导学生参与课程讨论或是相关的实践活动。也就是说,教师在教学过程中可以组织学生对一些社会活动进行讨论,然后让学生针对该问题展开激烈的讨论,说出自己对这一问题最真实的看法。在进行具体的活动时,教师不能以自我为中心,而要站在学生的立场上,充分尊重学生的意见,调动学生参与的积极性,相信并依靠学生,使学生真正投入到实践中来。除此之外,教师在课余时间还应该对学生的生活进行实际考察,对学生的思想有明确的把握,积极与学生进行交流,交换彼此的看法,提高学生参与的积极性。

(三)遵循"以人为本"理念要处理的三对关系

1.正确处理以理服人与以情感人的关系

正确处理以理服人与以情感人的关系,这是做好大学生社会主义核心价值观教育工作的基本前提。目前我国社会主义核心价值观教育基本都是以政府和传媒为媒介，自上而下的灌输，开展口号、标语的空头式说教，教育内容陈旧、单调，教学方式固化、乏味，因而虽然教育活动从未停止过，但其"投入"和"产出"却没有成正比，这种与学生情感、需要、兴趣完全脱离化的教育，往往收效甚微甚至毫无作用。做好以生为本的核心价值观教育就应首先处理好说教与情感之间的协作关系，打破单纯的以理服人的模式，加之以情感教育，做到动之以情、以情感人、以理服人、入情入理、情理交融。这样的教育方式才能使得教育与学生间心心相通，学生也才会对整个价值观教育入耳入脑，体现出真正的情感效应，达到事半功倍的效果。

2. 正确处理言传与身教的关系

正确处理言传与身教的关系，这是做好大学生社会主义核心价值观教育工作的重要基础。社会主义价值观的教育是一种道德标准、价值观念的教育，不仅需要真理的力量，更需要一种人格的力量。因而教育者应率先垂范，为人师表，起到榜样和先行者的作用。在教育中都说身教胜于言传，这在价值观教育中同样适用，教育者先行实践，才能真正地做到教育，才能带动广大的青年大学生，更能证明社会主义核心价值体系内化工作的说服力，提高教育的感染力和吸引力。否则就会出现社会主义核心价值体系内化工作"台上他说，台下说他"的苍白无力状况①。因而要打破这种单一言传说教所带来的困境，就需要协调处理好言传与身教的关系，将真理的力量与人格的理想完美统一起来，发挥其最大功效。

3. 正确处理社会价值和个人价值的关系

正确处理社会价值和个人价值的关系，这是做好社会主义核心价值观教育工作的基本保障。社会主义核心价值体系是当前

---

① 石云霞.社会主义核心价值体系教育的基本原则[J].思想理论教育导刊,2007(3)

我国特色社会主义意识形态的重要组成部分,大学生又是整个特色社会主义事业的建设者和接班人。因而对当代大学生社会主义核心价值观的教育,不仅是建设和谐社会的保障,对于整个科教兴国战略的实施和现代化建设事业的推进,都有着重要的战略意义。然而,从个体角度看,多元文化背景下的社会主义核心价值观教育,不仅仅是社会价值的体现,更是促进学生自身成长与发展的需要。一方面可以通过对学生人生观、道德观和价值观的教育,引导学生关注社会并积极探索人生价值和生命意义,实现价值观念、道德情感和理想信念的有机统一。另一方面,可以帮助学生摆脱盲目性和被动性,积极自主地选择继承中华民族的优秀文化传统,从而"通过对学生思想观念、价值判断和道德情操的培养,启迪学生的思想,塑造学生美好的心灵,培养学生完善的人格,帮助学生实现德、智、能、行的协调发展[①]"。因而在对当代大学生进行中国特色社会主义核心价值观教育时,必须帮助他们正确认识社会价值与个人价值间的辩证统一关系,树立一个正确的价值尺度,把社会价值内化于每个大学生的心灵之中。当个人价值与社会价值发生冲突时,引导其理性面对,妥善处理,自觉地把个人价值与社会价值在教育的过程中达到有机的统一,最大限度地发挥教育的功效。

二、平等尊重理念

(一)大学生社会主义核心价值观中平等尊重的含义

在进行社会主义核心价值观教育时,教育者要树立"平等与尊重"观念。社会主义核心价值观教育本身就是对人的教育,无论是教育者还是受教育者他们都是平等的,没有地位高低之分,因而,在具体的教育工作中,也要将平等的理念贯彻其中。作为

---

① 熊晓红.高校思想政治教育的内涵新探与功能整合[J].湖南医科大学学报,2007(3)

教育者的教师不仅承担着教育学生的责任,同时要争取和大学生打成一片,通过与大学生的对话交流,来了解学生的真实所想。只有站在双方平等的地位上,大学生才能放下警惕,才能真正打开心扉,通过平等的地位和诚恳的态度,来换取大学生的真心与信任。

社会主义核心价值观教育者要树立"生活即教育"的理念。行为习惯的养成需要在生活中得以体现、验证和巩固。对于社会主义核心价值观教育,不能片面依靠政治理论课的知识传授,也不能仅仅依靠社会实践主题活动的开展,还应该关注隐性思想教育,关注生活世界的点滴小事,在学生的学习、交往、生活空间多下功夫,营造好的实践环境和习惯养成氛围。

在传统的教育活动中,尤其是社会主义核心价值观教育,作为教育者的教师通常是老学究的形象,严谨、木讷又死板,教育方式也是"填鸭式",枯燥的讲授与一味地灌输,学生对这种教学方式很排斥,进而对社会主义核心价值观这类内容也没有好感。因而,要改变这种状况,培养主动学习和实践社会主义核心价值观的自觉特质,真学、真信、笃行,搭设言传身教的榜样示范平台,在具体的教育、教学和管理工作中体现政治素养和道德魅力,对大学生加之有效的教育影响,使大学生由原来的被动的听从者变成主动的学习者。

(二)遵循平等尊重理念的意义

平等与尊重对人自身的发展与和谐人际关系的建立具有重大的意义,同样,在进行大学生核心价值观教育时,师生间保持平等与尊重的关系,也会给学生带来深刻而多方面的影响。

1.有利于培养学生的良好心态

无论是工作、生活还是学习,拥有良好的心态非常重要,心态好了,做事也就能把握好方向,找对方法,高效率地完成任务。良好的心态是在生活中逐步养成的,在进行社会主义核心价值观教育时,教师只有尊重学生,平等对待每一位学生,大学生才能端正自己的态度,在社会主义核心价值观的指引下,正确认识自己,树立正确的人生观、价值观,保持良好的形态,找到自尊和自信,这对于他们以后出身社会后能够保持积极、乐观的心态具有十分重要的意义。

2.有利于塑造学生的美好品格

一个人的品格虽然与生俱来,但是后天仍有很强的可塑性,除了受父母教育的影响外,学生时期也是塑造孩子优良品格的好时机。教师不但有义务教授学生知识,还有责任教会学生怎样做人。教师的一言一行都会潜移默化地影响学生,也就是说,老师平等对待与尊重学生,学生也会有所启发,反过来也会尊重老师和同学,平等看待身边的人,这有利于塑造学生美好的品格。在进行社会主义核心价值观教育时,教师与学生之间能够保持平等地位,相互尊重,这会让学生在学习价值观的具体内容时感到轻松,而不是被迫地学习,教师在教育的过程中也会感受到自己的劳动成果得到了他人的尊重,继而更加积极地投入到社会主义核心价值观的传播中。对于还未步入社会的大学生而言,由于他们的可塑性较强,因而这更有益于他们美好品格的形成,使得他们在步入社会后也能成为一个具有良好品德的社会公民。

3.有利于调动学生的学习积极性

当老师尊重学生、平等对待学生时,学生会感受到老师的关心与重视,从而越发自信,学习积极性越来越高涨,他们抛弃以前被动的学习态度,主动地投入学习中。孔子曰:"知之者,不如好之者,好之者,不如乐之者。"所以只有学生自己乐意去学,才能达到高效率、高质量的学习效果。在进行社会主义核心价值观教育时,只有将教师与学生放在平等的地位上,双方相互尊重,才能使社会主义核心价值观变成具有实际意义的东西,而不是教师在课堂上说教,学生"左耳进右耳出"的学习,只有相互尊重,学生才能感觉到自己的主体性地位,才能积极学习社会主义核心价值观。

三、立德树人理念

(一)确立立德树人理念的必要性

教育要坚持育人为本、德育为先的基本理念。通过社会主义核心价值观教育来引导学生的思想,使学生能够树立正确的理想信念,争取成为一个健康的人、一个全面的人、一个德才兼备的人。高等学校应认真贯彻落实这一指示,坚持立德树人。而所谓立德树人就是坚持加强高校德育建设。

德育从本质上来说,必须承载社会责任,这是德育得以存在的基础,即德育必须按照社会要求育人。因此,它的价值追求是促进人的发展。然而德育不可随意而为,它必须符合人的成长规律。所以德育的定义可表述为:"德育是德育者按照一定阶级或社会的要求,运用适当的方法,依据受教育者自身发展的规律,有目的、有计划、有组织地把社会所推崇的品性规范和要求转化为个人品德的教育。"①

从人才学的研究中可以看出,高校德育是现代人才培养的一个重要内容。一个人之所以能够被称为"人才",至少要在五个方面具备较高的素质,分别是德、才、学、识、体。所谓德,实际上是指与人相处之时所具备的道德,是社会认可人才的首要标准。离开了德,人才培养将失去方向,人才也不能为社会所认可。

社会主义的本质要求我国社会重视立德树人。我国所选择的制度是社会主义。这一社会制度决定了它的公民必须具备坚定的政治态度、高尚的社会道德水准。因此,我国高校思想政治教育的根本目的决定了高校必须把德育放在首位。

立德树人是社会主义市场经济的需要。社会主义市场经济

---

① 段鸿.现代德育——理论和实践[M].上海:上海教育出版社,2012,第5页

的发展和改革开放的深入对大学生提出了更全面的要求。它不仅要求青少年学生掌握全新的技能,更要求青少年学生有坚定的政治方向、高尚的道德观念、严格的组织纪律和崇高的社会责任感。

(二)高校坚持立德树人理念的路径选择

1.加强思想政治理论课建设

思想政治理论课程是高等学校教育的重要组成部分,而社会主义核心价值观教育正是借助于思想政治理论课予以实现的。它在学校德育工作中起着重要的作用,它是高等学校德育的渠道。我国高等学校德育教学要取得实效,就必须加强思想政治理论课的建设,坚持学科建设、教材建设、课程建设和教师队伍建设的统一。

在今后一段时期内,思想政治理论学科建设所面临的主要任务是:加强马克思主义基础理论的研究和建设;重点解决思想政治教育的实效性问题,注意研究思想政治教育的特殊对象及其特点;必须大力培养青年学术带头人;对专业基础设施建设要加大投入,建立相应的信息数据库;推出高质量、高品位的研究成果;等等。

在社会主义核心价值观的教材建设过程中,必须进一步加强对高等学校社会主义核心价值观的教材编写的领导和管理,以确保教材的科学性、权威性、严肃性。必须对高等学校思政课教学大纲和教材的编写严格把关,必须将其纳入马克思主义以及社会主义核心价值观理论研究和建设工程。

在课程建设上要突出基础理论知识,坚持马克思主义理论的基础地位,并要与时俱进,吸收其最新成果,为大学生解答当前社会存在的一些重大问题。具体地说,就是要把马克思主义、毛泽东思想和中国特色社会主义理论体系的内容和社会实践结合起来,以结合的内容丰富高校思想政治理论课,进一步加强社会主义核心价值观教育。

通过加强高校社会主义核心价值观教育的教师队伍建设，使教师坚持正确的政治方向，加强思想道德修养，增强社会责任感，树立正确的价值观，不断完善知识结构，提高教育教学能力，从而成为坚定的马克思主义者、教书育人的表率和大学生健康成长的指导者与引路人。

2.构建合理的德育目标

高校德育目标是一定时期内高校实施德育活动所要达到的预期结果，它既是高校德育的首要问题和核心问题，又是高校德育的出发点和归宿，它规定着德育的内容、方法和形式等。长期以来，我国十分重视高校德育目标的确定，特别强调高校德育要以大学生全面发展为目标。在新形势下，为了培养社会主义现代化的合格建设者和可靠接班人，构建科学合理的高校德育目标体系成为高校德育一个重要的内在要求。

德育目标可以分为总目标和具体目标，德育总目标和各个具体目标的集合构成高校德育目标体系。总目标和具体目标是辩证统一的关系，具体目标以总目标为指导，总目标依靠具体目标来体现。高校德育目标内容必须充分体现总目标的要求，其基本内容一般反映在具体目标之中。

3.促进高校网络德育的发展

网络在大学生群体的生活之中占有很重要的位置，每一个大学生每天都至少要在网络上花费一个小时的时间。网络已经成为大学生学习、生活和交往的一个重要空间。在这种环境下，高校德育也要发生改变。在网络时代，高校德育应更加凸显理想信仰教育和价值教育的重要性和意义。

网络为高校德育开辟了新的空间，提供了新的方法和手段。网络化最大限度地实现高校德育社会化。传统的思想政治教育多局限在学校和相关的职能部门，社会的教育作用表现并不充分。互联网是一个现代交互式多媒体高速计算机信息网络系统，它有效地将分散在各地的信息系统融为一体。高校可以凭借网络突破时空的局限，增强教育的广泛性和时效性。大学生通过网络，随时可以了解世界各地正在发生的政治、经济、生活等各方面的大事，真正实现了"足不出户能知天下大事"，这种迅速、及时的传播速度有利于宣传网站及时传播健康、科学、正确的思想政治信息。网络资源共享性还可以使高校德育工作者从网上了解学生的真实思想动态，在网上发布正确的思想信息来教育引导学生，从而提高高校德育工作的时效性。

四、全面发展理念

人的全面发展问题，是一切工作的中心问题，如果这个问题解决得好，那么这将会对社会经济的发展起到很大的积极作用；如果这个问题解决的不好，那么这对我国社会经济的发展就会产生很大的阻碍。大学生社会主义核心价值观教育承载着培养社会主义合格建设者和可靠接班人的历史重任，是造福千家万户的民心工程，必须以人的全面发展作为其基本理念。

（一）大学生社会主义核心价值观教育中"全面发展"的具体体现

1.体现在生活目标和价值观念中

社会上的每一个人都有自己的生活目标，这种生活目标不单纯是信念和理想，而是在一定人生观指导下，通过自己的努力争取可以实现的具体目标。通常情况下父母帮助子女选择人生目标时，会较多的从家庭和个人发展的方向考虑，学校、社会或其他社会组织则着重强调个人发展对社会利益和社会需要的满足。

对青年学生灌输生活目标和培养价值观念，帮助其树立先人后己、先公后私的思想观念。献身社会主义建设，为人民的集体事业而努力工作，是人的社会化的重要内容，也是高校大学生思想道德教育的重要内容。

2.体现在树立社会生活规范中

社会规范指人们社会行为的规矩，社会活动的准则。它是在社会互动过程中衍生出来的，是维持社会正常秩序的重要保障。社会规范对社会关系的反映，也是社会关系的具体化，是人的社会化的另一个重要内容，体现了人类精神文明的进步状况。

社会规范的教育是社会主义核心价值观教育的重要内容之一。大学生社会主义核心价值观教育的根本目标是教育人、培养人，使当代大学生成为一名德、智、体全面发展的好学生，在以后走上工作岗位上时是一名好员工。如我国开展讲文明、讲礼貌、讲道德、讲卫生、讲秩序及提倡心灵美、行为美、语言美和环境美的"五讲四美"活动，是精神文明建设的需要，是教导社会生活规范的需要，是强化高校社会主义核心价值观教育效果的需要。

3.体现在培养学生对社会角色的适应中

角色是戏剧、电影中的名词，指剧本中的人物。社会学借用这个概念作为研究社会结构的起点。培养学生对社会角色的适应，是大学生社会主义核心价值观教育的重要目标，因为大学生是马上要进入社会的独立个体，他们将会面临角色的转变并适应这一转变的问题。大学教育要帮助学生消除"角色差距"，克服"角色冲突"，使学生在以后的工作学习中能更快地适应自己的角色，从而更好地完成自己的工作，而全面发展视角下的大学生社会主义核心价值观教育能够帮助大学生更好地适应社会。

（二）"全面发展"的大学生社会主义核心价值观教育的基本思路

在大学生社会主义核心价值观教育中，我们讲全面发展教育，主要目的在于帮助大学生树立全面发展教育观，引导大学生思想道德素质和科学文化素质的协调发展。

1.思想道德素质教育

思想道德素质是指个体通过接受一定的教育和参加社会实践活动，经过独立自主、积极理性的思考后形成一定社会或阶级所要求的思想观念和道德准则，并自主、自觉与自愿地做出相应行为的素质与能力。

一般来讲，大学生思想道德素质主要包括三个方面的内容，分别是思想素质、政治素质和道德素质。思想道德素质教育可以称得上是大学生素质教育的灵魂，高校是孕育人才的摇篮，而其培养出来的人才是我国实现中华民族伟大复兴的希望，这些大学生的思想道德素质如何直接与全面建成小康社会相关联，并决定着建成小康社会的最终目标的实现。在当前新的历史条件下，伴随着文化多元化和各种文化思潮的涌现，提高大学生思想道德是十分必要的，而这就必须依托思想道德素质教育。

思想素质教育的目标在于提高大学生的马克思主义理论素质，从而帮助大学生树立正确的人生观、价值观、世界观。根据这一目标，思想素质教育的内容有：①马克思主义基本理论教育。促使大学生努力学习和全面掌握马克思列宁主义基本原理、毛泽东思想、邓小平理论、"三个代表"重要思想和科学发展观，使大学生具有扎实的马克思主义基本理论功底。②马克思主义世界观和方法论教育。要深入开展马克思主义哲学教育、实事求是的思想路线教育、马克思主义认识路线教育和科学方法论教育，引导大学生树立科学的马克思主义世界观和方法论，培养他们自觉地运用马克思主义唯物辩证法的观点和方法认识世界、改造世界、解决实际问题的能力。

政治素质教育的目标在于提高大学生的政治意识和政治觉悟，使大学生的思想政治意识大大提高，从而树立正确的思想政治取向，坚持马克思主义，紧跟中国共产党的领导，拥护社会主义，形成有利于社会和人民的政治认同和政治行为。根据这一目标，政治素质的教育内容有：①理想信念教育。引导大学生树立建设中国特色社会主义的共同理想和共产主义远大理想,激励他们为实现这一伟大理想而奋发向上、开拓进取。②爱国主义教育。让大学生了解中华民族优秀历史文化传统,弘扬和培育中华民族伟大民族精神,增强民族自尊心、自信心和自豪感,激励他们把满腔爱国热忱投入到建设中国特色社会主义事业中去。③民主法制教育。帮助大学生树立社会主义民主法制观念,明确作为一个国家公民,所享受的权利和应尽的义务。教导他们自觉遵守国家法制法规,并勇于同一切违法乱纪的行为做斗争。

道德教育的最终目标是为了提高大学生的道德素质,使他们成为一个有道德的人,为将来成为一个合格的公民而做准备。根据这一教育目标,道德素质的教育内容有:①公民基本道德规范教育。对大学生进行以"爱国守法、明礼诚信、团结友善、勤俭自强、敬业奉献"为主要内容的基本道德规范教育,使他们明确作为一个社会公民所应遵守的最起码的道德。②社会公德、职业道德和家庭美德教育。培养大学生以"文明礼貌、助人为乐、爱护公物、保护环境、遵纪守法"为主要内容的社会公德,以"爱岗敬业、诚实守信、办事公道、服务群众、奉献社会"为主要内容的职业道德以及以"尊老爱幼、男女平等、夫妻和睦、勤俭持家、邻里团结"为主要内容的家庭美德。③社会主义和共产主义道德教育。在培养大学生公民道德的基础上,还要对他们进行社会主义人道主义教育和以为人民服务为核心、以集体主义为原则、以"五爱"为基本要求的社会主义道德教育,并在大学生先进分子当中提倡大公无私、先人后己的共产主义道德规范。

2.科学文化素质教育

科学文化素质教育包括科学素质教育和人文素质教育两个方面,这两个方面又是紧密联系、相互渗透、不可分割的。科学文化素质教育的具体内容包括很多方面,从德的角度来讲,大学生科学文化素质教育的重点在于培养两种精神——科学精神和人文精神。这两种精神是科学文化素质教育的核心。

科学精神激励着人们驱除愚昧、求实创新，不断推动社会的进步。无论是西方近代的文艺复兴，还是我国现代的五四运动，无不显示出科学精神的巨大作用和深刻影响。科学精神由于是在科学活动的过程中形成并发展起来的，因此，科学精神的内涵也随着科学活动的不断推进而不断得到充实和发展。在当代，科学精神有着新的时代内涵。科学精神的内涵很丰富，最基本的要求是求真务实、开拓创新。因此，对大学生科学精神的培养，重在培养以下几种精神：①坚定不移的求真精神。科学研究是一种艰苦的工作，通向未知世界的道路绝对不是平坦大道，这条路上布满了荆棘，只有付出辛勤的汗水，矢志不渝，才会获得成功。②尊重事实的务实精神。科学是老老实实的学问，来不得半点虚假和浮夸。只有尊重事实，从实际出发，以实践作为检验真理的唯一标准，才能正确认识客观世界，揭示事物的客观规律。③勇于批判的怀疑精神。怀疑是一切科学创造活动的真正出发点。哥白尼从怀疑地心说而最终提出日心说，达尔文从怀疑上帝造人说而提出进化论，科学就是在不断怀疑、批判前人学说的基础上获得进步和发展的。④勇于开拓的创新精神。创新精神是科学得以创造和发展的精神动力和力量源泉。科学活动是从已知出发去探索未知从而发现和认识世界的，它在本质上是创造性的。提出新问题，解决新问题，得出新成果，是科学工作者的本职，也是衡量他们工作表现、价值大小的尺度。

人文精神不同于物质，它是一种内在的精神，在潜移默化中影响着整个社会的风尚和价值取向。可以说，人文精神是一个民族、一种文化的内在灵魂和生命，它在日常生活中无处不在，无论是在日常生活人们的言行举止中，还是人们的理想信仰，抑或是人们的价值取向、人格模式和审美情趣，这些都无处不散发着人文精神的光辉魅力。各类精神在特定的环境中经过聚焦凝合，经过岁月的积淀和先进精神的交织融合，最终形成了人文精神，它是时代文化精神的核心。当代大学生人文精神培养的基本内容是根据社会发展需要和目前大学生人文素质的现状来确定的，它主要包括独立人格教育、道德理念教育、人生态度教育和终极关怀教育四个方面:①独立人格教育。独立人格是大学生人文精神培育的基础和前提。一个人只有首先在人格上具有独立性和自主性,不盲目地听从别人,有自己的意见和主张,才谈得上具有人文精神。畏畏缩缩、唯唯诺诺、趋炎附势的人,连人的尊严都丧失了,又怎么谈得上具有人文精神呢? ②道德理念教育。一个人不仅要成为一个独立的人,而且还要成为一个有道德的人。要教育大学生爱人如己,推己及人,设身处地为他人着想;要"先天下之忧而忧,后天下之乐而乐",具有仁民爱物的胸怀;要热爱自然,保护环境,维护生态平衡。③人生态度教育。在对人生的态度上,要教育大学生具有积极乐观的人生态度,自强不息,开拓进取。人的一生不可能是一帆风顺的,逆境和顺境总是交替出现,伴随人的一生。要教育大学生身处顺境时,不得意忘形,要居安思危;身处逆境时,不怨天尤人,要坚韧不拔,百折不挠,勇往直前。④终极关怀教育。人文精神是现实性和超越性的统一。它既是一种现实关怀,体现现世性的精神追求;又是一种终极关怀,体现了人对超越有限、追求无限的一种渴望。

科学精神和人文精神是人类精神家园的两大支柱,二者之间是相互联系、相互渗透、相辅相成的。科学精神和人文精神都源于人们对至真、至善、至美的向往和追求,它们在本质上是一致的。科学精神的培育需要人文精神的辅助和支撑,人文精神的培育离不开科学精神的正确指导。离开人文精神的科学精神并不是真正意义上的科学精神,而离开了科学精神的人文精神也只是一种残缺的人文精神。因此,在高校德育中,必须将科学精神教育和人文精神教育有机结合,克服只重视科学精神教育而忽视人文精神教育或者只重视人文精神教育忽视科学精神教育的错误倾向。

第三节　大学生社会主义核心价值观教育的方法

培育和践行社会主义核心价值观的方法,是为实现价值观教育内容、达到价值观教育目的而服务的,是教育主体在价值观教育过程中采取的一切方式、办法、渠道和手段的总和。大学生社会主义核心价值观的培育和践行是一个复合体,影响因素有多个方面,包括社会因素、家庭因素、学校因素和个人因素等。随着社会经济的快速发展,各个因素不同程度地发生变化,这必然影响大学生核心价值观的培育和践行效果。因此,教育方法不能墨守成规,教育者需要在实践中不断探索新的教育方法,为提高社会主义核心价值观教育的有效性保驾护航。

一、大学生社会主义核心价值观教育方法论基础

(一)价值观教育的哲学方法论基础

用什么理论作指导,是培育和践行社会主义核心价值观的首要问题。马克思主义是社会主义核心价值观的灵魂,决定社会主义核心价值观的性质和发展方向。而马克思主义哲学是整个马克思主义科学体系的理论基石,又是认识世界和改造世界的方法论,为培育和践行社会主义核心价值观提供了根本观点和方法。因此,首先要从方法论的角度梳理马克思主义对唯物辩证方法和历史辩证方法的科学论述,以夯实价值观教育方法论的理论基础。

马克思主义哲学方法论为价值观教育方法创新发展打下了坚实的理论基石。正如恩格斯所说:"马克思的整个世界观不是教义,而是方法。它提供的不是现成的教条,而是进一步研究的

出发点和供这种研究使用的方法。"①因而需要在实践中坚持马克思主义的世界观和方法论原理,坚持主观和客观相符合,一切从实际出发,坚持实践是认识的源泉、发展的动力,是检验真理的唯一标准,科学地揭示认识的本质及其发展规律,正确地回答和解决人的思想、认识的产生和发展等问题,从而促进当前价值观教育方法的创新发展。

(二)价值观教育的思想政治教育方法论基础

这里所说的价值观教育的思想政治教育方法论基础是指思想政治教育方法理论在大学生社会主义核心价值观培育和践行中的具体化运用。思想政治教育的方法论,就是依据马克思主义哲学理论的指导,采用一定的方法来解决人的思想和行为问题,这些方法的集合就是思想政治教育方法的理论体系。在价值观教育中研究思想政治教育方法论,不能就方法研究方法,也不能孤立地研究方法,实际上是研究如何运用价值观形成、发展的规律和思想政治教育的规律,自觉地认识和实施价值观教育,也就是对价值观形成、发展规律和教育规律的自觉运用。

(三)价值观教育的系统方法论基础

大学生社会主义核心价值观的培育和践行是一个多因素组合的复杂系统。价值观教育的方法论研究也是如此,单靠某个理论、某个方法往往是力不从心的,必须利用系统方法的理论来观察、分析和指导价值观教育方法,才能更加全面和深入地推进。所谓系统方法,"就是根据系统的观点,从整体出发,辩证地处理整体与部分、结构与功能、系统与环境、功能与目标的关系,找到既使整体最优,又不使部分损失过大的方案作为决策的依据,以实现整体最优化的方法。系统方法要求人们把对象和过程视为一个相互联系、相互作用的整体"②。系统的方法论为我们把握价

---

① 马克思恩格斯选集(第10卷)[C].北京:人民出版社,2009,第691页
② 姜璐.钱学森论系统科学(讲话篇)[M].北京:科学出版社,2011,第25页

值观教育问题提供了一套完整的科学方法原则,主要有整体性原则、动态性原则、联系性原则、有序性原则、结构性原则、模型化原则和最优化原则。依据这些基本原则,可以分析、研究和处理范围大、方面广、层次多、内容复杂的大系统,从而提高培育和践行社会主义核心价值观的有效性。

系统方法论是立足整体、统筹全局,使整体与部分辩证地统一起来的科学方法论。它将综合与分析有机地结合起来,运用数学语言定量、准确描述系统的运动状态和规律;为认识、研究、设计、构思作为系统的客体确立了重要的方法论原则,是辩证唯物主义关于事物普遍联系和运动学说的具体体现。在价值观教育的实践中,依据系统方法论原则,改进和完善大学生社会主义核心价值观的培育和践行方法,并不断优化和运用,实现价值观教育工作转向整体、综合、开放和动态的研究,从而更趋科学化,更具有效性。

二、大学生社会主义核心价值观教育的传统方法

(一)理论宣教法

理论宣教法是灌输法在价值观培育中的具体运用,是使用者通过一定的计划实现高校思想政治理论课目的。在这里,这一目的就是践行社会主义核心价值观。社会主义核心价值观的内容不可能在大学生的头脑之中自动出现,要让他们有效掌握必须能够使大学生学习好核心价值观。而这正是理论宣教法的目的。从实践经验来看,理论宣教法是目前最常用的一种方法,能够为广大高校思想政治教育教师所掌握。

在实践中,每一个教师运用理论宣教法的形式都是不一样的。总体来说,理论宣教法大多是以语言为载体,通过课堂、会议和媒体的渠道进行。在高校,课堂这一渠道是非常便利的。教师大多会在进行高校思想政治教育时连带开展社会主义核心价值

观教育活动,因为思想政治教育本来就是同社会主义核心价值观教育是一体的,因而可以在这两者的教育工作中进行内容的互相渗透。学校通常可以在日常生活中将社会主义核心价值观教育渗透进来,可以通过办讲座、做宣传、做调查等方式向广大在校大学生宣传社会主义核心价值观教育的内容。其中,办讲座的主要形式实际上还是课堂的形式,为了支持这一方式的改革创新,我国创建了马克思主义理论学科。这在许多高校都得到确立。马克思主义理论学科建设为高校培养了社会主义核心价值观教育的后继人才,在理论战线和教学一线都有卓越的贡献。

会议学习方法并非是针对所有大学生的一种理论宣教方法,只能针对大学生党员和骨干这样的少数群体。组织大学生之中的少数骨干参与到社会主义核心价值观教育的会议之中,一方面使他们感受到会议学习的氛围,另一方面则使他们接受教育的核心内容。

会议学习方法还可以向其他大学生推广。高校的思想政治教育工作者可以根据学生的实际情况,通过会议的形式,来传播社会主义核心价值观,从而使社会主义核心价值观的教育工作能够在省时省力的同时也保证效率。

媒体宣传的优势是覆盖面大、宣传速度快。媒体能够较快地从社会之中搜集社会主义核心价值观的相关内容,经过加工以后,迅速向社会传播社会主义核心价值观的正能量。

(二)全程育人法

全程育人法是指高等教育部门、高校、社会、企业、社区、家庭等各个单元都关心青年学生的核心价值观状况和思想品质、思想行为的发展,在大学生社会主义核心价值观教育活动的全过程中都能积极配合和参与,从而形成良好的社会环境的大学生社会主义核心价值观教育方法。从高校的角度讲,全程育人主要指将教书育人、管理育人、服务育人贯穿到大学生在高校学习生活的全过程,即从大一到大四期间。就高校而言,使用全程育人法就是要在全校形成正确的价值环境和舆论氛围,发挥环境和舆论氛围潜移默化的作用,同时努力克服可能出现的全程育人的环境氛围形成过程复杂、参与者层次众多、思想水平参差不齐等问题,使高校各个职能部门和人员都能树立育人意识,在各自的工作岗位上为全程育人做出应有的贡献,担当起应有的责任。

(三)榜样示范法

榜样示范法,是理论宣教法形式的一种发展。在运用这种方法之时,教育者往往将具有典型性的人或事(正面的抑或负面的)向学生宣讲,对大学生进行正确的示范引导、警示警戒作用,提高大学生的思想认识,使其主动规范自身行为。从信息传播的角度看,榜样能够吸引大学生的注意点,提高教育的效果。从传播学的角度看,榜样的特征直接影响到大学生的注意过程,决定实际示范效果。高校思想政治教育教学所列举的榜样要起到实际的效果,就要使榜样的行为成为人们能够认识到的实际。榜样的行为越是容易被理解,榜样的思想则越容易辨认,榜样的示范作用越强。

从以上的论述中可以看出,在大学生社会主义核心价值观教育之中运用榜样示范法,要从价值观的角度引入榜样人物或者案例。通过榜样人物的事例,显示出社会主义核心价值观在人生发展之中的重要作用,使大学生在学习的时候受到启发,并最终在心中与这些代表性人物或案例形成共鸣、提高认识并学习仿效,按照社会主义核心价值观的基本要求规范自己的言行。榜样的形象以感性的思维方式触动大学生的心灵,从而引发他们内心的感动,使他们深入思考,形成正确的价值观念。在具体工作中,要注意三点:一是必须实事求是地选择、宣传榜样。游离于人们的生活世界与精神世界之外的"榜样",难以真正从思想到行动上得到人们的认同,也起不到正面典型的作用;二是要尽可能让榜样同广大大学生广泛接触,以增强感染力和说服力,也更能打动人心,收到最佳效果;三是要注意宣传方式多样化,注意多种途径的使用。在校园里,教育者要充分利用校园多媒体,包括校园电视台、广播台、报纸杂志、校园网站等多种媒介进行教育的实施与推广。

(四)实践修炼法

马克思主义认为实践是人们都要从事的一种活动,对人们的认识形成具有重大的帮助作用。从大学生的角度来看,实践是大学生形成科学世界观、人生观与价值观的必经过程。首先,大学生经历过伦理道德方面的实践,大学生逐渐认识到什么是正义的、什么是邪恶的,什么是道德的、什么是非道德的,从而有一个正确的认识,增加社会主义核心价值观教育的经验。引导大学生对核心价值观的不断认同,并且在认同的基础上成为社会主义核心价值观的践行者。

同理论教育法一样,实践修炼法同样有多种多样的教育形式。经过多年的教育实践总结,劳动教育法、服务体验法、社会考察法是最经常使用的三种方法。所谓劳动教育法,就是通过大学生积极参与社会劳动,树立正确的劳动观念,培育尊重劳动人民的基本观念,使学生养成勤劳节俭、团结协作的优良品质。服务体验法就是通过对大学生进行积极引导,使其主动参与社会活动,运用自身能够调动的力量,为社会提供服务,为人们解决学习和生活中的实际问题,目的是让大学生在奉献社会的同时,深刻了解自己肩负的社会责任,尊重社会道德,成为合格的社会成员。社会考察法,即要求大学生按照制定的考察计划深入社会生产生活中去,观察社会现象并分析存在的问题,从而获得观察社会、发现问题、分析问题、解决问题的能力,并进一步提高自身的思想观念。

目前,中国高校大多设有专门的劳动课,培养大学生的思想品德;大多设有各种社会服务组织,引导大学生利用自己所学知识和技能服务社会,锻炼自己;每个学年都会组织大学生参加各种社会调查活动,了解国情、了解社会;也有许多大学生在假期从事社会调查,撰写主题性调查报告,并试图获得结论。

在运用实践修炼法对当代学生进行社会主义核心价值观教育时,首先要让学生明确每一种活动的目的性和具体要求,避免实践中的盲目性和被动性。使学生在活动的参与过程中做到心中有数,自觉地践行每一个活动,达到锻炼的最佳效果。其次,教育者或班集体应尽量委托学生完成一些工作任务,在完成任务的过程中,培养学生优良的品德和行为习惯,提高学生的工作能力,培养其工作责任感和提高思想水平。

(五)自我教育法

1.自我教育的内涵

"自我教育是指作为个体的人,在成长过程中,既是教育的主体,也是教育的客体。"[①]每个个体置身于社会大环境中,都是逐步提高发展的,个体的发展是一个渐变的过程,同时是一个有目标的过程。这个目标是个体按照自己的实际情况来制定的,是一个自我认识、自我评价、自我调控,最终达到自我完善的有序过程。但同时,个体的自我教育过程并不是一项单独的个人行为,而是依存于一定的社会关系中,因而它又具有社会性。

2.自我教育法的运用

大学生要具备自我教育的能力,要求教育者在教育实践中要通过多种途径主动帮助和激发大学生主体能力的构建。大学生要实现自我教育,充分发挥主体的能力,要从以下几个方面着手。

第一,社会主义核心价值观教育者要注重挖掘大学生自身的意识,启发大学生的自我教育意识,引导他们通过自主的学习、自觉的参与以及反省、反思、自我思想改造等自我修养途径,不断提高自己的思想道德水平。

---

① 李前进.我国大学生社会主义核心价值体系教育研究[M].上海:上海三联书店,2014,第272页

第二,要打好坚实的理论基础。在传统教育中,理论往往是获得实践的基础,是获得知识的第一手资料。在大学生社会主义核心价值观教育过程中也是如此,理论教育最基本的方法,也是大学生打好理论基础最直接的方法。大学生只有具备坚实的理论基础,才能以正确的理论指引自己的行为,也才能在现实中明辨是非,为自己找准努力的方向。

第三,要创造有利于大学生进行自我教育的条件,积极引导大学生进行自我教育。应当通过各种渠道和形式对大学生的自我教育活动予以支持、引导和帮助,鼓励大学生开展他们热爱的、健康的、有益的、丰富多彩的各种活动,使他们在活动中自我教育,相互影响。要引导他们开展批评和自我批评,在严格的自我批评和与人为善的相互批评过程中,教育自己、教育别人、相互借鉴、共同提高。要吸收大学生参加学校的民主管理,组织大学生参加社会实践活动,使他们在民主生活和社会实践中得到锻炼,增长知识和才干,增强主人翁精神和社会责任感。要有计划地组织民主讨论,引导他们在民主的气氛中各抒己见、交流思想、坚持真理、修正错误,集思广益、互得益彰。

(六)情感教育法

1.情感教育法的内涵

情感教育法就是教育者通过激发受教育者的情感,从而达到教育目的的一种手段。当然,激发情感必须首先建立在教育要求的基础上,立足于受教育者的情感需求。在受教育者的情感被激发出来后,要使这种情感发挥预期的效果,就必须让这种情感能够真切满足受教育者的需要,让受教育者主动体验,而不是被动接受。当然,在大学生社会主义核心价值观教育中,教育者主要是指教师群体,而受教育者则主要是高校广大学生。情感教育法是以情感行为作为中介的一种教育手段,这种手段易于广泛实施、易于为人所接受、易于取得良好教育效果、能够更好地体现核心价值观的教育艺术。

2.情感教育法的运用

(1)以情育情

情感和教育是相伴相随的,没有情感的教育是不存在的。以情育情就是在社会主义核心价值观教育的过程中,充分发挥情感的先导作用,教育者要发挥自身积极的情感因素,以自身的情感投入去影响受教育者的情感认知,激活、丰富、升华受教育者的情感状态,完成理论的灌输和思想的升华,增强思想政治教育的实效。

在大学生社会主义核心价值观教育过程中,教育主体间的情感互动是情感教育以情育情的重要条件,学生对自己暂时无法理解和感悟的现象与事物存在情感上的迷茫和方向上的偏差时,总会首先参考教师以及其他教育工作者的情感认知,这就是古语所说的"亲其师,信其道"。这时教师就要用自身的人格魅力去影响和感染学生,用饱满的激情激励学生,在教育主体互相的"认同"中实现感情共鸣,坚持以乐观、积极、健康的情感与学生进行良好的情感沟通,构建大学生健康的情感世界,从而影响受教育者的情感认知。

在大学生社会主义核心价值观教育过程中运用以情育情的教育方法,教师还要根据学生的现实状态进行情感交流。

(2)以理育情

思想政治教育以情感为先导,但"动之以情"的目的是"晓之以理"。做到理在情中,以情载理。在进行大学生社会主义核心价值观教育工作时,要把宣传理论知识落实到学生的关切点上,做到理在情中,避免空洞说教。如果学生思想不通时,也不能用大道理压小道理,而应把大道理和小道理结合起来,在疏通中引导,在引导中疏通,使之感到亲切、温暖、心服,真正让"情"成为"理"的载体。

(3)以境育情

境即情境,是指社会主义核心价值观教育活动中的具体的教育情境。以境育情是指在社会主义核心价值观教育过程以创设教育情境培育情感，提高教育实效的一种教育方法。

将教育内容和特点作为依据来创设教育情境，培育情感。在大学生社会主义核心价值观教育中，教师要根据教育内容和要求，多方面、多形式、多途径地创设生动形象的教育情境，情境既要具备思想性、知识性、教育性，又要具备情感性、艺术性和针对性，这就要求教师要把握教育的着眼点和启情点，以情景启发情感。如可以采取情景剧的教育方式，把大学生社会主义核心价值观教育需要解决的问题放在生活情境之中，使学生在编导、演出和观看的过程中体会到教育的真正目的和意义，引起教育主体的思想和情感共鸣，既吸引人，又教育人，既具有思想性，又富有感染力，既能达到丰富人情感的作用，又能实现教育效果。

（七）两难故事法

两难故事法是进行价值观教育的重要方法。在现实生活中，价值观冲突的现象频繁出现。如果不开展这方面的教育，学生在面对问题时很难做出正确的判断和选择。"那些公认的价值观——比如生命和自由保护、忠诚与公平、个人主义与公共利益、经济发展与环境保护——的确常会造成冲突……假如学生从来不学习对这些复杂问题思考的话，我们怎么能够期望公民在碰到生活中较深奥的道德问题时，能做出合理的判断呢？"[①]因此很多教育学者都非常重视这种方法在价值观教育中的运用。该方法最早是科尔伯格在皮亚杰的研究方法的基础上改进而来的。主要是通过给学生设置一些涉及两条及其以上的道德价值规范相互冲突的故事和情境，使学生在艰难地判断和选择的过程中，培养和锻炼其道德认知能力和价值判断能力。

两难故事法的主要特点是问题的开放性和答案的相对性。在两难故事中，任何故事情境都没有唯一标准的答案，存在着相

---

① （美）托马斯，里克纳著；刘冰，董晓航，邓海平译.美式课堂——品质教育学校方略［M］.海口：海南出版社，2001，第256页

互冲突的多种可能选择.这种特点在给学生带来极大挑战性的同时,也克服了学生非此即彼的惯性思维模式。因而这种方法更有利于提高学生的价值敏感性,使学生更加容易发现自身与社会、与他人在价值标准乃至信仰方面存在的差异和潜在的冲突,从而自觉地进行融合和做出改变,提升价值问题的行动抉择能力。

在运用两难故事法对学生进行社会价值观教育时,首先,应精心选择和设计两难故事或情境;要确保故事和情境的有效性,就必须遵守科尔伯格提出的三条标准。一是必须包含相互冲突的、尖锐对立的不同价值选择。"除了冲突,没有什么能引起人们的注意,刺激人们的思考。"[①]二是两难故事或情境必须与学生的日常生活和社会生活密切相关,只有这样才能引起学生的兴趣和关注,激发探究欲。三是两难故事或情境所引发的冲突和对冲突的解决能够将大学生的价值观提高一个层次,达到更高一级的水平。只有符合以上三条标准的两难故事或情境才有意义,才能真正促进学生价值观的形成与发展。其次,应根据学生的年龄特点、认知能力、思维水平和生活的社会文化背景进行两难故事法的价值观教育。最后应加强对学生讨论和交流的指导。一方面引导道德认知、判断和评价的思维模式,另一方面又要指导他们得到正确的结论,促进价值观的形成与发展。

(八)说服教育法

说服教育法是当今我国大学生价值观教育实践中最为常用的一种方法,是教育者通过摆事实、讲道理的形式影响学生的思想意识,培养其正确价值观的过程。该方法根据教育的形式分为两种类型。一种是语言文字的说服教育,如讲解、谈话、讨论等,旨在传授给学生正确、系统的价值观方面的知识和理论。另外一种是运用事实的说服教育,如参观、调查等,目的是促进学生通过参加社会实践的实际行动加深自身认识,提高思想道德水平。

---

① (美)托马斯,里克纳著;刘冰,董晓航,邓海平译.美式课堂——品质教育学校方略[M].海口:海南出版社,2001,第256页

说服教育法重在说理,因此在运用时,一定要有充分的依据来证明理论、观念和知识的正确性和合理性。因此在对大学生的社会主义核心价值观的说服教育中,首先一定要遵照实事求是原则,根据当前大学生的生活现状、价值观特点有的放矢地开展工作,避免捏造歪曲、故意粉饰等虚假行为,以防学生逆反心理的产生。其次是要充分调动学生参与的积极性和主动性。使师生能在一种积极的情感交流氛围中达成思想的共鸣。

三、大学生社会主义核心价值观教育的传统方法的新突破

(一)多种方法相融合

当前复杂的形式证明,仅有教育方法的多样化是不够的,还不足以适应复杂多变环境下大学生价值观教育要求。大学生价值观的教育培养是个综合性的工程,非一两种方法能承载和实现目标。对大学生价值观教育这项复杂的系统工程,需要对方法的整体建构和综合运用。多样化的方法可以解决多样的问题,而大学生价值观问题则是个复杂的问题。问题的产生、问题的解决、正确观念的确立,都不是简单过程。在这种复杂多变的状况下要使教育直指目的,唯有将多样的方法有机融合,然后综合运用,才能更好地实现教育目的。

方法综合的实质不是单个方法的简单相加,而是多种方法基于指向问题的特殊性和各自运用的优劣点采取的有序组合,根本目的在于提高培育和践行大学生核心价值观的效率和质量。方法综合主要分为三种类型:一是方法的空间组合方式。这类方法以问题为中心,以教育方法的自身特性(方法的职能、适用范围、使用条件等)为选择处理的原则。由于方法的特性具有相对稳定性,一般不会随着价值观教育的情形变化而变化,所以,对这类教育方法按照它们的内部关联,将其整理组合,进行综合运用。这种融合后的由多种方法构成的系统,因其自身具有的相对稳定

性,会持续发挥着综合的作用。二是纵向过程组合方式。这种方法以目标任务为核心,以教育过程运行为依据,为价值观教育的不同过程和阶段选择不同的系列方法。这些方法具有连接性,在过程的不同阶段发挥作用。这种经过融合连接排序后的方法体系,具有方法综合体的特征。三是方法动态组合方式。这种方法主要是解决教育过程中出现的新情况、新问题,表现出对方法的灵活运用,动态融合。该组合方式侧重在教育方法内部诸要素的层次、要素搭配上有机融合,使其具有丰富性、多样性,解决问题更有力、更彻底。

同时,在当前社会主义核心价值观教育方法创新发展中,还需要加强对其他社会科学和自然科学方法理论的融合研究,"通过借鉴教育学、伦理学、人才学、心理学、社会学、系统科学、信息论、生态论等理论和方法,不断地促进其转化,使其能为价值观教育服务,从而加强社会主义核心价值观教育方法的科学发展,不断推动价值观教育方法论的整体跃迁。从而提升价值观教育的实践效果"①。

(二)价值观教育与制度建设相结合

毛泽东曾指出,光从思想上解决问题不行,还要解决制度问题。因此,无论是从价值观教育的角度还是从制度建设的角度上来讲,都可以对大学生社会主义核心价值观教育进行指导。在世界整个大环境下,毛泽东和邓小平关于这一点都进行过说明。他们的看法阐明了思想问题与制度建设的关系,体现了深刻的唯物辩证法。在社会主义市场经济条件下,制度建设必须与思想教育同步,在正确的价值观念的指引下,制度建设才能更加顺利;在制度规范下,价值观的教育才得以生成。因此,制度更带有根本性,制度建设是大学生社会主义核心价值观教育中一项十分重要的工作。

---

① 邹绍清.当代思想政治教育方法论发展研究[M].北京:人民出版社,2013,第228页

（三）以理服人与以情感人相结合

人是感性和理性相结合的社会性动物。在做大学生社会主义核心价值观教育工作时，一定要贯彻情理交融的原则。首先，要运用说服教育法，以理服人。大学生社会主义核心价值观教育的目的是解决大学生的价值选择问题，只能采用民主的方法，摆事实、讲道理，以理服人。因此要对不同的学生设置不同的教育目标，采取不同的教育方法；说理要充分，要透彻，把道理讲准，内容讲清，实质讲透；要防止"左"的一套。其次，要真正做到关怀大学生，做到以情感人。实践证明，要使大学生社会主义核心价值观教育取得良好效果，必须做到情真意切，情理结合。广大教育工作者就必须自觉培养自己与大学生核心价值观教育、与大学生的深厚感情，从情感上激发自己的活动。为此，教师一是要经常深入大学生，与大学生打成一片，成为他们的朋友，建立起深厚的个人感情；二是要主动关心帮助大学生；三是要尊重、信任大学生，寻求与他们在思想上的共鸣点；四是无论宣传真理或者追求真理，都要保持对大学生深厚的爱。最后，寓理于情，寓教于乐，促进情与理的充分结合，使大学生对大学生社会主义核心价值观教育的内容能"听进去，看进去，写出来，唱出来"。

（四）显性教育与隐性教育相结合

显性教育是传统的教育方法，也就是我们通常所熟知的灌输式教育。这种教育方法往往是围绕教育者展开的，以教育者为中心，强调教育者的绝对权威和不可置疑性。这种教育方式带来的弊端也在实践中得以凸显，受教育者的积极主动性严重受到打击，对待学习更加消极被动。强调单一统一化的教育目标使学生的个性被埋没，学生的身心发展不健全，并成为教育的牺牲品，成为不全面的人。隐性教育与此恰恰相反，淡化受教育者的角色意识，使教育者的功能弱化，受教育者的主动地位凸显，使受教育者在积极主动的情形下潜移默化地接受组织者所设定的教育内容[1],实现正确价值观的养成。构成隐性教育的因素来自几个系统:第一,物质实体系统。包括校园建筑风格、文化体育设施、校园环境美化等等。第二,制度规范系统。包括学校的各项规章制度,行为规范要求、校训、管理措施等。第三,大学文化系统。包括学校传统、大学精神、大学风格、精神面貌、校风学风、文化价值观念、思想意识等。第四,文化活动系统。包括学生的校园文化活动、科技创新活动、社会实践活动、各种志愿奉献活动等。第五,示范系统。包括学校对典型人物、典型事例的示范作用、教师的示范作用、学生典型的示范作用、社会典型进校园活动等。

隐性教育方法的突出特征,就是没有生硬地将一些相关的教育要素强加进来,不会用生硬的态度来告诉学生什么是正确的,什么是错误的,什么是该做的,什么是不该做的,要达到一个什么样的教育效果,而是采用一种温和的态度,将教育的相关要素潜藏在相关的环境、过程、氛围之中,形成无权威无意识的教育。因此,学生从外在隐性教育中获得的思想认识会成为相对稳定的价值观念。从心理学角度分析,个体对外在事物的接受或排斥是一个复杂的心理过程,其主要受外在事物与个体的利益关系、情感关系等影响,当然也受个体的价值判断能力和水平影响。

(五)人文关怀与心理疏导有机结合

当今时代多样化思潮的相互交汇与交锋,人们的价值取向呈现出多元与多变的趋势,随之而来的,许多人也会因时代和社会的发展,产生很多心理困惑。因此在社会主义核心价值观教育的过程中,不仅要致力于教育的实用性和有效性,更要特别注重学生心理困惑的疏和导,坚持教育过程中人文关怀与心理疏导的有机结合。

---

① 余国林.发达国家高校隐性思想政治教育的启示[J].思想政治教育,2011(1)

　　人文关怀主要体现了以人为本的思想,具体地说,就是在教育的过程中,教育者在与学生的对话和交流时,应充分理解和尊重学生,关注他们的情感,体恤他们的思想,关注他们的切身利益。从而通过教育和引导,帮助学生解放思想认知问题,满足情感发展需求。心理疏导通过思想交流和心理的沟通帮助学生解决疑惑、澄清思想和明确发展的方向和目标,使得学生将自身与社会发展等诸多问题达成一种思想上的共识。因此可以看出,当代大学生的社会主义核心价值观教育,不但要以理服人,还要做到以情感人。"积极的情感活动,表现为受教育者对教育者的尊重、信任,对教育内容及其所表达的思想道德立场的认同、接纳与强烈的追求、实践欲望。不仅为思想道德教育提供了积极的和带有催化性质的良好氛围,又是受教育者内化、践履思想道德内容的推动力量。同时还是受教育者从认知式的德育向信仰型德育地转化的中介。"①大学生社会主义核心价值观教育的活动,要凸显人文情怀,首先应在理性层面唤起广大学生对价值观念和规范的认知和理解,其次在情感层面,高度重视教育者与受教育者之间的心灵沟通机制和情感机制。

---

　　① 沈壮海.思想政治教育有效性研究[M].武汉:武汉大学出版社,2007,第115～116页

第三章 | 大学生社会主义核心价值观教育创新模式构建

　　教育模式就是在教育理论指导下，抓住特点，对教育过程的组织方式作简要概括，以供教育实践选择；或者是对教育经验作概括，抓住特点，得到个别的教育模式，以丰富教育理论。大学生社会主义核心价值观教育模式可以定义为：教育工作者在社会主义核心价值观教育的理论指导下，在社会主义核心价值观教育实践的基础上，围绕大学生社会主义核心价值观教育主要内容，为把大学生培养成为符合国家价值观、适应时代需求的合格人才所形成的稳定而简明的大学生社会主义核心价值观教育结构理论框架以及具有可操作性的大学生社会主义核心价值观教育实践活动程序或方式，用以指导大学生社会主义核心价值观教育实践。

　　新时期，加强大学生的核心价值观教育，需要我们根据形势的变化，不断继续探索教育方法，构建教育模式，进一步完善并健全大学生的社会主义核心价值观教育的创新模式，适应新时期新任务的需要。大学生社会主义核心价值观教育是一项社会性的系统工程，面对当前大学生核心价值观教育的诸多挑战，多年来我们在大学生社会主义核心价值观教育模式的实践中，不断探索创新，总结经验，同时吸收借鉴国内外价值观的先进教育方法，形成了核心价值观的创新模式。

第一节　大学生核心价值观主体性教育模式

　　20 世纪 70 年代开始，中国共产党将工作重心转移到以经济建设为中心的现代化建设中来，从此，我们开始了创造"摸着石头过河"的中国模式这一伟大历程。我们成了经济浪潮中认识规律的主体、实践的主体、价值的主体和历史的主体。在传统的大学生思想政治价值观教育中，大学生虽然是教育的主体，但其主体性却十分有限，其主体性往往处于被压抑的状态。

一、主体性教育的内涵

所谓教育，是指教育者按照一定的社会要求，向受教育者的身心施加有目的、有计划、有组织的影响，以使受教育者发生预期变化的活动。

人的"主体性"问题自新时期改革开放思想解放运动伊始，就一直受到哲学和社会科学界的广泛关注。20世纪80年代，著名教育家顾明远更是指出"学生既是教育的客体，又是教育的主体"，这一命题在教育学界引发广泛讨论，许多著名教授纷纷支持并进一步阐发了"学生是教育主体"的观点，由此，主体教育思想逐渐形成。

主体性教育并非一种教育类型，不是说我们的教育可分为主体性教育和非主体性教育两种，主体性教育仅仅是指一种教育思想或教育理论。这一思想最重要的是体现在教育内容上，强调对知识结构的不断优化，强调提高受教育者的主体能力，提高他们的学习和创造能力；这一理论也体现在教育方法上，强调启发式的教育，要求民主教学，强调教学双方要相互尊重、相互信任、相互配合，形成一种民主平等的师生关系。

主体性教育的核心是强调承认并尊重受教育者在教育活动中的主体地位，将受教育者真正视为能动的、自主的、独立的个体，通过启发、引导受教育者内在的教育需求，创设和谐、宽松、民主的教育环境，有目的、有计划地组织、规范各种旨在提高和发展受教育者主体性的教育活动，从而使他们成为自主地、能动地进行认识和实践活动的社会主体。在中外教育史上，人们一直十分重视主体性教育思想的研究与实践。在西方，早在古希腊时期，苏格拉底教学法便是运用对话，列举出机智巧妙的问题进行教学，其目的不是为了传授知识，而是探索新知。古罗马教育家昆体良所倡导的修辞学方法，强调教师要乐于提问，乐于回答问题，引导学生积极思考，并且他认为，教师是教育成败的关键，提出教师应是德才兼备的人，是"能够教育学生即言即行的人"；文艺复兴时期的人文主义教学方法，提倡让学生充分享受生活，在快乐中轻松地学习。到了近代，美国实用主义教育家杜威提倡问题教学法，主张"从做中学"，将教学过程分为五个阶段：从情境中发现疑难，从疑难中提出问题，做出解决问题的各种假设，推断哪一种假设能解决问题，经过检验来修正假设、获得结论，即困难、问题、假设、验证、结论，被称作5步教学法。

主体性教育思想在我国也由来已久，因材施教的教育思想、学思结合的教育理念，都体现着教与学的关系。我国古代教育家孔子说："知之者不如好之者，好之者不如乐之者。"到了近代，著名教育家蔡元培、陶行知、叶圣陶等都对正确处理教与学、教师与学生的关系，激发学生的学习兴趣，引导学生独立思考，发挥学生在教学过程中的主体作用等问题作过大量论述。叶圣陶先生说："教是为了不教。"钱伟长先生亦说："教师的教主要不是把知识教给学生，而是需要把处理问题的能力教给学生。"

主体性教育思想也在世界各国得到了众多学者和高校的实践，20世纪90年代开始，我国的一些高校在积极探索、寻求主体性教育的实践模式，已取得一些阶段性成果。但从总体上来说，我国高等教育中主体性教育思想仍十分缺乏，主体性教育思想的缺乏、教师教风不严和学生学风不正构成了一个互为因果的关系链。

二、大学生社会主义核心价值观主体性教育模式重点内容把控

对于多数高校来说，现今在社会主义核心价值观的教育过程

中实行的既不是以教师为主体的教育,更不是以学生为主体的教育,而是以教材、制度为"主体"的教育。高校要很好地完成培养高素质创新型人才的任务,必须充分运用主体性教育模式,在这一过程中着重强调学生学习的主体性和教师教育的主体性。

（一）注重学生学习的主体性

学生在教育过程中,既是学习的客体,同时也是学习的主体,其主体性表现在:学生对教师所施加的教育是有条件、有选择地主动接受;学生是以积极的状态还是以消极的状态来接受教师的教育,直接影响着教育的最终成效;学生的成长具有一定的规律,教师必须要遵守并服从这一规律。

学生学习的主体性主要包括对学习的主动精神和积极态度,以及对所学专业、所学课程以及所用教材的选择权利,还包括他们对所教老师和学习时间的自主选择权。教育的首要目标就是充分发挥学生的学习主体精神。

就大学生的核心价值观教育现状来看,许多学生仍然面临着学习主体性不足的问题。究其原因,一方面是学生对社会现状缺乏深刻了解,没有树立科学的世界观、人生观。面对社会问题,没有社会责任感,没有向上的进取心。另一方面是现行的教育机制不甚合理,这直接导致学生缺乏自我进取的精神,他们一旦进入学校,就失去了对学习时间的把控,失去了对专业、教材、课程甚至是教师的选择权。因此,我们需要反省这样一种现象:那些在高考考场上一路博杀过来的佼佼者,却在进入大学校门之后失去人生的方向。这固然有一部分原因是因为个体缺乏进取心,但是究其本质,更深层次的原因是机制的不合理,进而导致学生产生很大的心理迷茫。

主体性教育模式告诉大学生一个最基本的道理:大学,不是一个结果,只是一个过程,是一个对价值和目标追寻的过程,并且在这一过程中他们所收获的一切将会受用终身。如今,淘汰制、辅修制、双学位制、完全学分制等弹性学制已以迅雷不及掩耳之势出台了,学生对专业、课程以及老师的选择权也迅速得到扩大,则不断拓宽了他们的发展空间,更有利于核心价值观的彻底践行,使大学生从内心深处对核心价值观的各项内容积极主动去了解,进而内化为自身的行动。

(二)强调教师教育的主体性

在进行社会主义核心价值观教育的过程中,教师总是将学生作为实践的对象,将自身活动引发的教育影响作为手段,进而促进学生身心得到发展。教育活动所显示的特点,例如目的性、计划性、组织性等,都通过教师在教育过程中的活动来体现,这就是我们所说的教师教育的主体性。

教师教育的主体性对于进行社会主义核心价值观教育来说具有十分重要的意义,教师在进行社会主义核心价值观教育过程中体现出来的主体意识和主体性精神的现状会对学生产生巨大影响。高校出现过这样的局面:许多学生只为考试而学,使高校教学质量的提高缺乏动力。当然形成这一局面的原因有很多,但教师教育的主体性的缺乏是造成这种状况的重要原因之一。教风与学风之间具有一种天然的联系,许多学生的学风不正,其背后是部分教师的教风不严。

三、大学生社会主义核心价值观主体性教育模式的程序

(一)提高大学生的主动性,促使他们积极主动参与社会主义核心价值观的学习过程

进行大学生社会主义核心价值观教育,实施主体性的教育模式,一个最为基本的前提就是大学生已经充分意识到自身的主体地位。因此,在核心价值观的具体实施过程中,首要任务就是要激发出大学生的主体意识,这是激发他们的自觉性,提高他们的主动性,增强他们的自觉性的基础。对学校的核心价值观教育活动采取主动参与的方式,而非游离于活动之外的态度,发展自己

的最大潜能,不断发挥自身的创造能动性,接受理解并积极实践核心价值观的要髓,成为自我发展的主体。从大学生开始进入到大学殿堂的那一刻开始,教师就要通过多样的渠道,引导学生主动参与到社会主义的核心价值观教育中,这是最终实现其主体性教育模式的基础和前提。

（二）增强大学生的能动性,提升他们主动探索社会主义核心价值观的实践能力

探索活动是一项需要充分发挥主体性的活动,主动探索这一活动本身就对影响着大学生主体性的发挥,尤其是对大学生实践能力的培养,对大学生创造能力的发掘有着不可忽视的作用。社会主义核心价值观主体性教育模式的主要内容是社会主义核心价值观,主要包括马克思主义指导思想、中国特色社会主义理想、爱国主义、改革创新的时代精神和社会主义荣辱观和"三个倡导"。教师通过不断创造条件,鼓励学生主动探索、积极发现,改变他们被动参与的状态,营造出一个轻松的氛围,促进他们自主学习,倡导他们自主发展,让学生在这一过程中获得主动学习的机会。

（三）开发大学生的创造性,增强他们主动实现社会主义核心价值观的知识创新

在高校开设社会主义核心价值观有一个最为重要的目的,就是要全面实现大学生的自我发展。对人的社会性进行发展,不仅仅是社会的客观要求,同时也是进行大学生社会主义核心价值观教育的目标。进行高校社会主义核心价值观教育的最终目的,是要促进人的发展,培养大学生的自我发展主体性,实现他们社会发展的主体性。在这一过程中,要不断在探索过程中实现主动发展,不断在实践过程中实现主动创新,采用不同的实现方式,不断发掘并探索隐藏在高校社会主义核心价值观主体性教育中的更深层次的知识。

四、大学生社会主义核心价值观主体性教育的实施建议

(一)对教育观念进行改革

1993年联合国科教文组织提出了"学会学习"的报告,指出教育的四大支柱是:学会认知,学会做事,学会做人,学会共处。其中三项都是做人的范畴,这标志着教育的认识又回到对人的培养上来。

21世纪的教育现状也面临新的形态,产生新的问题,呈现出新的面貌,因此,教师应摈弃重专业训练,轻综合素质提高;重知识传授,轻实践能力培养;重知识再现,轻独创思维的传统教育观念。在教育的过程中,注重主体性教育思想的弘扬,树立新的教育理念。以学生发展为本,不仅体现在教学过程中,要以学生为主体,而且要体现在学生对教育的选择,要给学生提供最大的选择机会,包括学习时间、学习方式和学习内容,同时还要为学生的健康成长提供支持和服务等,要使学生的主体意识得到最大的张扬。

简言之,就是要以学生发展为本,不断强化他们在社会主义核心价值观教育过程中的"参与性",提高他们的"自主选择性"。既要使学生学会做事,又要使学生学会做人;既要使学生正确地继承知识,又要使学生发展创新精神和创新能力;既要使学生发展记忆力、注意力、观察力、思维力等智力因素,又要使学生发展动机、兴趣、情感、意志和性格等非智力因素;既要使学生提高智慧,又要使学生增进身心健康等。

(二)对教学内容进行更新

科技的快速发展,使得教育的目标和内容发生了重大变化。这就要求我们,一是要根据社会需要和学科发展趋势及时调整和改造现有专业,优化专业结构;二是对专业的教学内容进行改革。扩大专业的内涵和外延,整合不同学科专业的教学内容,构建教

学新体系。在大学生中进行社会主义核心价值观的践行,也需要这两方面内容的不断改进。对现有的核心价值观教育的课程内容进行整合与淘汰,不断删减已经过时的落后的内容,开设能够反映学科特色的新课程,将核心价值观的新内容贯穿课堂,并减少课堂的教学学时。课程设置时,应建立尽可能宽的基础课平台。教师应成为教学内容、课程体系改革的主要参与者,并积极吸收、鼓励学生参加这一工作,通过教学内容、课程体系的改革,加强教师与学生之间的沟通与交流,以充分发挥教师教育的主体性和学生学习的主体性。要提高学校自行设置专业的权力,对于已经不适合社会经济发展要求,招生、就业都比较困难的专业(艰苦专业除外),要进行彻底的改造,以增强专业的适应性。此外,要积极设立、建设跨学科专业,以适应科学综合化的需要,创新人才培养的需要,满足社会对多角色岗位人才的需求。

(三)对高校教育管理机制进行完善

管理机制对于在学生中进行社会主义核心价值观具有重要的作用,这直接关系到学生学习的自觉性,关系到教师教育功能的发挥。现实高校学生管理中存在许多问题,究其原因,仍然是由于我们的管理机制不合理。因此,要提高核心价值观主体性教育模式的效果,就需要不断完善管理机制。

1.提高学生的自由度

所谓学生学习的自由度,包括学生选课、选教师、选专业的自由。学生在导师的指导下,按照教学计划的要求,自行确定学习负荷、选读课程、安排学习进度等,打破学年制的限制,允许学生在大类范围内选择教师听课,按大类选择专业方向,跨大类自选专业方向。切实发挥学生的主体作用,实现学生在社会主义核心价值观教育中的自主性,因材施教,对学生的自我个性与特长喜好进行了解调查,认真研究如何在学分制的基础上,使学生自己设定学习的计划。除此之外,在课堂教学中进行探究式的教学,提高本科生在科学研究队伍中的比重和作用。

为了让每个学生都有充分自由学习的空间,发挥他们的个性与特长,学校应实行完全的学分制,按学分制的原则,制定基本的指导性规定,让学生充分自由地选择学习的课程和时间。虽然自由选择课程和教师使我们面临很大的压力,但完全的学分制将促进学科和课程的结构调整,在机制上保证了教师教育功能的发挥,有利于高素质人才的培养。

2.建设高水平的教师队伍

没有相应的科研能力,缺乏专业的学术水准,高校教师的一切活动就是"无米之炊",更谈不上人才培养质量的提高。在进行国家的经济建设和服务的过程中,高校教师的科研能力有着十分关键的作用,高校教师的教学水平和学术水平也会在这一过程中得以提升,这会促进他们在进行教学的过程中,不断向学生传输一些最新的科技发展知识,使学生了解科技发展的最新动态,使他们理解最新最前沿的科学研究的当代方法。

高校教师可分成两部分,一部分是以承担基础课教学为主的,而另一部分则是以承担专业课教学为主的,两部分教师应具有的科研素养可有所不同。两部分教师之间的比例因不同高校办学目标的不同将会有所差别。为此,要提高高校整体教师队伍的水平,就要重视教师生活条件的改善,教师有限的时间,有限的精力要合理分配到教学工作和非教学工作中,除了与教师的个人品质有关系之外,还受到两项工作的收益率的影响。目前,高校教师非教育教学工作的收益率提高,而且机会也大大增加。两项工作收益率的比较差距,将会影响教师在教育教学工作上的时间和精力的投入。

3.实现真正的"教书育人"

在很长的时期内,高校学生思想教育管理一直实行"三育人"的机制,即"教书育人、管理育人、服务育人",而实际收到的效果并不十分理想。在我国高校中，我们有一支很好的思想政治工作队伍，但这支队伍不应该、也承担不起整个学生教育的重任。随着完全学分制的实行，在学生教育与管理中应实行导师制，导师对学生的思想品质培养、业务能力提高负总责，实现真正意义上的"教书育人"。学生教育管理中的导师制模式对于研究型大学的本科教育尤为重要，并切实可行。教师与学生永远是教育的主体，永远应该是学生成才中最重要的两方面。

五、对高校社会主义核心价值观主体性教育模式的评价

（一）优点提炼

主体性教育模式的实施，不仅有利于在进行社会主义核心价值观教育过程中，革除传统的教育弊端，提高教育效能，改进教育方法，更重要的是，这一教育模式将重点落在人的主体性上，是在社会主义核心价值观的指导下，对人的本性、特性以及潜能的深入探究，彻底摆正了学生在教育中的地位与价值，将大学生的独立个性作为教育之本，这为我国教育变革与发展都奠定了良好的基础，为我国的教育事业提供了巨大的动力。

高校社会主义核心价值观主体性教育强调学生的主体地位，突出"以人为本"，将学生看成是学习的主人，将教师作为学生学习发展的辅助者和指导者，重视学生多方面潜能的拓展。

（二）缺点剖析

高校社会主义核心价值观的主体性教育模式也有一定的缺点。其采取和坚持的世界观是唯心主义的，方法论是形而上学的，坚持的基本前提"人性论"也是抽象的。高校社会主义核心价值观忽视了教育的外在价值，非常重视个人的潜能成长，片面强调教育的内在价值。

如果不能对社会主义核心价值观主体性教育模式的缺点进

行认真分析与克服,就会在该模式的实施过程中出现过分夸大学生自由的现象,如果放任学生对自身的学习内容及学习方法的选择,过分强调他们的自主性,那么这种课堂实际上根本不是学生"自主"的本意,也不可能充分发挥他们的主体性。

第二节　大学生核心价值观价值澄清模式

价值澄清模式起源于 20 世纪 60 年代的美国,应用广泛而且备受争议。价值澄清模式的代表人物是纽约大学教育学院的教授路易·拉斯思(Louis Raths)、南伊利诺斯大学教育学院梅里尔·哈明(Merrill Harmin)、马萨诸塞大学教育学教授悉尼·西蒙(Sidney B Simon)以及美国人本主义教育中心主任霍德华·柯申鲍姆(Howard Kirschenbaum)。

一、价值澄清模式的背景

价值澄清模式是应对西方社会的复杂多变的社会价值思潮以及价值观教育工作中存在的困难而产生的一种理论。拉斯思等人认为美国社会之中快节奏的生活状态给人们的价值观念带来了巨大的混乱,社会道德存在不断下降的状况,这给学校价值观教育带来了困难。具体来看,这些主要包含以下几个方面。

(一)社会发展引起人们价值观层面的深刻变化

20 世纪五六十年代正直美国婴儿潮一代,美国社会面临了前所未有的环境。竞争压力大,社会变化快,人们在这样的环境下形成了不同以往的价值观念。人们所处的不同社会集团、不同社会阶层,要求他们带着自己的价值观参与到社会竞争之中。这就出现了不同经验背景、文化背景、生活背景的人们价值观之间的有力碰撞。每一个人都能为自己的价值观找到合理的根据与理由。传统的价值观文化就此打乱,人们陷入了新的困惑之中。

(二)社会发展所带来的家庭变化

在现代社会之中,家庭格局发生新的变化,给青少年价值观的形成带来不利因素。生活节奏加快,一个家庭的运营不得不进入双职工模式。父母双方忙于自己的工作,减少了同少年儿童的交流,大大减少了与儿童之间就社会伦理、道德、价值观等问题进行有意义的交流和沟通的机会。而且在快节奏的生活之中,自然家庭迫于社会压力而破裂或者因为其他原因而陷入危机之中,使得少年儿童难以形成明确的价值观。

(三)现代科技发展带来了更多的价值选择

美国社会科技发展为儿童的发展提供了丰富的信息环境。儿童有了更多的价值选择机会。这一方面开拓了儿童的价值视野,另一方面则给儿童带来了价值选择困惑。

二、价值澄清模式的主要理论观点

(一)价值澄清模式的理论背景

拉斯思等人所提出的价值澄清模式的理论基础主要有人本主义心理学、存在主义哲学和经验主义教育学。人本主义心理学对当时的美国教育学界的影响可谓说是空前的。这一理论主张人们可以通过自主活动探索出生活的真谛。价值澄清理论在这一主张的基础上认为,对于陷入价值困惑的青年,教师要给予信任,创设围绕学生的轻松自由的学习氛围,发挥学生的主动性,尊重学生的选择。存在主义哲学非常关注人的自由选择。价值澄清理论认为价值形成是一种主观的活动,存在于个人的选择之中,并不能依靠灌输和教授之后形成。价值澄清理论认为人能够通过自己的选择获得自己的道德自主性。在人本主义和存在主义之外,杜威的经验主义教育理论也对价值澄清理论产生了影响。杜威认为,成人和儿童的道德都是不断生长的,由坏的经验变为好的经验。价值也同样是一种生长的过程。拉斯思等人认为价值会随着人们经验的获得而得到更新。

(二)价值澄清模式的主要理论观点

1.价值澄清的含义

从以上对价值澄清模式的理论背景论述可以看出,拉斯思等人的价值澄清理论观点主要是人们因为有了不同的生活经验而形成不同的价值观。

美国社会崇尚的文化是自由主义文化。教师、家长不能用自己的观念去限制孩子的自由。因此,在拉斯思等人看来,人的价值观应是基于自己生活经验而形成的,也只有他的生活经验能够影响他自己。因此,一个人的经验如果产生了一定方向的认识,那么必然会产生特定形态的价值观。对于价值澄清模式来说,他的主要任务在于帮助儿童在自己的生活经验中澄清自己的价值观,使之适合于自己的生活方式,不让他们产生观念上的迷惘。价值澄清理论者认为获得价值观的过程比获得价值观的结果更值得研究。由此可见,价值澄清模式与其说是一种理论,毋宁说是一种方法,帮助儿童形成适合于自己生活价值观的方法。教师引导儿童对自己的生活进行分析与评价,帮助他们找到自己价值观形成的准确道路,并在这一过程中帮助他们主动容纳他人的价值观,与他人和平相处。

2.价值澄清模式的核心思想

价值澄清教育模式的形成,源自西方现代社会复杂变化给人们的思想、道德、价值观造成的困惑乃至混乱,学校道德教育面临严重困难。针对这种情况,路易斯等人提出了这种价值观教育方法。社会转轨、价值观念复杂多变是这一模式产生的主要背景及应用环境。该模式通过对多样价值观的澄清过程,帮助青少年减少价值混乱,保持价值澄清的作用,让受教育者在选择行动的过程中提高自己分析和处理各种道德问题和社会问题的能力。

价值澄清模式的核心思想是:人们生活在一个变动着、充满价值观冲突的社会中,价值观深刻地影响着人们的身心发展,现实生活中没有一套公认的价值和道德原则;个体都具有不同的生活和社会经历,他们形成了不同的价值观,价值观并非一成不变,而是会随着人的经历的逐渐丰富,随着人的心智的逐渐发展而变化的。所以说,价值观是相对的,是个人的,每个人都拥有自己的价值观,并且在这一观念的指导下产生相应的行为。价值观不能也不应该是被传授或者灌输的。之所以对学生进行价值观教育,并不是让他们不断认同外在的价值观,接受外在的价值观,是让他们在这一过程中澄清自身的价值,指导他们不断调整适应变化着的世界,并在其中扮演一个比较理智的角色。因此,如何获得价值观念比获得怎样的价值观要更加重要。不断引导学生运用分析、评价的手段,减少他们价值混乱的状况,促进他们形成正确的价值观,并在此过程中提高他们对于价值冲突的能力,培养他们选择未来处理人际问题的技巧。

3. 价值澄清模式的四个基本构成要素

拉斯思等人认为价值澄清模式这一教学方法包含有四个基本要素。

第一,对生活经验和生活方式的关注。价值澄清模式教育得以开展的基础是儿童的生活经验。教师必须结合儿童的生活经验,帮助其提炼总结自己的价值观。这一问题与儿童的价值观形成有着密切的关系。

第二,主动接受他人,建立和谐的人际关系。美国人尊重自己的自由,同时也尊重他人的自由。因此他们的价值观理所当然的包含尊重与自尊。在美国教师看来,美国社会的儿童必须要能够正确认识别人的价值观,在保护自己的同时不伤害别人。价值澄清模式教育也基于这一点要求儿童积极关注别人,接纳别人,将自己的价值观与他人的价值观融合在一起。

第三,引起儿童对生活的反思。有反思的生活才是进步的生活。这是杜威的观点,也被拉斯思融入到自己的价值澄清理论之中。拉斯思等人认为,价值澄清并不是为了被动认识自己、认识世界,而是要在认识的基础上进一步思考,探索出自己发展的道路。因此,儿童必须能够学会反思,做出更多、更明智的选择,珍视自己和他人。

第四,获得独自生活的能力。价值澄清模式的教育同其他教育的目的是一样的,都是要求学生获得独自在社会中生活的能力,只不过其出发点不同。价值澄清模式要求学生在自己的价值观中容纳他人,反思生活,获得应对生活变化的基本能力,在日后表现如一、长期坚持。所以价值澄清模式从整体上是要求学生能够训练自己的能力或者技巧,进行自我应变指导。

4.价值观澄清的基本模式

拉斯思等人在他们1966年出版的《价值与教学》中将价值观形成划分成为三个过程,分别是选择、珍视和行动。在这三个过程的基础上,他们又将其划分为七个步骤,分别是选择过程的自由选择、可能性选择和审慎思考后再选择,珍视过程的珍视自己选择并且感到愉快、非常乐意向他人公开自己的选择,行动过程的依据选择进行行动和重复。

从这三个过程七个步骤中,我们可以看出拉斯思等人非常重视价值澄清模式中个体积极主动的选择。他们认为儿童可以在自己主观经验之中筛选出符合自己利益要求的选择。但是这个研究存在一个明显的缺陷,拉斯思等人忽略了儿童价值观形成过程中的社会性,忽视了社会文化在价值观形成过程中的积极作用。针对此,拉斯思等人提出了两个方面的修改意见,即注重社会文化和增加价值观形成之中的群体属性。柯申鲍姆在接受批评者的意见之后修改了价值澄清模式。将三个过程修改成为五个过程。柯申鲍姆在选择之前将思维和情感融入进来,又将珍视替换为交流。柯申鲍姆的这一修改实际上接受了社会文化主义者的观点:个人的思维和情感是对生活经验的一种遴选和反思过程。同时,柯申鲍姆还将人们之间的交往融入进来,使原来认同他人这种玄之又玄的观点变得更加具体化。可以看出,柯申鲍姆的修改是对拉斯思理论的一种进化。对于价值澄清模式教育的发展来说具有实际意义。首先,教师能够依据这一理论开展具体的学生价值观教育活动。其次,这些活动的开展并没有固定的标准,人们可以根据儿童的思想遴选特定的教育方法。最后,柯申鲍姆并没有修改行动,可见行动在其中的重要意义,教师一定要要求儿童做出准确的判断。

三、大学生社会主义核心价值观采用价值澄清模式的必要性

不论是 1966 年还是 1975 年版本的价值澄清模式,他们都强调儿童价值获取的方式是积极进行生活选择,采取切实的行动。无疑,价值是一种评价,是一种选择,更是一种行动。从大学生社会主义核心价值观教育的意义来看,采用这一模式是非常必要的。

首先,当前我国的社会发展状况与 20 世纪五六十年代的美国有一定相似之处。学生面临着一定程度的价值混乱。学校思想政治教育工作面临复杂的社会状况与先进的信息传达方式也存在一定的价值观教育困难。国立华侨大学林荣策的一篇《当代大学生社会主义核心价值观教育调查研究——基于福建三所高校的调研》中显示有 61.4％的大学生愿意接受社会主义核心价值观教育,该调查还对社会主义核心价值观教育的阻力进行了调查,约有 12％的人选择个人切身利益,有 22％的人选择了多元价值观的冲击,有 25％的人选择了教育的形式化,有 39％的人选择了社会风气的影响。实际上,大学生社会主义核心价值观教育所受到的阻力远不止于此。该份调查限于篇幅没有一一列举出来。

调查还对影响社会主义核心价值观内容接受、开展社会主义核心价值观教育效果不佳原因等方面进行了调查。总之,这一份调查显示当前的社会状况以及当前的学校教育手段都对大学生社会主义核心价值观教育效果产生了实际的影响。

其次,大学生已经具备一些价值选择的能力,也愿意进行自主的价值选择。从当前大学生思想政治教育开展状况与大学生获取信息能力的状况来看,大学生接受思想政治教育,更加乐于在接受思想政治教育理论之后,进行自主选择。在信息技术得到大力发展的今天,大学生获取信息的能力大大增加。电脑网络与移动网络铺天盖地式的信息传播手段极大程度方便了大学生。在网络上,教师与学生的地位是公平的,都能够通过网络技术公平地获取网络信息。因此,我们说大学生具备了信息获取的能力,他们能够进行自主选择。

最后,社会主义核心价值观对各种类型的价值有一定的统驭作用,这一点广大高校思想政治教育教师要具备信心。社会主义核心价值观是当前社会各种类型价值观的高度总结和归纳。人们所做的各种价值选择都绕不开这些核心价值。一个人不论怎么选择,他生活在这个社会上,生活在这个国家里,他都应该爱国、劳动、尊重他人。这既是他生命中的根本需要,也是他安生立命之本。

四、大学生社会主义核心价值观价值澄清教育模式的建构

社会主义核心价值观是当代社会存在的一套公认的可传递给学生的道德原则,当代大学生生活在价值观日益多元化、相互冲突的世界里,每一个面临抉择的关头或处理每件事务时,都面临选择。选择时人们都依据自己的价值观,但大学生们常常不清楚自己所持的价值观到底是什么就已做出了选择。因此,需要创造条件。大学生是社会主义的接班人,教师要利用一切有效途径和方法帮助大学生澄清他们对社会主义核心价值观的认可,把做

出选择时所依据的内心价值观澄清为社会主义核心价值,并付诸行动。

从拉斯思等人提供的价值观澄清基本模式来看,大学生价值观形成的过程可以划分为思维、情感、选择、交流、行动五个过程。因此,结合当前大学生思想政治教育的基本构成来看,对大学生进行社会主义核心价值观教育可以划分为以下几个步骤。

(一)大学生理论课教育

理论课教育是大学生获得社会主义核心价值观的主要途径。在价值澄清模式之中,教师要在课堂上帮助大学生确立有关大学生社会主义核心价值观的思考。关于这一点的措施又可以划分为以下几方面。

1.确立以人为本的教学观念

思想是行动的前提,观念是行动的先导。教师首先要转变自己在社会主义核心价值体系教学过程中的观念,以人为本,围绕大学生,推动他们积极反思生活。价值澄清模式的根本在于学生对生活反思的积极性、主动性。因此,教师要树立以大学生为本的观念,积极关注大学生。

首先,高校各级领导要树立以人为本的观念,转变部分高校领导把思想政治理论课看作是可有可无的课程的思想。高校要培养全面发展的优秀人才,必须德才兼备。有德无才,或者有才无德,都不符合社会发展的要求。从社会主义核心价值体系的角度看,高校教师要提升社会主义核心价值观教育的实效性,培养道德上合格的人才。而做到这一点,必须转变过去部分高校领导的观念,充分重视高校思想政治教育理论课,提升教学质量。

其次,高校思想政治理论课教师要在高校各级领导的倡议下,真正实现教学之中的以人为本。高校教师要在教学之中思考,大学生在思想政治教育课堂上希望获得什么,现在能够获得什么,差距在哪里。将这些问题思考清楚,就能够真正关心、尊重每一个大学生。我国高校思想政治教育理论课目前实行的是大班教学。这种课堂上,教师要照顾到每一个学生的情绪,实在有点强人所难。这时落实以人为本的唯一方法就是从整个大学生的角度思考大学生的定位、需要、现状和差距,待教学条件有所改善之后,再将一些问题细微化。高校的思想政治理论课只有着眼于学生的学习需求,结合学生的发展现状,综合考量学生的学习兴趣和接受能力,并制定出适宜的教学方案,才能切实满足学生的学习需求,才能从根本上保证核心价值观教育的教学效果。

2.培养学生的学习兴趣

兴趣是行动的老师。不论怎么定位高校思想政治理论课教育之中的学生,培养学生的学习兴趣将始终是高校思想政治教育工作的一个重要方面。只有对这一学科保持持久的兴趣,才能有源源不断的学习动力和学习积极性,才能真正将课堂所学知识转化为自身的实践行动,才能达到核心价值观教育的本质要求。作为一种高等级的精神需要,兴趣应该怎样培养始终都是一个问题。西方教育心理学学者认为,在教师培养学生的学习兴趣时,首先要促进学生进行正确归因和获得成就,使学生放弃原有的厌学因子。在这一心理状态下,学生至少不会对高校思想政治教育理论课的内容进行排斥。进一步,学生要产生理论课教育的兴趣,就要求教师能够为大学生搭建一个完整的理论框架,并使学生发现这一理论框架在生活中的实际用处,使学生认识到学习理论以后生活能够更有意义。

3.提高思想政治理论课教材质量

教材是阻碍大学生社会主义核心价值观教育质量的重要因素。教育部和各省(市)思想政治理论课管理部门,要以与时俱进的精神进一步更新高校思想政治理论课教材编写思路。高校思想政治理论课教材的编写应引入科学的竞争机制,充分调动高校思想政治理论课第一线从事教学科研的专家学者们的积极性。

从目前高校思想政治理论课教学研究和教材研究的情况来看,可以说还比较薄弱,这种状况严重影响了高校思想政治理论课教材的质量,也严重影响了高校思想政治理论课教学的质量。高校思想政治理论课教材建设既要体现系统性、理论性,更要体现针对性和实效性;既要体现马克思主义的立场、观点、方法和理论联系实际的基本原则,更要反映马克思主义与时俱进的品质。

(二)大学生心理健康教育

大学生心理健康是大学生做出正确价值选择的情绪保障。价值澄清模式要求教师要能够保证有积极的心态去面对生活,而这一保证手段就是大学生心理健康教育。

大学生心理健康教育不仅与大学生的情感联系在一起,还与大学生的交流与行动联系在一起。因此,对于价值澄清模式来说,大学生心理健康教育是大学生社会主义核心价值观价值澄清教育模式开展的一个重要保障。

从当前大学生的心理健康状况来看,本书认为大学生心理健康教育应该从以下几个方面开展。

第一,大学生首先应对自我有清醒的认识。知人者智,自知者明。能够正确的认识自我是大学生心理健康的重要标准。具有良好心理健康状况的学生能够证实自己的缺点,客观评价自己的优点,在工作和学习中既不妄自尊大夸大自我能力也不妄自菲薄小觑自我水平,抓住人生发展的机遇,自信乐观地走向人生发展目标。

第二,大学生应对就业和学习保持清醒地认识。能够进入大学进行学习,一般在智力发展之上都不存在严重障碍。学习是大学生的主要和基本工作,心理健康的学生能够保持自小养成的认真学习态度,对于学习中的困难,具有一定的钻研精神,并借助多方面的手段将其克服,能够在学习中获得自我满足与快乐。

第三,大学生应该及时调节自己的情绪。情绪是影响大学生身心健康,影响大学生的学习效率,影响大学生人际交往的一个重要因素。具备良好心理状况的大学生能够进行自我情绪控制，能经常保持开朗、乐观、向上、知足的心境，对生活和未来充满希望。虽然在生活和学习之中也有许多不愉快的消极体验，但是适当的情绪调节能力能够帮助他们积极面对、主动调节。

第四，大学生应正确处理自己的人际关系问题。人际关系状况良好与否是最能体现和反映人的心理健康状况的标准。许多心理学家都认为，心理问题大多是在与外界的交往过程中产生的，而且多数是心理挤压过多造成的。具备良好心理调节能力的人应该学会进行自我压力释放，乐于和善于与他人交往，要用尊重、信任、友爱、宽容、理解的态度与人相处，能分享、接受和给予爱与友谊，能与集体保持协调的关系，能与他人合作共事，乐于助人。

第五，大学生要培养自己适应环境变化的能力。环境适应能力包括正确认识环境以及处理个人和环境的关系。具备良好心理状态的大学生在环境突然改变之时，首先会积极主动的认识到现实对自我的影响，然后再思考应该怎样去改变自己才能适应现实的变化，最后再思考做出哪些努力能够改变现实，使现实更好的为自我服务。人与环境的斗争中，应该保持自己的主观能动性，把自己的力量逐渐的作用于现实。

从价值澄清模式的角度出发，教师应定期开展一次大学生心理健康调查，了解大学生的心理健康状况。我国大学生思想政治教育普遍实施的是大班教学，很难对每一个学生的心理健康状况有清楚的了解。在实施价值澄清模式的时候，这一点也实际上造成了一些障碍。因此，教师要掌握一定的调查技术，摸清大学生的心理健康状况，及时调节大学生整体的心理问题。对于个别出现问题的大学生，教师应该积极进行心理辅导，帮助他们走出心理的困惑。

（三）积极开展大学生价值观实践教学

实践出真知。大学生在日常的选择之后，如何将之付诸实践,指导自己今后的生活,教师也应该有所指导。实践教学对于开展大学生社会主义核心价值观价值澄清模式教育来说具有十分重要的意义。一方面,实践教学有利于提高大学生接受核心价值观的积极性。大学生十分重视自己所学能不能适应社会。在参与社会实践中,大学生会不断问自己,所学如果能适应社会,那么优势在哪里,如果不能,那么劣势又是什么。另一方面,大学生社会主义核心价值观价值澄清模式教育本身就需要实践教学。拉斯思等人在解释价值澄清模式的时候就非常重视行动。他们希望大学生能够将选择的价值观应用于社会活动中去。

从我国高校实践教学的发展来看,大学生实践教学的模式主要可以分为课堂实践教学、校园实践教学和社会实践教学。

1. 课堂实践教学

所谓课堂实践教学,就是以固定课堂为基本的教学平台,进而开展以学生为主体的实践活动。作为思想政治理论课实践教学的重要组成部分,课堂实践教学有着独特的探索研究和应用价值。思想政治理论课课堂实践教学形式多样,根据对操作难易程度、学生参与度大小、实效性强弱等多重因素的综合权衡。从我国大学生思想政治教育课堂教学常见的方式来看,课堂实践教学的方式主要有课堂作业、课堂讨论、案例教学、情景模拟等。各个形式在价值澄清模式之中都有一定的优势。课堂作业这种形式能够高效帮助教师达成一定的教学目的。课堂讨论能够将大学生核心价值观内容和社会热点联系起来。案例教学和情景模拟则能够帮助大学生积极思考生活,反思自己,表达出自己对案例之中所蕴含价值观念的看法。

2. 校园实践教学

校园实践教学是指思想政治理论课教师围绕教材内容,设计相关教学方案,以学生参与校园文化建设、校园管理活动、学生生活活动等方式来锻炼学生意志品质,提升其为人处世的综合能力,培养其良好思想道德和行为习惯的一种教学活动。校园实践活动是一种较为有效的对学生进行素质教育的方式,对提高学生的综合素质,引导学生不断适应社会,并不断促进大学生的成长成才具有重要的作用。

3.社会实践教学

社会实践教学是在理论教学的基础上以社会为课堂,安排大学生参加社会的各项活动,主要有参观访问、社会服务、社会考察、劳动教育等形式。参观访问能够使学生开阔眼界、增长见识,接受实践中赋予的政治思想教育。社会服务活动是服务者志愿参加的有组织、有目的的实践活动,服务内容主要有生活服务、科技服务、信息服务、咨询服务等。社会考察的目的是让大学生自己动脑、动口、动手,通过调查获得丰富的第一手材料,然后经过整理分析、理论思考得出正确的结论。它不仅能使大学生的思想和能力得到提高,而且其考察结论对其他人也有启发和教育作用。劳动教育,就是让受教育者从事一定量和一定程度的生产劳动,使之在劳动过程中树立正确的劳动观念,培养热爱劳动、亲近劳动人民的感情,养成劳动习惯。劳动观念是大学生获取核心价值观念的一个不可或缺的方面。

五、大学生社会主义核心价值观价值澄清教育模式的评价

社会主义核心价值观的价值澄清模式自产生以来,在世界范围内产生了广泛的影响,尽管公众对此褒贬不一,但不可否认它确实产生了巨大的影响力。这一模式在高校的运用范围极其广泛,虽然在学术界该理论的重视程度远不如涂尔干、科尔伯格和杜威的理论,但从一定程度上讲,该理论要比这三者的理论更有意义,也更为重要,下面对价值澄清教育模式进行简要评价。

（一）优点提炼

1. 重视大学生主动性的发挥

社会主义核心价值观的澄清模式重视价值观形成过程中,大学生个体因素作用的发挥。进行价值观教育的过程中,注重大学生积极性主动性的发挥,同时结合价值观的发展需要对他们进行方向的引导与指点。采取多样化的方式,使大学生在轻松愉悦的氛围中获得良好的价值观教育,让他们在一种民主与平等的环境中接受价值观教育的相关内容。

2. 注重大学生的选择能力

大学生社会主义核心价值观价值澄清模式注重大学生的自主判断和自主选择的能力,大学生采取何种价值观,树立何种世界观,确立何种人生观都是大学生自主选择的结果,是在他们的道德意识与道德判断下,进行综合选择的结果。

3. 操作性强

价值澄清模式中有很多关于价值观状况的量表。这些数据可以反映大学生价值观的情况。并且在这一套表格中,教学方式的具体操作步骤都很清晰,在实际实践的过程中,具有极强的操作性。

4. 着眼现实生活

一般来讲,我国的高校德育课程比较注重国家和社会的需要,强调在宏观层面对大学生进行方向的指导,观念的培育,但是忽视了大学生的个人发展。这些课程在培育的过程中,对大学生应对现实生活问题的技能训练培养关注不多,这会导致大学生只是了解相关的理论知识,一旦进入社会开始实践,就表现出明显的力不从心的局面,在面对复杂的社会问题时,他们不懂得行使公民的权力,履行公民的义务,并且不善于利用法律对自己的合法权益进行正当维护。所以,这一模式的优势就在于能够注重大学生解决现实能力问题的培养。这也为我国的大学生社会主义核心价值观教育提供了一个有意义的借鉴,在进行价值观培育的过程中,要注重大学生主体性的发展需要,不断开发多种具有生活化的课程,提高大学生的社会实践能力。

(二)缺点剖析

1.贴近生活又疏离生活

价值澄清借助大学生个体的真实生活和时间经验,用与他们密切相关的生活事件来澄清其自身的价值,从这一层面来讲,大学生的价值澄清模式是十分重视生活,十分贴近生活的。但是,这一教育模式在贴近生活的同时又疏远了生活。究其原因,有以下两点:其一,该理论认为价值远高于生活,价值澄清的关注点和落脚点在大学生的道德价值,并非大学生的生活境界中;其二,这一模式鼓励学生接受实然,但不鼓励学生追求应然的生活。这两个原因会使生活分割成实然与应然两大相对立的部分。价值澄清理论接受生活的实然,削掉生活的应然,这是与生命和生活更高层次的追求是相背离的。

2.容易陷入相对主义

最近几年,价值澄清模式在社会遭遇了严厉的批评。其对价值个性的过分强调,导致该模式被认为是反理性的,因而容易将人导入价值的相对主义。

价值澄清模式在理论上承接的是杜威的价值相对论的思想,将个人的直接经验作为价值的源头,同时将个人的活动作为客观的价值检验标准。但是每个人的经验是不同的,这就导致了价值的多元化,进而形成了价值的相对主义。

第三节　大学生核心价值观教育体谅模式

价值观体谅模式是英国著名的道德教育家彼得·麦克菲尔(Peter McPhail)等提出的。麦克菲尔和他的同事们依据《英国学校道德教育课程的方案》著了《生命线》(Lifeline)丛书。这本书要求教师进行道德教育的过程中要对儿童多关心、少评价。针对大学生社会主义核心价值观教育来说，应用这一模式就是要将大学生的道德情感置于中心位置。体谅模式的理论基础是人本主义的哲学理论和人本主义的心理学理论。

一、体谅模式的主要观点

麦克菲尔在研究了英国 1967 年到 1972 年之间 800 多名13—18 岁青年学生之后，认为青少年对"好"事件的共同观点，好的、积极的事件整体都反映了体谅、幽默、宽容的品质。共同分享与分担是好的；统治的、支配的是坏的。

（一）社会主义核心价值观教育的基础——自己和他人快乐

麦克菲尔主张价值观教育的基础是使自己幸福和快乐。他强调体谅和关心他人的时候，重点是要让自己快乐、幸福和满意，而他人的快乐和满意是附属品。关心和体谅他人的行为首先是一种自我激励的利己行为。麦克菲尔认为，学生不应提早使用"应该"这类词语，这会让他们觉得自己被促使做关于体谅的事情。之所以不宜用"应该"，是因为麦克菲尔认为体谅的方式对别人来说是快乐的，对自己来说是回报性的快乐，满足于别人需要的回报，就无须进行伦理学或道德的再学习。

在大学生社会主义核心价值观教育中，教师要帮助学生发现使学生快乐的源泉，让大学生知道快乐源于健康的生活，源于祖国和社会的稳定。快乐和幸福源于利他的行为。大学生社会主义核心价值观教育的另外一个目的就是将大学生从互相不信任的模式之中解放出来,正常地同他人进行交往。

(二)社会主义核心价值观教育的目的——学会关心

麦克菲尔认为价值观教育的目的在于引导学生学会关心人。在介绍《生命线》一书时,麦克菲尔引用了约翰·拉斯金(Jhon Rushin)的话:"教育并不意味着教人们知道他们不知道的事,而意味着当他们不知道如何做的时候教他们怎样做。"这说明,麦克菲尔价值观教育的中心论点是道德教育关系到气质的修养、行为举止的塑造和发展解决问题的能力。麦克菲尔认为,儿童观察生活中的重要人物,了解他们如何为人处事,就会学到一些重要的道德准则。道德是有感染力的,能让人明白什么是好,什么是坏。麦克菲尔还从人与人之间的影响论证了价值观教育的目的是在寻找人与人之间的共性。道德之间的感染,使人们相信人们之间有很多共性的价值观念,这也是人们能够相互关心、相互理解、相互信任、相互体谅的根本原因。人们之间的这一共通点并不是表面的,而是深层次的。在大学生社会主义核心价值观教育中,教师应使大学生相信社会中的相互交流源自于对社会一些共通价值观念的认同,而这些共通的价值观念正是社会主义核心价值观。大学生要在核心价值观的基础上关心和体谅他人,并在这个过程中收获自己的快乐和满足。社会主义核心价值观一共二十四字,包含了三个层面,涵盖了国家、社会、公民应持有的基本观念。教师要教育大学生使其认识到国家富强和谐、社会公正自由、人民爱国敬业是自身快乐的根基。因此,大学生在社会主义核心价值观教育中要学会关心祖国、关心社会、关心他人。

(三)社会主义核心价值观教育的重点——引导大学生与人友好相处

拥有良好的人际关系,是人具有健康心态或者价值观念的重要标志。一旦失去了融洽的人文环境和健康的精神氛围,一个人的价值观念必然受到影响。麦克菲尔认为,价值观教育的目的就是要让儿童学会互相帮助,使他们在学习的过程中用有益的理论摆脱那些破坏性的和自我损害的冲动。在社会主义核心价值观教育之中,教师要教育大学生摆脱那些以自我为中心、自私、粗暴或者其他不健康的价值观因素。大学生社会主义核心价值观教育要通过引导大学生建立良好的人际关系,摆脱那些不健康的价值观因素。

二、大学生社会主义核心价值观教育体谅模式的建构

在麦克菲尔的《生命线》丛书中,麦克菲尔设计了一层层循序渐进的社会情境,逐步引导学生学习价值观。麦克菲尔每一部分的设计都包含几个单元。这里结合麦克菲尔的设计与大学生社会主义核心价值观教育的需要,对麦克菲尔的观点进行了改良,具体如下。

(一)设身处地为公民、社会、国家着想

《生命线》丛书的第一部分是《设身处地为别人着想》,分别是敏感性、后果和观点。麦克菲尔的设计围绕普通人的问题,在家庭、学校、邻里这些情境中展开。他认为这些做法有以下特点。

第一,材料是有情景的。

第二,这些情景来源于对青少年的调查,因此,这就是他们所处的情景。

第三,对这些情景的陈述很简要(通过提供个人的详情),促进他们融进情景当中,使他们做出各自不同的反馈。

第四,一般来说,提出的问题多涉及实际行为,而不是讲道理。

第五,所提出的行动课程中的角色扮演以及戏剧性的表演一般比较容易引起情感上的共鸣和增加理智,因而提高了学生对人

类行为的更现实的欣赏与理解。

第六,有助于激发青少年对社会活动的自然倾向。

第七,材料中所提供的为他人着想的基本动机是关心他人的素质,这种素质会产生应得的反馈。

第八,事件的一览表是不固定的,表明教师与学生可自愿地做其中的项目。

第九,这些情景在用完之前不应逐一地试用或不断地使用,可能时应指导学生进行选择,因为能否置身于环境中是至关重要的。

第十,设身处地为他人着想的情景永远也不应该被用于惩罚或增加额外的负担。

从大学生社会主义核心价值观教育的需要出发,教师可以设计一些相类似的情境,使大学生思考一些关于公民、社会、国家的问题。例如,关于公民爱国这一核心价值观,教师可以列举出类似于李登辉和安倍晋三的做法,让大学生认识到对于自己来说爱国是获得幸福的重要品质。关于爱国的材料应尽量来自于历史和社会之中,具有真实性,这样才能够达到设身处地的目的。我国大学生具备信息选择和价值选择的能力。教师还可以利用他们的这一能力让其从网络上搜索一些与爱国相关的信息,通过讨论,明确爱国的重要性。

因此,教师可以按照麦克菲尔所认为的特点选择一些社会主义核心价值观教育情境,从全面性和真实性的角度出发,使大学生认真反思自己,认识到具备这些价值观对于自己幸福生活的重要性。

(二)证明公民、社会、国家所应具备的规则

《生命线》丛书的第二部分是《证明规则》,包含有五个单元,分别有规则与个性、你期望什么、你认为我是谁、为了谁的利益、为什么我应该做。这一部分涉及比较简单的个人的压力和冲突的实例,也涉及比较复杂的群体利益冲突和权威问题。学生在这

一部分探讨各种社会背景之中自己所应面对的一些难题,这一部分要求学生形成健全的统一性,使其称为对社会有贡献的人。

在麦克菲尔的设计中,第一单元包含了规则的复杂性,第二单元则侧重对社会道德和伦理的冲突,使学生认识到社会问题,第三单元则包含了学生对个人自我意识的认识和定义,第四单元的重点是对群体的认识,第五单元则是对权威和社会潜规则的认识。

我国大学生在初等教育和中等教育中都对社会规则有了明显的认识,然而对社会规则的复杂性仍旧认识不足。在大学生社会主义核心价值观教育中,教师仍有必要在这方面有所加强,使大学生认识到规则的深层次含义。例如,有大学生在老人摔倒后帮忙扶起来,却被诬陷将其撞倒。大学生在这里不免就要出现对规则的迷茫。社会规则到底是什么,应该怎么利用才能促进社会的和谐。同样是针对这一问题,有一高校民意调查显示,高达64.8%的受访者认为该扶起老人;26.9%的民众认为不好说,要视情况而定;8%的民众认为不该扶。社会上对待同一问题的观点并不一致。大学生应该怎么做呢,怎样才能算是弘扬社会主义核心价值观呢。通过对大学生的教育要让大学生认识到在利用道德规则的同时还要利用法律规则。

社会主义核心价值观就是公民、社会、国家活动中应具备的一些基本规则。教师在利用体谅模式对大学生进行社会主义核心价值观教育时,可以借鉴麦克菲尔对规则的理解,帮助大学生确立社会主义核心价值观在规则体系之中的核心地位。一切好的社会规则,道德的、法律的甚至是潜在的,都是为了整个社会能够按照共同的意志运行。那些坏的规则则不在其列。大学生要学会利用好的规则对抗坏的规则,在维护社会正常秩序的同时,维护自身的利益。

设计规则,强化大学生对社会主义核心价值观的理解,更重要的是要帮助大学生开展对规则的辩证认识。一切规则并不是就像它显示的那样支配社会的运行,而是在具体情境之中展开应有的变化。教师要帮助大学生全面认识社会主义核心价值观,辩证看待其在社会发展中各个不同层面的作用。

(三)付诸行动

行动永远是价值观教育的终极指向。在采用体谅模式对大学生进行社会主义核心价值观教育时,教师可以组织大学生进行讨论,从不同的侧面帮助大学生全面认识社会主义核心价值观。例如,教师可以组织学生讨论"键盘侠"的社会影响与公民道德问题,从而为大学生确立网络价值规则。教师也可以组织学生开展医患纠纷问题的讨论、围绕医生道德问题与患者举止的合理性展开。

三、大学生社会主义核心价值观教育体谅模式的评价

(一)优点提炼

《生命线》教程提出了一种较全面的德育方法。情境从较简单、直接的相互影响活动到复杂的历史问题。所有的材料都是选择性的,既可以分组也可以单个使用。麦克菲尔模式的实践比理论给人的印象更深刻。价值观教育从情感入手,注重理解他人体谅他人,在这一过程中也使自己感到快乐、满足和幸福。体谅模式注重从实证研究出发,根据实际调查的资料来进行情景的分析,据此制定出的教材具有很强的操作性。同时,价值体谅模式也将人本主义理论作为基础,强调进行价值观教育过程中学生的人格,保证学生在正常的人际关系中接受教育。

(二)缺点剖析

价值体谅模式关注的是人与人之间的价值问题,而对国家和社会的价值规则的讨论却有所欠缺。另外,价值澄清模式所关注的问题仍旧不成体系,文化这一方面是其重要缺陷。历史文化对

人的价值观念影响不仅体现在知识上,更重要的是行为上。这一点在价值澄清模式中没有体现。

第四节　大学生社会主义核心价值观
教育的网络教育模式

在新的形势下,对大学生进行社会主义核心价值观教育,要讲求方式方法,不能空谈说教,要寻求工作方法上的不断创新。中央在《关于进一步加强和改进大学生思想政治教育的意见》中明确提出:"主动占领网络思想政治教育新阵地。要全面加强校园网的建设,使网络成为弘扬主旋律,开展思想政治教育的重要手段。"这为高校寻求培育方式创新,提供了发展方向。在传统教育模式基础上继承和突破,提升大学生核心价值观培育效果,需要对网络教育模式加以了解。

一、大学生社会主义核心价值观网络教育模式的发展现状

目前大学生社会主义核心价值观网络教育模式已经有了一定的发展。从清华大学推出的第一个"红色网站"发展到现在的很多高等院校都建有一个或多个思想政治教育网站,从最初以专门党建网站形式的出现发展为思政类网站、校园 BBS、高校主页等多种形式,积极推动了大学生的核心价值观教育。同时也存在着制约网络教育模式发展的一些问题,如网站信息内容枯燥、形式单一、点击率低、没有专门宣传大学生社会主义核心价值观的专栏等。

在信息网络环境下,树立正确的网络观,这是大学生社会主义核心价值观网络教育模式的基础前提。用网络完全代替大学生社会主义核心价值观教育是不可取的,然而也应该看到网络应用于教学的光明前景。网络对大学生的认知方式产生了巨大的

影响,为适应形势的变化,进行大学生社会主义核心价值观网络教育是一种提高大学生思想政治理论课程教育的创新形式。

网络环境的开放性、交互性以及虚拟性都对大学生的价值观念产生重大影响,也同时影响着他们的行为方式。互联网的开放性,使得多种网络文化得以充分展现和交流,网络文化也融合了不同国家和民族的文化特征,保证了网络文化永远有新的活力,也让网络文化保持了新陈代谢的能力。互联网的开放性,为多种信息的存在提供了一个平台,使得思想政治课堂教育的教学空间更加开放,也使得核心价值观教育的途径有更为多样化的形式。在网络平台上,教育者与被教育者可以进行更为便捷更为有效的交流与沟通,这一交流不限时间、不限地点,并且交流主体之间是平等的,不受到身份影响的。在这一平台中,受众也不再是被动的信息接受者,而是积极的大众传播的参与者。有别于传统的大学生社会主义核心价值观教育的方式与内容,网络教育模式能实现教育主体更多的课外交流,甚至借助网络的匿名性,这种交流会是更深层次的,这种互动会是范围更广的。

大学生社会主义核心价值观的网络教育模式为课程教学改革提供了新的思路与方向,借助网络的多媒体平台,大学生的学习能够具备更为完善的课件制作的基础,他们的积极性也会得到提高。网络课堂教学使大学生社会主义核心价值观教育的现实课堂教学与虚拟网络课堂实现了有机融合。

二、大学生社会主义核心价值观重点内容把控

大学生社会主义核心价值观的网络教育模式是适应时代要求发展起来的,21世纪是网络信息的时代,我们应当高度重视网络信息对当代大学生的影响,注重网络的教育管理,加强对大学生网上教育的指导,把握大学生社会主义核心价值观教育的主动权。

网络教育模式并非独立于传统教学之外的一种模式,而是对

传统教育模式的一种突破和扩展,是对传统的教育模式进行融合之后的一种创新与开拓。这样的教学模式既能够保证思想政治理论教学的政治方向性、科学性、计划性以及目的性,又能够提高大学生学习社会主义核心价值观的积极性、主动性,同时增强了大学生社会主义核心价值观教育的实效性与针对性。因此,大学生社会主义核心价值观网络教育模式在具体的实践过程中,需要重点把握以下几个方面。

(一)把握网络发展方向,确定基本内容

根据社会主义核心价值观的表述及要求,大学生社会主义核心价值观的基本内容主要包括政治信仰和理想信念教育、民族精神和时代精神、道德修养和行为准则等方面。这些内容落实到大学生身上,主要体现为有极强的政治信仰和坚定的理想信念,有高度的民族自豪感和爱国热情,有极高的道德修养和行为操守,有诚实守信、待人真诚友善的可贵品格。大学生社会主义核心价值观教育也应该围绕这些基本内容进行。

思想宣传阵地,社会主义思想不去占领,资本主义思想就必然去占领。中国网络文化发展的价值标准就是社会主义核心价值观,必须用核心价值观引领网络文化的发展方向,使社会主义核心价值观深入到大学生网络媒体使用者的头脑中,成为大学生的共同理想和自觉追求。

(二)运用网络技术优势,创新传播方式

网络以其独特的技术特点丰富和拓展了社会主义核心价值观教育模式的载体和手段,社会主义核心价值观的传播应适应网络融合的特点,运用新思维,采取新方法,利用新媒介,制作新产品,将传统的单向的信息传输和疏导教育转变为双方的互动,多方的分享,枯燥的强行理论灌输转化为自觉的主动接受信息。

要采用创意传播的形式,适应大学生审美心理、知识结构和审美特征,采取渗透以及双向互动的交流方式,将社会主义核心

价值观以直接或渗透的方式融入各种资讯形式为手段,整合国家、社会及学校的各类教育资源,对大学生群体进行核心价值观教育,使其在获得有用资讯时受到教育,心灵受到震撼,自觉培养出符合社会要求的价值观的网络媒体。

建立家校联动平台,实现"四位一体"教育。现代社会是一个多元社会,学生的成长,价值观的形成受各方力量的影响,是需要依靠学校、家庭、社会和大学生个人四方力量共同努力,形成一体,方能实现大学生社会主义核心价值观教育成效最大化。

(三)掌握网络传播规律,构建评估体系

网络媒体具有"分众化""大数据"的特点,要建立社会主义核心价值观传播反馈机制和舆情信息分析研判机制,通过数据反馈对社会主义核心价值观教育进行评估。

对大学生社会主义核心价值观教育评价主要从宏观和微观两方面来进行考虑。前者是从国家、社会的层次,在一定时期内,对大学生社会主义核心价值观教育在社会发展进程中占据的地位及具有的社会价值进行评估,而具体到一所大学,就是考察其大学生社会主义核心价值观教育是否被社会认可。微观评估则是对大学生社会主义核心价值观教育过程中的具体某项工作、过程进行评价。大学生社会主义核心价值观教育,常常是结合大学生的思想状况、价值观念等来进行评价,所以一般转化为对大学生个体的评估,如理论考试、推优、入党等。

三、大学生社会主义核心价值观网络教育模式的构建途径

围绕中央对核心价值观教育的总体要求,以当代大学生的特点为基础,以计算机、网络技术为支撑,以国内外时政热点为施教素材,构建集强制性、自愿性、趣味性一体的网络平台,通过构建校园网络文化、提高网络监管力度、推进大学生的网络素养建设、增强网络教育队伍建设以及完善网络监管制度等方式着手核心

价值观教育工作的开展工作。

（一）建设校园网络文化

校园网络是开展大学生社会主义核心价值观教育的主要阵地，与 Internet 相比较，校园网在技术上和管理上有一定的可控性，为大学生社会主义核心价值观教育提供了较好的条件。针对大学生上网的心理和行为特征，创新校园网络和大学生社会主义核心价值观课程教学主题网站的管理方式，将管理与教学相结合，提升管理育人的功能，是大学生社会主义核心价值观网络教育得以实现的重要保证。

校园网络文化是在校园网络环境下产生的一种新的文化形态，它既是对传统校园文化的虚拟，又是对其的发展和延伸。近年来，随着网络信息技术的迅猛发展和电子计算机的应用普及，校园网络文化也呈现出迅速发展的态势，并逐渐成为高校校园文化建设不可缺少的环节。在校园网络文化建设中，要始终坚持以社会主义核心价值观为指导，倡导学生的积极参与，在校园实践中不断提升学生的内在修养和素质，树立正确的世界观、人生观和价值观，实现学生的全面发展。

从当前中国高校的校园建设来看，大多数的高校都已经建立了自己的网络平台，为学生提供成绩浏览和信息查询等服务。在对大学生进行社会主义核心价值教育的过程中，高校就可以在校园网站的基础上，建设社会主义核心价值观教育专栏，从形式、内容上给学生耳目一新的感觉。在内容的选择上，可以选择学生践行社会主义核心价值观的典型，然后倡导学生进行学习，注意信息内容的真实性与实效性。

高校还要注重加强校园网的软硬件建设，改善校园网络基础设施，加大物质投入，推动技术升级。首先要充分利用高校自身的技术人员和网络资源优势，自主地逐步设计出自身特色的应用系统。其次，要加强网络教育软件建设。最后，为了发挥校园网的作用，有必要对各级领导干部和广大师生进行有针对性的培训，提高他们利用校园网开展教育教学、管理、服务等工作的能力。

在校园网络文化的建设过程中，还要注意规范高校师生的网络道德素养，倡导网络文明，防止网络暴力的出现。要把社会主义核心价值观渗透到网络环境的各个环节和领域，除了建设一批融知识性、思想性、趣味性于一体的校园红色网站，同时在不妨碍大学生正常需求的前提下，通过网络监控和不良信息屏蔽技术，把握社会主义核心价值观网络教育的主动权。例如，在校园网上建立大学生社会主义核心价值观主题网站时需要注意：网站的定位要准确、定位要鲜明，要突出大学生社会主义核心价值观的育人功能；主页的内容既能把握形式的美感，又要把握住权威的内容和热点问题讨论来吸引人；网页中的页面、版块之间的链接要易于检索并符合学生的浏览习惯，防止页面文字单调呆板，也要防止插入大量图片导致网页加载过慢等。

此外，高校可以建立网上竞赛、网上交流、网上信息发布、网上意见征集、网上心理咨询、网上谈心等一整套网络评价体系，让大学生随时进行自检和自评，倡导自我约束，全面提高自身素质。除此之外，还要加强对校园网络的管理，为大学生社会主义核心价值观教育提供一个良好的网络环境，引起学生的兴趣，有利于大学生学习效率的提高。

(二)提高网络监管力度

近年来，随着我国互联网技术的不断发展创新，网络呈现出跌宕起伏的特点。众多的天灾人祸、社会矛盾，以及改革开放30多年积累下来的深层次问题，加上百年一遇的全球金融危机，诸多突发事件和社会现象，使得中国网民表现出强烈的社会关怀，频频发声。互联网成为各阶层利益表达、情感宣泄、思想碰撞的舆论主渠道。

当前，我国在网络管理与网民结构方面存在很多问题：一方面，社会管理机制缺失，导致法律和道德对网络行为的约束力较弱,网络舆情环境混乱复杂。另一方面,由于我国网民结构尚处于三低状态,网民自律意识缺乏,言论与信息传播缺少自律性,对于负面信息的好奇心大,对突发网络事件认识不理性,观点意见往往表现出情绪化、个人感官化和偏激化。导致网上有害信息、虚假信息泛滥,网络舆论的产生、扩散和形成处于自发无序的状态中,网民道德自律、网络传播行业自律和管理亟待加强。互联网是社会大众共有的虚拟世界,这一虚拟世界早已和现实社会密不可分,这就决定了互联网不是绝对自由的平台,而应该是和谐与法治秩序的领地。如果管理不善,国家信息安全就会受到威胁,企业电子商务就会受到影响,大众个人隐私就会受到损害。

在现实社会管理过程中,需要行业和个人的自律,互联网管理也不例外,并且由于网络传播的广泛性与快速性,因此更需要相关机制和法律的约束。当前,我国网络立法体系还不健全,导致网络暴力事件频发,因此人们对网络监管的呼声也越来越高。面对这种情况,对于政府来说,就应该及时加强对网络监管的立法,健全法律机制,维护国家和广大公民的利益,实现网络社会的良性发展。

（三）推进大学生网络素养建设

在大学校园中,虽然网络已经普及,但是大学生对网络媒介的了解却很有限,因此对大学生继续进行网络媒介素养教育就显得很有必要,其可以帮助学生对网络媒介建立起较为系统的认识,从而提高大学生的网络操作能力和自我约束能力。与传统媒介相比,网络媒介有其特殊性,其传播方式也存在很大的不同点。在这种情况下,如果大学生不能对网络媒体的运用有较为深入的了解,甚至沉迷于网络中的一些不良信息中,那么网络对于高校教育来说就不会成为一个得力的工具,甚至还会起到严重的破坏作用。例如,很多大学生由于不能妥善管理自身的网络行为,会出现网络成瘾的现象,甚至很多学生在大学四年的生活中,整日以游戏为乐,惶惶度日,荒废了大好的青春时光,任由自己被网络所吞噬。通过网络素养教育，帮助大学生正确使用网络，规范网络行为，做一个合格的"网民"。

在网络媒介素养课程化建设过程中，首先，应将媒介素养教育的内容融入其他相近或相关的学科课程中或者直接开设网络媒介素养教育课程。虽然我国大部分地区在中小学就开设了媒介课程，但多侧重于多媒体网络技术及其运用。进入大学后他们以前学习的网络技术知识是远远不够的，这就需要高校开设相关的必修课或选修课，用这些课程来介绍主要媒介类型的知识，培养学生对网络媒介信息的分析与评价方法与能力，通过在课堂中由教师引导的对网络新闻信息的正确解读，达到提高网络媒介素养水平的效果。其次，要编写网络媒介素养教育的适用性教材。作为知识载体的教材不管对于教师的教还是学生的学都至关重要。当前我国虽然对网络媒介素养的教育问题讨论颇多，并且也出版了一些媒介素养的相关教材，但其通用性和实用性都有待提高，这就需要尽快组织有关专家根据重点难点编写出适合大学通识教育的网络媒介素养教育普及教材。再次，要构建和完善媒介素养教育的相关评价指标体系，保证高校媒介素养教育取得良好的效果。

(四)增强网络教育队伍建设

在传统的教育教学模式中，教师都担负着极其重要的作用。同样，在核心价值观网络教育的过程中，教师的作用也不可替代。教师如果引导得好，就能最大限度地激发学生的学习热情，使其在自主学习的过程中自觉促进自己网络媒介素养的提高。加强网络核心价值体系教师队伍建设，才能形成网络社会主义核心价值观工作体系，牢牢把握网络教育主动权。

现在大多数学校已经装备了计算机、投影仪、声响设备等为主要原件的多媒体教室，为教师使用计算机进行辅助教学提供了基础。从大学生社会主义核心价值观教学情况来看，教师在课堂中使用电子文稿演示软件，其优点是更有效率、易于更改和普及。

同时使用 VCD 和 CD-ROM 进行教学,也是大学生社会主义核心价值观教学中不可忽视的重要手段。丰富、凝重的史料加上动情的演说,会让学生有身临其境的感觉,弥补了传统课堂中唤起学生注意力不足的缺点,加深对课程内容的理解,让教学的说服力和感染力得到增强。

然而不容乐观的是当前很多教师自身网络媒介素养不高,有的教师在网络意识、网络知识、网络能力等方面根本不能适应信息化社会的要求,因此,要加快大学生网络媒介素养队伍化建设,就需要高校开设媒介素养教育相关的教师培训项目,采取"送出去、请进来"的做法组织教师进行培训。定期对高校教师进行短期和长期培训、对他们进行脱产和半脱产培训,以及利用现代远程教育对他们进行在职培训,同时邀请相关专家来学校开设专题讲座,使他们在短时间内掌握有关教育、教学理论和学科发展的新成果,掌握现代化的科学研究手段和教育媒介技术,真正起到网络育人的作用。

(五)完善网络监管制度

当前网络环境下,不够健全和完善的大学生网络监管制度是导致大学生出现网络问题的重要因素,制定强有力的监管制度是大学生网络教育的重要保障。建立完善的监管制度不仅需要高校积极主动,还需要政府相关部门、社会各界的沟通与配合。要形成全员育人的良好氛围,首先应健全网络的检查监督制度。在网站注册登记时,严格把关、认真审核,从源头上进行检测。同时要做好工作实际效果和落实情况的督促和检查。其次,建立信息监管制度。网络信息五花八门、鱼龙混杂,这就要求相关部门对发布的信息进行必要的监控和过滤,加强对网络信息的监管力度,对获取到的信息经过组织加工之后再提供给学生阅读。再次,建立网络应急突发事件处理预案制度,以确保在突发网络公共事件时相关职能部门能够第一时间快速反应和处理,避免出现失去管控的情况。同时高校也要通过加强网络管理,落实校园网络安全责任制,引导文明上网,规范网络管理,强化网络监督,严防各种有害信息的传播。

四、大学生社会主义核心价值观网络教育模式的评价

(一)优点提炼

1.打破学习的时间限制

与传统课堂教学相比,在时间上,社会主义核心价值观网络教育模式打破了固定的时间限制,大学生可以灵活安排学习时间。网络教育模式能够保证学生采用电子邮件、论坛、留言本以及聊天室等多种形式保持相互之间的交流互动。这种互动是不受时间限制,不拘泥于短暂的课堂时间,提问、讨论以及答疑都不因为时间的有限而受到限制。

2.突破学习的地域限制

传统课堂教学地点是固定的,社会主义核心价值观网络教育模式打破了空间的限制,大学生可以在任何拥有计算机网络的地方进行。学生的学习不仅仅局限于课堂上多了解到的知识,还能在网络阵地中与众多的学习者进行交流与讨论,即便是素未谋面的陌生人,也能针对同一个问题进行观点和思想的碰撞,这为极大提高他们的学习热情,提高他们的学习积极性。

3.拓展了学习的内容方式

由于受到课时的限制,传统的社会主义核心价值观课堂教学内容是有限的,大学生一般用死记硬背的方式学习。然而网络可以为大学生提供广阔的社会主义核心价值观的学习空间,不仅能使学生扩展课堂知识,而且能锻炼学生查找所需信息和处理信息的能力。传统的课堂教学是教师向学生讲授知识,传授经验,是

单向的信息流动的过程,在网络教育模式中,学生既可以是知识的接受者,同时也可以是知识的发起者,学习的方式是多样化的。大学的一项重要功能就是服务社会,甚至是面向全社会,让众多的学习者都参与进来,以不断提高各项教学资源的利用率。

（二）缺点剖析

当然,任何事物都具有两面性,网络教学也不例外。一旦学生的自控能力不强,那么网络教学就不能发挥正面的作用。并且网络教学需要教师掌握相应的现代教育技术,也就是说在没有网络的地区无法实施,因此具有一定的局限性。

大学生社会主义核心价值观网络教育模式的工作正在进行,我们尽可能探索更多的有效途径充分发挥网络的教育功能,使大学生社会主义核心价值观的教育落到实处。

第四章 | 大学生社会主义核心价值观教育创新机制建设

凝心聚力的强国梦想、公平正义的共同信念、昂扬向上的公民品格，是民族复兴的精神支柱。党的十八大提出"三个倡导"，从国家、社会、公民三个层面，对社会主义核心价值观进行了凝练，为我们时代划定了价值航标。大学生是祖国的未来、民族的希望，加强对大学生社会主义核心价值观教育，不仅关系到青年一代的健康成长，也关系到民族复兴的百年大计。

大学生核心价值观教育应该紧紧围绕实现中华民族伟大复兴的中国梦这一目标，围绕立德树人这一根本任务和"三个倡导"这一基本内容，注重宣传教育、示范引领相统一，注重监督约束、考核评价相衔接，构建大学生社会主义核心价值观教育的创新机制，使社会主义核心价值观融入大学生的精神世界，激励大学生为实现民族复兴的中国梦而不懈奋斗。

第一节　建立健全大学生核心价值观 教育的宣传教育机制

以信息技术革命为中心的经济全球化如同一把"双刃剑"。它在推动全球生产力大发展，加快经济增长速度，提高国家生活水平的同时，也给发展中国家带来了严重的冲击。同样，这样新的冲击也因其对文化、传统的侵蚀，而给大学生核心价值观带来了新的考验。只有不断完善我国大学生核心价值观宣传教育机制，提升我国大学生价值观宣传教育的效果，才能适应时代的发展。

一、建立健全大学生核心价值观教育体系

（一）充分发挥学校教育的功能

学校作为一种学缘性的生活共同体，是进行系统公民核心价值观教育的重要阵地和主要渠道。学校存在的目的就是为学生"传道授业解惑"[①]，充分发挥学校在大学生核心价值观中的教育和培养作用，是完善大学生核心价值观教育教学体系的重要手段。

1.提升大学生核心价值观教育质量

在我国学校核心价值观教育中，存在着教育内容相对过重与主体能力相对不足、教育期望相对过高与教育效果相对不佳的现实矛盾。当前，中国学校从小学到大学价值观教育内容繁多是不争的事实，这是因为价值观是一个综合性的概念，它包含核心价值观教育、品德教育、纪律教育、法治教育和心理健康教育等多个方面的内容，每个内容又包括若干子项，子项又分许多小项，再加上应试教育下的考试压力，学校核心价值观教育经常是"流于形式"或"力不从心"，所以出现当前这种局面也就不足为奇了。核心价值观教育的"力不从心"主要表现在两个方面[②]：一是教师能力欠佳，学校的德育课老师素质普遍偏低，专业素养有待进一步提高，学校对这些课程的重视程度也不高，因此教师队伍良莠不齐，教师数量少且质量低下；二是作为受教育主体的学校学生接受新知识的能力有限，他们的专业课（主要是数学、语文、英语等）负担过重，没有过多的精力去专注于这些德育课程的学习，忽视了这些核心价值观教育课程的重要性。除此之外，还存在一些教

---

① 韩愈·师说
② 李春梅，魏忠明，刘会亭.当代大学生社会主义核心价值观的培育路径[J].湖北社会科学，2010(09)

学内容与学生心智不相符合的问题。学校核心价值观教育应该体现核心价值,合理调整大学生核心价值观教育的内容、模式等要素,帮助当代大学生树立牢固的社会主义核心价值观,促进他们的成长。

2.提高大学生核心价值观教育的针对性

马克思指出,"人双重地存在着:主观上作为他自身而存在着,客观上又存在于自己生存的这些自然无机条件之中"。这说明人的存在在实现自身目标的活动过程中,同时也实现了社会的目标。学校核心价值观教育[①],一方面,在内容上要针对学生的不同层次采用不同主题的教育内容,因材施教,循序渐进,如幼儿园侧重家庭美德,动之以情;小学侧重社会公德,导之以行;中学侧重个人品德,晓之以理;大学侧重职业核心价值观,授之以渔。另一方面,在形式上针对年龄的不同阶段采用不同的教育形式,分类指导,有序衔接,如幼儿园采用儿歌教育,小学采用故事教育,中学采用历史教育,大学采用理论教育,最终实现"勉之以恒,持之以恒,学之以恒,行之以德,道之以德,齐之以礼,有耻且格"[②]。

3.尊重大学生在核心价值观教育中的主体地位

在现实社会生活中,人既是教育活动的主体,又同时是教育活动的客体。之所以这样说,是因为人是为实现其价值满足的目的而存在,同时又是教育活动的对象,是教育活动得以进行所依靠的手段。人的价值本身就包含着目的与手段的统一。学校核心价值观教育要想在社会公众中获得普及,必须首先依靠其教育主体——学生,通过对他们不断进行教育,使这些人受到熏陶与观念的改变,进而在行动上对其他成员产生影响,在全社会形成良好的氛围;从另一个意义上来说,学校核心价值观教育就是为

---

① 付晶晶.浅析我国高校思想政治教育效果评估[J].中国商界(下半月),2010 (10)

② 论语·为政

使这些学生产生良好的核心价值观行为,这也是它的目标与最终的追求。

4.将个人价值与社会价值统一到大学生核心价值观教育之中

学校核心价值观教育既要满足人的全面发展需要,又要满足社会和谐发展需要。所以从这个层面上来讲,它是个体价值与社会价值的统一。[①] 所谓的个体价值,是说人都有为实现自身的全面发展而不断接受教育,获得新的知识,进而提高自己能力的需要,而核心价值观教育为人的全面发展提供了一个契机,使人在接受教育的同时,实现了自身的目标与价值。因此,学校教育要结合学生的具体特点,制定适合他们的教育模式与教育内容,全面提升他们的个人素质,充分释放他们的天性。人的自由而全面的发展是社会发展和进步的基础,大学生核心价值观教育要按照社会发展的整体目标与发展要求,提高学生的综合素质,并牢固树立"服务社会"的意识,培养合格的社会主义接班人。在学校核心价值观教育的价值定位上,要将个体价值与社会价值统一起来,结合起来,充分发挥其个体价值与社会价值。[②]

(二)大力发掘家庭教育的潜能

1.提高家庭成员的思想觉悟和个人素养

家庭的教育职能发挥得怎样,往往同这个家庭的环境、经济状况、父母的文化程度、生活方式、价值观品质、婚姻基础等因素有很大关系。简单来说,也就是与家庭的素质有关。而家庭是由家庭成员组成的,因此,要提高整个家庭的素质,就必须提高家庭成员的思想觉悟与知识水平。目前由于受不良社会风气的影响,家庭伦理核心价值观出现了亲情观念淡化、婚姻关系稳定性下

---

① 方爱东.社会主义核心价值观论纲[J].马克思主义研究,2010(12)
② 陈大勇,刘清才.增强大学生社会主义核心价值观教育的实效性研究[J].思想理论教育导刊,2014(11)

降、家庭暴力、虐待老人儿童、邻里关系日趋冷淡等问题。因此，必须要推进家庭美德建设，提高家庭成员的价值观水平与知识文化水平，努力营造尊老爱幼、团结和睦、积极向上的家庭氛围，围绕家庭伦理核心价值观体系开展各具特色的活动，通过一些贴近群众、贴近生活的活动把抽象的家庭核心价值观规范化为人们的核心价值观行为和核心价值观习惯。同时，应不断提高知识文化水平，树立正确的教育观念与方法，掌握教育常识，掌握孩子的心理特点，正确地预见和分析孩子对各种情况的反映，从而使家长在教育子女的过程中避免失误，有针对性地依据孩子的心理去设计方法，实施教育，充分发挥家庭教育的作用。

2.树立正确的家庭教育理念

家庭教育是十分重要的，它密切关联着孩子的命运和前途，密切关联着家庭的团结和幸福，密切关联着社会的进步和发展，也密切关联着人类的前途和未来。家庭教育担负着传授文化知识，培养核心价值观品质，指导行为规范的社会责任。随着经济社会的发展，家庭教育的重要性已被人们逐渐认识，但存在着很多误区，尤其是在独生子女教育方面存在很多问题，如对孩子重智育，轻德育；重物质满足，轻精神需求；重智力因素，轻非智力因素。在素质教育日益重要的今天，我们的家庭教育不应仅仅重视知识的传授，还应培养孩子多方面的能力，包括知识技能、操作技能、智力技能以及非智力因素的能力，以便培养孩子适应社会，学会生存的能力，促进孩子的身心健康。因此，必须树立正确的家庭教育观念，明确家庭教育的内容，加强人们对家庭教育的重要性与正确性认识。①

---

① 田永静,陈树文.加强大学生社会主义核心价值观教育有效途径探究[J].思想教育研究,2010(5)

3.推动家庭教育方法的全面更新

家庭教育是一门科学,也是一门艺术,必须要遵循它的客观规律,掌握教育原则。时代在前进,社会环境与条件都与过去大不相同。随着青少年的思想观念、认识水平、情感爱好的变化,科学地教育子女如何适应社会环境已成为一个新的非常现实的问题。家长要教育好子女[①]:首先,要提高自己有关家庭教育的思想认识水平与自身素养,尤其要更新、改变甚至破除那些传统的旧观念,推动家庭教育方法的全面更新。其次,要加强父母与子女间的沟通与理解。通过沟通,了解孩子的所思所想,有针对性地摆事实讲道理,通过共同研究讨论问题,启发孩子的自觉性,提高孩子的思想认识,解决孩子的心理困惑,帮助孩子明辨是非善恶,培养良好的思想品质,形成正确的行为规范。再次,要充分发挥父母在家庭核心价值观教育中的主导和榜样作用。家长是孩子的一面镜子、一个榜样,直接对孩子的学习生活产生影响。在孩子的价值观养成过程中,父母是第一任启蒙教师,对孩子的健康成长具有不可替代的作用和不可推卸的责任。父母既是孩子的养育者,又是孩子获取核心价值观良知的引路人。父母作为子女心目中的楷模和权威,除了向他们灌输做人的道理外,更应以身作则,注意自身的形象,为子女树立一个良好的核心价值观榜样,使价值观教育在家庭中起到"润物细无声"的作用。最后,要通过实践活动教育、启发、锻炼子女。孩子各种能力和品德的培养离不开实践和锻炼,只有在实际生活和社会实践活动的过程中,能力和品德才能形成、发展和完善。父母可以通过有目的地组织子女进行一定的实际活动,创造一定的环境,寓教育于情境中,使孩子置身其中,培养子女的各方面能力,教育启发孩子,帮助孩子形成良好的生活习惯和思想品德。

[①]　靳玉军.论社会主义核心价值观教育的实践要求[J].教育研究,2014(11)

（三）营造良好的社会教育氛围

1.广泛开展群众性精神文明创建活动

群众性精神文明创建活动是社会主义价值观教育的有效载体，是组织群众参与社会主义精神文明建设的主要形式之一。它能够有效调动和激发人民群众建设社会主义精神文明的热情和创造精神，加强人与人之间、人与集体和社会之间的联系，培养人们的爱心和奉献精神，增强社会的凝聚力。但是，开展群众性精神文明创建活动，必须要同解决人民群众普遍关心的实际问题结合起来，把群众关心的热点作为活动的突破口，这样才能使群众乐于参与，自觉主动参与，在参与中受教育，享受到实实在在的精神文明建设成果。①

2.建立约束监督管理，使核心价值观教育和法律惩罚相结合

要形成良好的社会秩序和较高的社会公德水平，离不开完备、详尽、具体的法律法规的支撑。在强调核心价值观自律的同时，还应当强调建立监督机构和法律在内的多种他律手段来强化和维护社会公德建设。改革开放以来，我国的法制建设取得了很大的成就，但由于各种复杂的原因，法制建设尚待加强和完善。法制的不健全，严重地削弱甚至破坏了法制对核心价值观建设应有的保证作用，造成了一部分人核心价值观沦丧，社会风气败坏，社会秩序被破坏。因此，在人们核心价值观有待提升的现阶段，法律的外在约束和强制是不可缺少的，必须要加强执法监督，把社会公德建设工作纳入有法可依的法治轨道，从所处的地理、历史、社会、经济、民族习惯等实际出发，制定可行的法规政策，建立起有关硬性约束机制，实现核心价值观教育和法律惩恶的结合。

总之，家庭、学校、机关和企事业单位及社会在公民核心价值

---

① 戴木才.论社会主义核心价值观与核心价值体系的辩证关系——中国特色社会主义核心价值观探索之一[J].南昌航空大学学报(社会科学版),2011(2)

观教育方面各有侧重、各有特点,是相互衔接、密不可分的统一整体。必须把家庭教育、学校教育、单位教育和社会教育四个环节紧密结合起来,相互配合,相互促进,突出加强社会教育,巩固家庭教育、学校教育、单位教育的成果,促进公民核心价值观教育的深化。

二、优化大学生核心价值观宣传体系

(一)科学把控宣传引导工作的方向

一般来说,宣传要取得较好的效果,必须满足以下三个条件。首先,宣传工作必须坚持正确的方向,在宣传工作中始终要坚持党性原则,宣传工作只有与社会领导层意见相一致的时候,才会获得最大的支持和帮助。其次,宣传过程要坚持正面宣传为主的方针,对先进人物和事迹进行大力弘扬并重点示范,实现对社会大众的引导作用。最后,要讲究时效性,准确把握有利的宣传时机。

1.坚持正确的宣传方向

在宣传工作中,必须要把党性原则放在首位。坚持党性就是要坚持四项基本原则,坚持正确的政治方向,坚决贯彻党中央的方针政策,与党中央的方向保持一致。对核心价值观建设的宣传工作来说,无论是运用大众传媒,还是在日常的宣传工作中都必须坚持党性,任何偏离党性、偏离正确方向的言论和行动都是错误的、危险的。

社会主义核心价值观建设宣传的党性,其主要内容是:公开声明我们所宣传的社会主义核心价值观,要坚持全心全意为人民服务,要坚持爱国主义、社会主义、集体主义,倡导大公无私的奉献精神。要旗帜鲜明地弘扬主旋律,对现实生活中积极的、正面的、先进的、光明的核心价值观观念和核心价值观行为进行广泛宣传,同时对现实生活中消极的、落后的、反面的、黑暗的核心价值观观念和核心价值观表现进行严肃的抨击。坚持党的基本路线不动摇,坚持有中国特色的社会主义理论,坚持社会主义初级阶段的各项方针政策不动摇,确保社会主义核心价值观建设的道路通畅,前途光明。[①]

2.注重宣传的舆论导向功能

社会舆论具有传播快、覆盖面广、渗透力强、影响力大等优势。社会舆论虽不是一种强制力量,但是能对人们心灵产生潜移默化的影响。具有正确价值取向的社会舆论会让人们分清什么是真、善、美,让人们认清什么是假、恶、丑,会给人们提供一个判断社会核心价值观行为的标准,让他们明白什么是正确的核心价值观行为准则,什么是错误的行为准则,进而通过社会舆论这种软约束来进行春风细雨般的疏导,调节人与人之间以及人与社会之间的关系,以此来大力弘扬社会主义核心价值观新风尚,充分发挥社会舆论的主观能动性对于鞭挞社会上一些腐朽落后的核心价值观行为具有重要的作用。

舆论宣传是意识形态建设的重要手段,是发挥主流意识形态社会导向功能的重要载体和路径。现代网络的飞速发展,在使信息快速传播的同时也使得舆论宣传的作用越来越大,舆论可以影响群众情绪,影响国家生活,影响社会稳定。因此要对社会舆论进行正确引导,通过引导社会舆论,使社会公民自觉树立与和谐社会相适应的社会观念,进而营造出良好的舆论环境与社会氛围,这对于构建和谐社会十分重要。首先,要牢牢把握正确的舆论导向。在经济社会深刻变革、思想文化日益多样的情况下,社会上出现一点杂音噪音难以避免,关键是要唱响主旋律,在全社会形成积极向上、生动和谐的主流舆论。其次,要拓宽舆论宣传的途径。广播、电视、报纸、刊物等大众媒体已经成为人们生活中

---

① 冯留建.社会主义核心价值观培育的路径探析[J].北京师范大学学报(社会科学版),2013(2)

必不可少的部分,也是核心价值观教育的重要形式和广大人民群众容易接受的形式。互联网作为开放式信息传播和交流工具,是价值观建设的新阵地。电影、电视剧、戏曲、音乐、舞蹈、美术、摄影、小说、诗歌、散文、报告文学等各类文艺作品的创作,也是舆论宣传的重要途径。再次,要改进舆论宣传的方式。舆论宣传要按照贴近实际、贴近生活、贴近群众的要求,深入研究、准确把握新形势下人们思想活动的特点和接受信息的规律,把坚持正确导向与讲究宣传艺术统一起来,营造出和谐有序的舆论环境。最后,要正确处理舆论宣传与舆论监督的关系。新闻媒体是党和政府的重要舆论工具,必须把正面宣传与舆论监督相结合,舆论监督应着眼于改革开放稳定的大局,站在人民群众根本利益的立场上,以事实为准,以理服人,全面、科学、谨慎地把握,达到正面引导的目的。

3.要坚持正面宣传为主的方针

在之前的内容中,我们讲到在发挥大众传媒的作用时,要同时发挥正面宣传与负面批判的作用。[①]与之相适应,在发挥核心价值观宣传的作用时,也要将两者广泛结合,但是,在宣传过程中,要注意的是,应以正面宣传为主,以负面宣传为辅。正面为主,就是说在宣传的过程中,要着力宣传并报道鼓舞和激励人们发展社会生产力的事物,对那些积极弘扬社会核心价值观和规章制度的行为予以表扬,鼓舞和激励人们坚持社会主义民主和法制建设,对于有利于国家富强、人民幸福以及社会进步的时机都应当进行报道。[②]

---

① 余林,王丽萍.大学生对社会主义核心价值观的内隐认同研究[J].西南大学学报(社会科学版),2013(5)

② 刘蕴莲.论新形势下加强大学生社会主义核心价值观教育[J].思想理论教育导刊,2014(5)

(二)充分发挥与利用大众传播的作用和功能

1.发挥大众传媒正面宣传的导向作用

"精神文明重在建设",所谓的"重在建设"就是要求我们做好正面宣传工作,对于一些社会上的优秀先进事迹要大力弘扬,典型示范,做好舆论导向。大众传媒要以这些正面的事迹和人物为主要内容,积极推进爱国主义、集体主义以及社会主义教育,同时大力宣传倡导家庭美德、职业核心价值观以及社会公德,充分发挥其引导作用,使社会公民树立正确的世界观、人生观、价值观,引导他们自觉遵守社会核心价值观规范,按照社会要求的行为来实践社会生活。①

2.正确认识并发挥舆论的"批判"功能

大众传媒是社会主义的捍卫者,是无产阶级的斗争武器。大众传媒除了可以对各种符合社会主义社会核心价值观要求的行为进行正面宣传之外,它还具有对一些违背社会主义核心价值观的丑恶现象和错误言行进行批判和讨伐的作用,通过这种批判和讨伐,这些错误的言行一出现就会造成大众的不断议论与指责,形成"过街老鼠,人人喊打"的局面,这些违背社会主义核心价值观的错误言行会在这种社会氛围中自动弱化直至消失。大众传媒的批判作用是十分强大的,尤其是在现代社会,互联网的普及使得一些原本人们不会知道的社会不良现象在网络上飞速传播,进而使人们对客观事实有进一步的深入理解,这些都使得当事人为自己的错误行为在大众面前公开道歉并做出郑重承诺,这些都为良好的社会核心价值观风尚的形成提供了有利的契机,有效遏制了各种腐朽思想和丑恶现象的滋长蔓延。但是同时,我们也应注意到,在发挥大众传媒的批判作用时,应把握好度,现在网络上

---

① 鲍硕来,陈俊.社会主义核心价值观内化为大学生修身教育的路径思考[J].思想理论教育导刊,2015(1)

时有"人肉搜索""当事人因不堪舆论压力自杀"等负面新闻的报道,这都是由于在批判他们错误行为的时候对当事人进行了不恰当的人身攻击,批判针对的是"错误的行为",而不是"做出该行为的当事人",况且,当事人在做出公开致歉或是承诺不再犯错时,我们应该怀着宽容的态度接受他们的歉意,而不是对他们进行谩骂攻击,这会严重影响他们对待社会,对待集体,以及对待人生的态度,抗挫能力差的人甚至会因为一时想不开而走向极端,这就严重背离了我们建设社会主义核心价值观的初衷,会缘木求鱼,适得其反。

3.主动开拓网络价值观教育阵地

在加强互联网宣传工作时,要加强网络阵地建设,使网络成为传播社会主义先进文化的阵地。尤其是要加强学校网络阵地的建设,加大制止网络不文明行为的力度。学校是学生生活的主要场所,当代学生对信息网络的重视和运用远远超过了以往,因此,在宣传工作中,要注意吸引青年学生的注意,这是运用网络宣传、渗透价值观信息,加强网络阵地建设的前提。在进行网络宣传时,要将学生的目光首先吸引到网络阵地上来,要敏锐地洞察他们对于网络的需求,进而利用网络上的信息和资源为他们提供相关的服务,在满足他们需求的同时,使他们对网络产生适度的依赖和信任,成功地将其注意力聚焦到网络上面。只有网络阵地上的大学生规模达到一定程度时,学生们才会在网络上无所顾忌地发表他们的言论,讲述他们的一些观点,这样才会形成理性交流的氛围,对一些有争议的社会核心价值观问题在网络上进行深入探讨和分析进而得出正确的结论,从而实现网络在学校价值观建设中的主导地位。[①]

---

① 李新仓,李建森.雷锋精神与社会主义核心价值体系建设[M].北京:中国财政经济出版社,2013,第 111 页

(三)提升宣传引导工作的时效性和层次性

1.宣传引导工作的时效性提升

宣传工作要及时生效,要善于把握宣传时机,保障宣传效果。"好的开头是成功的一半",加强核心价值观教育宣传,要抓好各种节日、纪念日和重大活动的宣传工作,利用这些有利的时机,对党的方针政策,以及爱国主义、社会主义和集体主义进行广泛宣传。同时关注国内外发生和涌现的好人好事,不失时机地对其进行宣传表扬,以激发公民的热情。

2.宣传引导工作层次性的丰富

当前,由于受社会发展环境巨大变化的影响,大学生的处世态度、行为方式、思维方法等正朝着多元化的方向发展。因此,学校思想政治教育工作者要适应变化了的新形势,从大学生的实际需要出发,既要从其成长的规律和不同个性入手,又要体现出因人、因时、因地的差异,增强大学生社会主义核心价值观培育与践行的针对性,是一种考量,更是一种创新需要。

首先,宣传教育要分层次进行。即学校依据大学生对马克思主义理论的理解程度和实际表现,将大学生划分为不同的类型。学校对不同类型的大学生采取不同的宣传教育策略和方法。对于大学生党员、入党积极分子和学生骨干来说,主要是进行青年马克思主义者的教育培养。要在对他们进行坚定共产主义理想信念的宣传教育和开展时事政治、马克思主义理论、中国特色社会主义理论的宣传教育中,引导他们成为大学生社会主义核心价值观培育与践行的先锋、模范以及优秀的宣传者。对大多数的团员青年来说,主要是进行中国特色社会主义共同理想教育。由于团员青年是青年马克思主义者的重要来源,是中国共产党的助手和后备军,因而对他们进行宣传教育的内容主要是围绕中国特色社会主义的共同理想教育、民族精神教育和时代精神教育。对于无坚定共产主义信念和入党愿望的少数学生来说，则主要是全面开展以爱国主义教育、公民教育、遵纪守法教育等为主要内容的宣传教育，促使他们首先成为爱国守法的好公民，然后不断进步，循序渐进。

其次，宣传教育要分阶段进行。即根据大学生心理成熟的程度和社会化的程度，对大学生按照不同年级采取不同的宣传教育的策略和方法。大学一年级学生，处在心理特征的交替过渡阶段，他们开始关注人生、思考人生，但是思考还不成熟、践行能力也相对比较薄弱，对他们主要是开展以社会主义荣辱观为主的宣传教育。学校可以通过关爱弱势群体、服务社会（区）等主题活动，引导他们去体验和认知社会生活中的复杂事件，辨别好、善和坏、恶，正确积极地定位和追求人生，增强他们对社会主义荣辱观践行的自觉性。对于大学二年级学生，学校可以通过形势宣讲、组织走访革命根据地等进行以爱国主义为核心的民族精神的宣传教育和认同中国特色社会主义道路的宣传教育，让他们增强对国内外形势和国家重大政策的了解，对国计民生和改革开放等的了解，引导青年学生刻苦学习，奋发向上，把爱国意识和爱国行为结合起来。大学三四年级学生，心智逐渐成熟，有了一定的专业技术知识的基础，但他们同时又面对择业或者深造的选择，因而学校可着重对他们进行以改革创新为核心的时代精神和以升华中国特色社会主义共同理想为主的宣传教育。采取的方式和方法就可以通过专业实验、就业见习和服务地方经济等进行。

第二节　建立健全大学生社会主义核心价值观教育的示范引领机制

榜样是美好道德的化身，具有示范和引领的双重价值。榜样的力量是巨大的，无论是普通大众还是党员干部，在榜样的示范作用下，都会增强自己的责任感，从而激发全社会对向善风尚的大力弘扬,促进社会正能量的集体输出。大学生可塑性大,有了生动具体的榜样形象作引导,更容易具体地领会道德标准和行为规范,从而逐步实践,做到知行统一,提升自己的价值认识。

一、加强高校师德师风建设,发挥教师的引领作用

教师在教学的过程中起引领作用,其工作内容是教书育人,教的是知识,培育的是人才。师德,一直都是放在教师培养和考评的首要位置。在现代社会,教师不仅仅是教给学生知识,还要教学生如何做人,教师的一言一行会对学生的一生产生重要影响,对每一个学生的成长和发展负有不可推卸的神圣责任,必须自觉地做学生健康成长的指导者和引路人。为此,培育和践行社会主义核心价值观也成为我国高校师德师风建设的核心。

(一)师德师风建设对教师的基本要求

1."爱国守法"

"爱国守法"是高校教师的政治道德要求。在道德理想层面要"热爱祖国、热爱人民,拥护中国共产党","维护社会稳定和校园和谐"是道德原则层面的要求;"不得有害于国家利益和不利于学生健康成长的言行"是高校教师的道德准则。热爱祖国是每个公民,也是每个教师的神圣职责和义务。国家养育了我们,给了我们施展才华的平台。对高校教师来说,做好本职工作,为祖国培养合格、有用人才,这就是爱国的最好体现。把爱国情感融入师德师风,并渗透到教师的职业活动中,会使爱国主义精神在一代又一代人的情感中传承。

2."敬业爱生"

"敬业爱生"是高校教师的职业基本要求。"敬业"的道德理想层面要求——就是要"忠诚于人民教育事业,树立崇高的职业

理想","以人才培养、科学研究、社会服务和文化创新为己任",愿意为教育贡献毕生精力。"爱生"——集中体现为"做学生的良师益友"。在道德原则层面"敬业"——应静下心来教书,潜下心来育人,"恪尽职守,终生学习,刻苦钻研",努力提高完成工作的能力。"爱生"——要求教师尊重学生、理解学生、严格要求学生、公平对待和评价学生、主动帮助学生。在道德准则层面"敬业"——要求"不得从事影响教育教学工作的兼职"。"爱生"——要求"不得损害学生的合法权益"。"敬业爱生"是教师入职的前提条件和基本的执业标准,是教师"爱国"的最起码要求。高校教师的"敬业",最起码的就是要集中精力、兢兢业业,妥善处理好"人才培育与科学研究"的关系,妥善处理好"本职工作与兼职工作"的关系,妥善处理好"本职工作与个人生活"的关系。"爱生"是对高校教师与工作对象关系的根本要求,是"敬业"的最重要的落脚点。

3."教书育人"

"教书育人"是高校教师处理教育教学方面关系的道德要求。"坚持育人为本、立德树人"是道德理想层面的要求。"遵循教育规律,实施素质教育。注重学思结合,知行合一,因材施教,不断提高教育质量。严慈相济,教学相长。尊重学生个性,促进学生全面发展"是道德原则层面的要求。在道德准则层面"不拒绝学生的合理要求,不得从事影响教育教学工作的兼职"。高校教师职业道德的内核就是"教书育人"。这是对高校教师如何处理教育教学方面道德关系的集中概括,培养人才是高校教师的天职,是高校教师职业道德的核心。"教书育人"就是指高校教师既要传授知识、传承文化,使学生"成才",又要培养学生的道德情操,促进学生全面发展,使学生"成人"。"教书"与"育人"、"成才"与"成人"是同一过程的两个方面,"教书"与"育人"同时并举是高校教师的应然,"成才"与"成人"共进是大学生的必然。

4."严谨治学"

"严谨治学"是高校教师的学术道德要求。"弘扬科学精神,勇于探索,追求真理,修正错误",不断追求真知,做真学问是道德理想层面的要求。"实事求是,发扬民主,团结合作,协同创新","秉持学术良知,恪守学术规范","尊重他人劳动和学术成果,维护学术自由和学术尊严"是道德原则层面的要求。"诚实守信,力戒浮躁","坚决抵制学术失范和学术不端行为"是道德准则层面要求。严谨治学是对高校教师处理与科学研究、文化创新的道德关系的基本准则,是高校教师学术工作重要的道德规范。"严谨"有两层含义,一是严格谨慎,二是严密、无疏漏。用来说明说话、做事严密、严肃等。"治学"就是做学问。

5."服务社会"

"服务社会"是高校教师社会服务的道德要求。"勇担社会责任,为国家富强、民族振兴和人类进步服务"是道德的理想层面要求。"传播优秀文化,普及科学知识","热心公益,服务大众","积极参与社会实践,自觉承担社会义务,主动提供专业服务"是道德原则层面要求。"坚决反对滥用学术资源和学术影响"是道德的准则层面的要求。服务社会体现了大学教师与社会活动关系的道德要求。从服务的对象看具有多元性,包括大众、国家、民族、人类;从服务内容看具有多样性,包括传播优秀文化、普及科学知识、参加公益活动、提供专业服务;从服务态度看具有积极主动性,热心、主动参与、自觉承担、积极提供服务;从服务能力和水平看具有高层次性,要达到专业水平。

6."为人师表"

"为人师表"是高校教师的人际道德要求。在道德理想层面的规范是高校教师要"学为人师,行为世范";在道德原则层面要求高校教师"淡泊名利,志存高远";在与学生的关系上,要"树立优良学风教风,以高尚师德、人格魅力和学识风范教育感染学生";在公共生活中,要"模范遵守社会公德,维护社会正义,引领社会风尚","言行雅正,举止文明";在私人生活方面,要"自尊自律,清廉从教,以身作则"。在道德准则层面上要求高校教师"自觉抵制有损教师职业声誉的行为"。"为人师表"是从高校教师日常行为的角度提出的人际道德,是教师自我道德的内在要求,是高校教师受到社会尊重的总体道德表征。

(二)师德师风建设的主要途径

1.用马克思主义中国化的最新成果武装教师,提升教师核心价值观教育素质

政治素质是指政治主体在长期社会生活中,基于我国当前国情对于某些政治事件所形成的认识和看法。公民的政治素质是形成公民政治行为的基本要素,它决定着人们的政治观念和政治立场,是激励人们形成高尚的政治理想和政治信念的基础。政治素质是人们参与政治生活的基础,也是思想政治素质的核心内容,也是社会政治文明现代化程度的重要体现。

作为社会主义核心价值观教育者,高校教师要特别注重自己政治素质的培养和提高,具体来说在大学生价值观教育中高校教师应该具有以下两种政治素质。[①]

第一,与国家的政治方向一致。作为社会主义思想与价值观的主要传播者,教师一定要对马克思主义坚信不疑,对党和国家的领导坚信不疑,对必定实现社会主义和共产主义坚信不疑,只有这样才能保证核心价值观教育在社会主义道路上前进。

第二,鲜明的政治立场。大学生价值观教育者在对社会价值观进行教学的过程中,教师必须明确自己的政治立场和政治信仰,将自己对社会主义民主的认识和理解融入自己的教学当中,为社会主义现代化建设提供思想保障。

---

① 周文华.美国核心价值观建设及启示[M].北京:知识产权出版社,2014,第156页

2.明确社会主义价值理念，提高教师道德素质

对大学生进行社会主义核心价值观教育的目的之一就是让大学生认识到社会主义制度的优越性，增强他们对我国发展道路的认同，坚定他们对社会主义和共产主义的信心。在大学生社会主义核心价值观教育中，教师必须以身作则，用自己的实际行动引导大学生核心价值观教育。核心价值观教育者必须要有强烈的责任感和道德观念，只有这样，他们才能更好地激励大学生的行为，帮助他们更好地树立社会主义核心价值观。①

3.理论联系实际，提高教师实践素质

大学生社会主义核心价值观教育是帮助当代大学生树立科学的人生观、世界观的重要途径。大学生在社会主义核心价值观教育中，要充分发挥自己的聪明才智和创造精神，不仅要理解社会主义核心价值观的表层含义，还要在社实践中不断探索核心价值的深层含义，促进我国社会主义核心价值观的教育普及工作。马克思曾指出："哲学家进行理论探究的目的不仅仅是解释世界，终极目的是改造世界。"②毛泽东则说："马克思主义的哲学认为十分重要的问题，不在于懂得了客观世界的规律性，因而能够解释世界，而在于拿了这种对于客观规律性的认识去能动地改造世界。"③

社会主义核心价值观教育者增强实践教学，提升大学生新价值观，促进大学生价值观教育的效果提升，可以从以下两个方面入手。

第一，在教育的实践活动中，马克思主义的观念、方式都在实践中得到检验，有助于我国国际政治局势的稳定。

第二，在马克思主义立场上对人、事和物进行理解和思考能

---

① 官彦.雷锋精神学习读本［M］.北京:研究出版社,2012,第 133 页
② 马克思恩格斯文集(第 9 卷)［C］.北京:人民出版社,2009,第 179 页
③ 毛泽东文集(第 3 卷)［C］.北京:人民出版社,1996,第 98 页

够更加全面、更加深入。在大学生核心价值观教育中,学校不能只注重教学目标的完成和实现,还必须给予教育对象充分的尊重,从而提升大学生核心价值观教育的效果。

4.大力倡导教育创新,提高教师创新意识

没有创新的民族,是一个无法发展、没有进步的民族,同理我们可以知道,缺乏创新精神和创新意识的教师也难以获取更好的发展机会。创新是进步的源泉,教师这个角色在当前素质教育中能够发挥怎样的作用,完全取决于他们的创新能力和对素质教育的适应能力。在核心价值观教育中,教师必须要肩负起自己的责任和使命,可以说教师工作的成功与否关系着我国的未来和民族发展的希望,因为一代又一代的学生都是依赖教师的教育和指引才慢慢成长为国家和社会的栋梁的。

目前,从我国教育的现状来看,我国的教育仍然有着浓厚的传统教育的影子,素质教育并没有在我国的教育系统中真正地推广开来。应试教育就像无形的枷锁将学生的个性和创新束缚了起来,而且这种影响还波及家长和教师,使得大家都被应试教育捆绑。应试教育以考试和成绩作为教学活动的核心,家长和教师投入大量的精力在应试教育上,效果却不尽人意。因此,只有充分发展素质教育,激活大学生的探索精神和创新精神,才能使教育活动回归到生活之中。

二、树立先进典型,挖掘学生榜样的示范作用

(一)学生榜样的作用

1.身边人物的说服和感染作用

在大学生教育中发挥榜样示范的引领作用,把抽象的说理教育变成生动的形象教育,更容易引起大学生思想情感的共鸣,具

有强烈的说服力和感染力。同一年龄段的大学生的思想、价值观、关注的焦点以及为人处世的态度、方式，往往具有相通性。通过与大学生先进典型的座谈、交流等途径对其他学生进行言传身教，具有更强的说服力，更容易被学生所接受。

大学生先进典型从学生中来，到学生中去，是大学生中的活生生的案例。在大学校园中，大学生不仅受激动人心的音乐旋律、动人心魄的竞技比赛的感染，更能够受到大学生先进典型人格与体现这种高尚人格的感情、道德力量感染。大学生先进典型在大学生中应当成为核心和中坚分子，对于其他同学在学习、生活中的困难，要主动热情地帮助解决；对同学在学习及生活中遇到的问题要予以正确的解释和回答。无论何时何地，在学习和生活中都表现出积极性、主动性和创造性，形成强大的号召力和凝聚力，让积极向上的风气充满整个和谐的校园。

2. 具体行动的带头示范和导向作用

大学生先进典型为其他大学生的模范行为树立了一种标准行为，通过对大学生先进典型的学习可以帮助其他大学生成为模范并获得适当的行为模式以及实践技能。在通过对先进典型示范引领的学习模式中，对他们的认同会促进其他大学生的自我思考，对其他大学生的成长成才产生深远的影响。这种影响表现为不仅原有的行为模式得以巩固或改变，原来潜在的行为倾向得到表现，而且会使人学到新的，原来没有的行为。[①]

3. 人格魅力的榜样激励作用

先进典型本就蕴含着崇高的道德品质和价值取向的意思，在大学生社会主义核心价值观教育中，大学生典型代表着先进的前进方向、代表着时代的特色和发展要求，会对其他的学生产生很强的吸引力，并激励他们以榜样为目标，自觉树立和践行社会主

---

① 杨明.社会主义核心价值体系论纲[M].南京:南京大学出版社,2013,第 311 页

义核心价值观。青年学生思想活跃、情感丰富，先进人物的事迹会引起他们的巨大情感或者身份共鸣，从而产生巨大的激励作用，推动我国青年工作的前进和发展。[①]

4.对不良行为倾向的矫正作用

大学生先进典型就像一面镜子，可以使大学生经常对照检查自己，了解自己的不足和差距，从而不断去努力克服缺点，矫正自己的行为。榜样教育在过去、现在和未来的教育中都是必不可少的教育方法，在比较中更有利于找到差距，完善自己。大学生模仿能力强，最容易受到先进典型的榜样示范和鼓励，从而使他们产生做好事的积极性和主动性，自觉控制不符合道德准则的言行。遇到不良诱惑，能主动抵制干扰、调整心态，坚持善行，并经常以先进典型为榜样，克服缺点，改正错误，不断进步。在大量西方各种思潮的多渠道直接或间接的影响下，当代大学生更需要经过深入系统的思想教育，提高进行社会主义事业所需要的思想政治素质，真正成为社会主义事业的建设者和接班人。

(二)挖掘学生榜样作用的途径

1.科学选择榜样

榜样必须存在才能发挥出作用，因此科学选取榜样成为榜样激励的起点。榜样选取得合理与否对榜样作用的发挥有着重要的影响，首先榜样选择会影响到示范效应的总体效果，其次榜样的选择影响着价值引导的方向。因此，在大学生核心价值观教育中，应该根据学生的心理需求和教育教学的目标来科学确定榜样人选，从而推动我国核心价值观教育的发展。[②]

①　公茂虹.社会主义核心价值体系建设的路径选择[M].北京:党建读物出版社，2013,第89页

②　唐昆雄.马克思主义与中国特色社会主义核心价值体系研究[M].北京:中国社会科学出版社,2010,第59页

2.将榜样精神内化于心

为了进一步发挥榜样的示范、激励和引导作用,必须结合现代化手段,改进榜样的宣传途径和方法。比如,在校园内建设了一批重大典型雕塑和先进事迹展览馆,作为全校师生缅怀学习的场所;出版先进典型优秀事迹报告文学或者传记,组织拍摄反映先进典型优秀事迹的电影;通过橱窗、海报、画册、校报、电视、广播、座谈会、报告会等传统媒体大力宣传先进典型的同时,注重新媒体的运用,帮助他们将榜样的作用内化于心。

3.将榜样示范外化于行

美国新行为主义心理学家阿尔伯特·班杜拉认为个体可以通过观察榜样人物的行为以及行为产生的结果而获得新的行为模式。因此,通过榜样示范,受教育者可以建立起基本的道德意识和价值观框架,随着教育教学过程的推进,受教育者的道德和价值观不断完善,并依据榜样的行为特点将自己的道德观和价值观运用到实践活动当中。

帮助大学生缩短与先进典型的距离。我们在发挥大学生先进典型的示范引领作用时,要善于找到先进典型和普通大学生之间沟通的连接点,引导大学生学习先进典型的根本精神,把学习先进典型与大学生的日常生活联系起来并转化为实际行动。同时引导大学生将对先进典型的感动、敬佩之情转化为道德行为和习惯,用先进典型的故事和精神来调节自己的行为,提高自己的修养。

第三节　建立健全大学生社会主义核心价值观教育的监督管理机制

监督管理机制是保障大学生社会主义核心价值观的各项规

定真正落到实处,保证大学生核心价值观教育教学效果的基础。我们可以从社会监督管理和自我监督管理两个方面来对大学生核心价值观教育的监督管理机制进行认识。①

一、社会监督管理机制

(一)社会监督管理的内容

社会监督管理,顾名思义,就是社会组织利用"赏"和"罚"两种不同的方式,针对社会成员履行社会义务的表现,按照一定的价值标准和社会程序,对其进行的奖励和惩罚。此处的奖励和惩罚既有物质上的,又有精神上的,一般是给行为表现优秀者予以奖励,对行为表现较差者予以惩罚。作为社会调控的重要手段,社会监督管理发挥着十分重要的作用,它能调节人们的行为方向,促使人们做出符合社会规定的行为方式的选择。社会监督管理的重要作用还体现在它对社会政治、经济、法律以及行政和舆论的影响,通过直接影响社会运行的各要素来间接影响行为主体的选择。实践证明,科学的社会监督管理的建立,不仅能促使人们有效地认识社会、认识自己,通过比照正确的社会所要求的行为规范来合理地调整自己的行为,使自身的行为符合社会的需要,同时,还能协调个人、集体、国家三者之间的各种关系,通过这些复杂关系的不断调节,使得个人乃至整个社会的思想道德水平和科学文化素质都得到较大提高。②

(二)社会监督管理的作用

社会监督管理的作用主要表现在它对道德关系的调控上,其

---

① 陈新汉.社会核心价值体系价值论研究[M].上海:上海人民出版社,2008,第165页

② 陈新汉.社会核心价值体系价值论研究[M].上海:上海人民出版社,2008,第175页

调控主要是通过社会赏罚这一调节机制,不断地影响人们的思想观念、行为习惯、行为方式以及生活方式。社会赏罚的道德调控功能实际上是以一个阶级或群体所规定的社会道德,来实现对人的观念、行为和社会关系的约束限制、规范引导、鼓励推动等。

社会监督管理的作用,主要体现在以下三点。

1. 对不良行为的惩罚

对不良行为的惩罚主要是指社会对行为不良者予以制裁,通过这种方式来阻止不良行为的发生。对不良行为的惩罚不仅体现在对行为不良者的惩戒,使其弃恶从善,摒弃错误的行为;同时还体现在其对周围人的警示和告诫作用,通过"杀一儆百""以儆效尤"的效用以使周围的人明白什么是应该做的,什么是不该做的,进而使他们确立正确的道德价值取向。

2. 对优秀行为的奖励

对社会行为表现优良者,给予一定形式的奖励,这会对受赏者产生极大的作用,满足其对"名"和"利"的潜在追求欲望,从而产生更大的推动作用。在对社会行为表现优良者进行奖励的同时,其也会对周围的群众产生一定的鼓舞作用,将优秀者的行为作为自己行动的标准,诱导人们做出有利于社会发展的行为。上述鼓励和引导作用的实现,实际上就是对社会上有道德、有理想人格的推崇,通过这种社会奖惩机制树立典型人物,促进社会中良好社会风尚的建立。[①]

3. 对全体社会成员的约束

在社会生活中,一部分群体对自身的行为没有较强的"自律"精神,社会监督管理的制定正好对其产生了强硬的约束和限制作用,通过"他律"对其行为进行约束。在社会生活中,很多人由于

---

① 谢晓娟.社会主义核心价值观研究[M].北京:中国社会科学出版社,2012,第201页

在道德认识、道德情感和道德意志等方面不健全,因此"自律"精神较差,不会自觉遵循社会道德的约束。因此,在社会发展过程中,如果想要推行某种道德主张,仅仅依靠宣传和说教的形式进行推广是远远不够的,社会监督管理则正好弥补了该方面的不足。人们在参与社会活动的过程中,社会监督管理为其画上了一条道德警戒线,人们所有的社会行为都要在这条线内活动,一旦跨越了这条线,那么势必会遭受社会的惩罚,付出一定的代价。这就对那些不具有道德自律精神的人形成了一种强有力的外在约束,使他们不得不将自己的行为限制在社会的最低道德要求之内。

二、自我监督管理

(一)自我监督管理的内涵

社会主义市场经济下的核心价值观教育,不仅仅要靠"硬性的"社会监督管理来保证实施,还要靠自我监督管理这种"软性的"约束来辅助其实施。自我监督管理是一种以行为主体进行自律调节的方式,它属于核心价值观教育中的重要一环,所谓的自我监督管理,就是社会成员自觉自愿地遵从核心价值观的相关要求,并将这种不具有强制力的行为准则内化为自己的行为准则,自己监督自己的行为,使其符合核心价值观的要求。

(二)自我监督管理的作用

自我监督管理作用的发挥有三个主要的方面,它可以是在行为发生之前就发挥自己的调节作用,可以在行为正在发生的过程中调节自己的行为,也可以在行为产生之后才发挥自己的效用。根据其发挥作用的时间点的不同,可将其作用分为三个部分:即在行为发生前的作用;在行为中的作用;在行为发生后的作用。①

1. 作用在行为前

人们在表现出某种行为之前,总是会先在心里进行行为方案的判断、分析和选择的过程,确保他们的行为方式符合自身的价值取向(当然这个价值取向可能是正确的,也可能是错误的),趋向一定的价值目标。这种选择的过程可短可长,它不仅受到外部环境因素的限制,还受到自我监督的影响。② 他们总是要依据一定的道德原则和道德规范来确定自己的行为动机,在自我监督的促使下,他们不会做出有悖于自己道德标准的事情,在进行自我分析、自我检查、自我判断的基础上,他们会产生强烈的道德责任感,并自觉地将履行某种社会义务内化为自己内在的自觉要求。这种自觉自愿的承担社会责任、履行社会义务的做法并不会受到社会监督管理或是社会舆论监督的影响,不管有无别人监督,他们都会做出符合社会规范的行为。并且,从另一个角度来讲,在社会监督作用、社会监督管理以及社会舆论影响下的社会成员行为,较之其在自我监督作用调解机制下的社会行为,后者显然会更有效更持久。社会监督管理下的社会成员的价值观念选择可能只是暂时的,不得已的,他们很可能是迫于社会压力或是舆论压力而不得不做出一些违反自己认知、价值或是"自我监督"的事情,但是一旦失去了这种监督管理的环境,一旦脱离这种舆论包围的氛围,他们就会"原形毕露",就会做出不道德的行为。③

2. 作用在行为中

自我监督在行为中的道德导向作用主要是通过它对人们的

---

① 赵爱玲.中国特色社会主义核心价值体系建设研究[M].北京:中国人民大学出版社,2013,第143页

② 吴向东.重构现代性:当代社会主义价值观研究[M].北京:北京师范大学出版社,2009,第123页

③ 红旗大参考编写组.建设社会主义核心价值体系大参考[M].北京:红旗出版社,2007,第99页

思想、情感、意识、理念、行为方式和手段的选择起着监视和引导的作用,这种作用是通过两种不同的具体方式来表现:一是强化作用;二是抑制作用。这与激励理论中斯金纳的强化作用十分类似,斯金纳的强化作用也是包含两个方面的内容,一是正强化;二是负强化。都是通过对不同行为的支持激励或是反对抑制作用来实现,这里所说的支持激励是对符合社会道德要求行为的支持激励,同样的反对抑制也是针对那些不符合社会道德要求行为的反对抑制。自我监督可以使人们在行为发生的过程中认识到错误,发觉出情感的干扰以及情况的变化,然后及时地纠正自己的自私欲念和偏颇情感,使他们及时改变自己的行为方式,使自己的行为趋于更高的道德境界,避免产生不良的后果。在行为发生的过程中,自我监督之所以能够发挥作用,是因为人们常常会在行为目标实现的过程中遇到一些意想不到的困难,产生一些情绪干扰。人们在实现行为目标的过程中,难免会受到一些来自其他的动机或目的的干扰和诱惑,他们会对自己现在正在朝着的目标或方向产生怀疑,然后会动摇自己的信念,有的意志不坚定的主体成员会直接向邪恶的势力投降,做出一些有悖道德原则和道德理念的事情;同时由于人们在制定目标、实现计划、履行义务时,缺少一些必要的知识、经验和技能,往往会对目标的认识不够深刻,进而在实现目标的行动中对各种可能遇到的困难和障碍估计不足,然后影响道德目标的实现。这些状况的有效预防和及时避免,都有赖于自我监督管理的作用发挥,通过自我监督管理,人们会调节自己的行为方式和行为方向,始终朝着社会所期望的道德目标前进。

3.作用在行为后

在行为后的作用,突出地表现在道德评价上。道德评价是指当一种社会行为发生之后,人们会对自己的行为影响或者行为后果做出客观的评价,会判断出其行为的善恶褒贬,进而在接下来的社会行为活动过程中不断对自己的行为方式进行调整,以使其适应社会的道德要求,维持社会的正常秩序。只有在一个人的行为发生之后,他才会意识到自己的行为是否符合道德,是否为社会增加福利,是否给周围乃至全社会带来了积极的影响。当他的行为给社会带来福利,为他人带来幸福,给周围人树立好的榜样,成为好的道德模范时,他会获得满足感和成就感,进而在以后的行动中,加强这种行为,反复强化这种行为,反之,当他觉得自己的行为有损于社会道德,不符合社会的要求,违背了社会的期望时,他在之后的行为活动中会不断告诫自己提醒自己,要不断弱化这种行为出现的频率直至消失,避免自己受到自我监督的谴责。事实上,自我监督管理发挥作用主要是在行为产生之后,只有在行为发生之后,人们才会在实际的行为后果和影响中,对自己之前的行为做出全面深刻的认识,进而对此做出自我监督上的正确评价。自我监督不仅是行为选择的引导者,同时是行为后果的仲裁者和评价者,这就是自我监督在调节个体行为中的双重角色。

第四节　建立健全大学生社会主义核心价值观教育的考核评价机制

　　社会主义核心价值观教育需要评价机制的支持。科学的评价机制不仅能检验大学生社会主义核心价值观教育的效果、对大学生社会主义核心价值观的培育起到激励和鞭策作用,还能促进学生思想道德的发展,增强社会主义核心价值观教育的实效性,提高大学生核心价值观教育的效果。[①]

---

　　① 　中华文化学院.中华文化与社会主义核心价值体系[M].北京:知识产权出版社,2011,第 69 页

一、坚持大学生核心价值观教育考核评价的基本原则

（一）坚持大学生核心价值观教育的方向性原则

按照什么样的目标和价值取向开展考核评价工作，这是考核评价工作的根本问题，直接影响到核心价值观教育考核评价的发展方向和被考核评价对象今后的工作取向。如果考核评价标准出现了方向性的错误，就会把大学生核心价值观教育引入歧途，背离社会主义发展的要求，背离考核评价的根本目的。因此，考核评价工作必须始终坚持方向性原则。

1. 大学生核心价值观教育考核评价工作必须坚持以马克思主义理论为指导

马克思主义是我们立党立国的指导思想，是核心价值观教育的核心与灵魂，决定着核心价值观教育的性质与前进方向。文化多样化背景下，思想意识越是多样发展，大学生核心价值观教育考核评价工作越要坚持核心价值观教育的意识形态性，用马克思列宁主义、毛泽东思想、邓小平理论、"三个代表"重要思想和科学发展观重大战略思想作为核心价值观教育考核评价的指导思想，并始终坚持这些指导思想在考核评价中的主导地位。这是大学生形成正确的政治立场的重要保证，也是大学生核心价值观教育的重要组成部分。

当前，我国应着重于坚持科学发展观，把科学发展观贯彻到大学生核心价值观教育考核评价中。大学生核心价值观教育考核评价主要是描述大学生核心价值观教育的质量，对其教育过程和教育效果进行实事求是的分析、恰如其分的评述，而这种分析和评述要想准确、客观，就必须以科学发展观为指导，构建科学的考核评价体系。

2.大学生核心价值观教育考核评价必须坚持社会主义价值导向

我国的核心价值观教育是社会主义性质的核心价值观教育，如何激励大学生对社会主义价值的追求，帮助他们确立更高的价值目标，是大学生核心价值观教育的职责。邓小平从建设中国特色社会主义全局的高度强调指出："我们的学校是为社会主义建设培养人才的地方。培养人才有没有质量标准呢？有的。这就是毛泽东同志说的，应该使受教育者在核心价值观教育、智育、体育几方面都得到发展，成为有社会主义觉悟的有文化的劳动者。"[①]"要特别教育我们的下一代下两代，一定要树立共产主义的远大理想。"[②]面对文化多样化的复杂形势，大学生核心价值观教育考核评价更需要坚持社会主义的价值导向，用社会主义核心价值观武装大学生的头脑，使学生自觉认同中国特色社会主义的共同理想，把中国特色社会主义共同理想转化为自己的价值追求、价值取向和价值目标。

（二）坚持公开、公平、公正的原则

公开、公平、公正原则的价值追求，是考核评价工作的普遍性、平等性和正当性。公开是指考核评价方式、方法、对象等的公开；公平是指考核评价起点和标准的公平；公正是指考核评价基本价值取向的正当性。

1.公开原则

在大学生核心价值观教育工作考核评价过程中，公开必须作为一项根本性的要求得到贯彻执行，同时还应该坚持多向度性和针对性。在大学生核心价值观教育工作考核评价机制语境下，公开就是将需要公开的事项多向度、针对性地公开。公开内容向度

---

① 邓小平文选(第2卷)[C].北京:人民出版社,1994,第103页
② 邓小平文选(第3卷)[C].北京:人民出版社,1993,第111页

若以核心价值观教育工作考评本身为参考系,可以视为考核的办法、考核的对象、考核的内容等;若立足本体之外可以视为公开的对象、考核的监督主体等。公开是公平、公正的基础,没有了公开也就没有了公平和公正。

2.公平原则

公平是思想政治考核评价工作的重要保证。公平不是空洞的,而是包含具体内容的公平。结合大学生思想政治考核评价工作的特质,公平的内容包括起点公平、尺度公平和结果公平。

起点公平,是指考核评价的基准点要公平。对于被考核评价对象而言,处在不同基准线上而用同一种考核评价方法所取得的考核评价结果是不具有可比性和普遍意义的。具体说来,起点公平就是指考核评价的项目是统一的;考核评价的对象是相同的;所设置的考核评价指标也应该是相同的。

尺度公平,也称标准公平,是指在考核评价工作中所使用的考核评价标准、考核评价指标和指标体系是公平的。基于内容维度就是指标准、指标和指标体系的使用要具有公平性。

结果公平,就是考核评价的结果是可以用同一种方法去度量和实证的。结果公平就是指考核评价的最终结果是按照预先设定的标准归纳和演绎出来的,它对于所有被考核评价的对象都是适用的。

3.公正原则

公正原则是思想政治考核工作的重要衡量基础,失去了公正原则将直接导致考核评价的失衡和结果的失真。公正包括对人公正、对事公正、程序公正和方法公正。对人公正就是所采用的考核评价系统对于所有被考核评价客体都是适用的,具有相当的普遍性。[①] 不因人的各种差异而存在偏私或不平衡。具体来说就

---

① 王玉樑.理想、信念、信仰与价值观[M].西安:陕西人民出版社,2001,第 144 页

是：不论被考核评价者的民族、职称、身份、出身等都是公正的；考核评价不因考核评价者的主观意愿而改变，不因被考核评价对象的差异不同而改变；对事公正就是对思想政治考核评价工作公正；要求考核评价工作的参与者要正视这项工作，不带有任何偏见和私心杂念；考核评价者应当就事论事，不与任何不相关的工作相联系；不将个人偏见带到考核评价工作之中，不能公报私仇；确保对事公正，考核评价工作人员的价值观素质和考核评价工作人员的产生机制是重要的制约保障。

(三)坚持科学性与合理性相统一原则

构建考核评价体系最重要的是科学合理性原则。科学合理性原则包括了科学性和合理性两个层面。科学性是指考核评价指标体系有坚实的理论基础和科学依据、考核评价指标有准确的含义、考核评价的手段方法先进、考核评价者有严谨的科学态度等。合理性指的是一种合乎理性、合乎逻辑的理性选择。考核评价体系要能够容纳更多的信息、解决更多的问题，所设计的指标能经得起时间的考验。坚持合理性原则，要求考核评价体系中的各个指标有相对独立性，能协调一致，能从不同侧面反映培养目标的要求，而不出现相互矛盾、等价指标、重复评分等现象。[①]

(四)坚持定性与定量相统一的原则

定性和定量是系统分析的基本方法，也是揭示事物基本特征的重要手段。定量考核指的是对每一个观察点(或考核评价点)用定量的方法测定某项指标数值的大小，运用概率、统计原理对社会现象的数量特征、数量关系和事物发展过程中的数量变化等方面进行考核。大学生核心价值观教育考核评价体系既要对核心价值观教育的有关内容、考核评价项目等做出定性的规定，以便准确表述工作内容的含义；又必须对有关工作责任、工作标准

---

① 田海舰.社会主义核心价值体系培育纲要[M].北京：人民出版社,2012,第85页

及考核评价考核指标的程度做出数量规定,以便进行准确的量化考核,只有将二者结合起来才能对考核评价对象进行准确的描述与定位。

(五)坚持客观性与历史性辩证统一原则

所谓客观,就是考核评价对象与考核评价尺度相适合,确保考核评价真实准确地反映核心价值观教育的效果。客观性原则就是要求核心价值观教育考核评价从实际出发,掌握大量材料的基础上进行比较和鉴别,做出符合实际的考核评价结论,既不可随意拔高,也不能随意降低。核心价值观教育的历史性原则,是指把考核评价对象放到特定的社会历史条件下去作具体分析。这主要是因为核心价值观教育实践是一个不断发展、不断深化的过程,在这个过程中必然要受到各种条件的影响,因此,核心价值观教育考核评价只有坚持历史性原则,才能做出正确的考核评价。①

(六)坚持结构与功能相统一的原则

结构与功能的统一,是指在制定核心价值观教育考核评价的指标体系时,必须依据结构与功能相统一的原则进行。结构是核心价值观教育系统的内在联系和潜在能力,功能则是它的外在表现和实际能量。两者协调统一,有必然性联系。结构与功能相统一,主要表现在以下几方面:第一,整体性。要求我们在进行核心价值观教育考核评价时,要始终关注整体目标。当然,对核心价值观教育的部分和个别事件,也必须给予充分重视,但对部分和个别事件的考核评价必须服从对整体的考核评价。第二,层次性。要求我们在进行核心价值观教育考核评价时,必须注意整体与层次、层次与层次之间的区别与联系。教育者和受教育者都是分层次的,对其考核评价也必须分层次。第三,结构性。要求我

---

① 宁先圣.社会主义核心价值体系与当代社会思潮[M].北京:社会科学文献出版社,2011,第76页

们在进行核心价值观教育考核评价时,必须注意核心价值观教育机构设置、队伍建设与教育对象之间的比例关系等。第四,相关性。要求在进行核心价值观教育考核评价时,要注意核心价值观教育的各种环境条件及其相互关系和作用。如社会环境、单位环境、家庭环境、社交环境、网络环境对核心价值观教育的影响和作用等。①

二、挖掘创新大学生核心价值观教育的考核评价方法

(一)大学生核心价值观教育考核评价的基本方法

方法是完成任务的桥或船,没有科学的方法,就无法完成大学生核心价值观教育考核评价的任务。因此,弄清大学生核心价值观教育考核评价的方法也是必不可少的。大学生核心价值观教育考核评价有如下几种方法。

1.调查考核法

调查考核评价的方法是通过问卷调查、访问量等综合手段对大学生核心价值观教育进行考核评价的方法。这种考核评价方法注重对考核评价对象的调查研究,是一种具有调查特色的考核评价方法。调查考核评价实施的具体形式和方法有以下两种。

(1)调查法

它是指考核评价组通过向大学生发放问卷,直接测试其思想政治理论水平高低、观点和立场是否正确,以此作为考核评价被考核评价单位开展高校政治教育情况的重要依据。调查法主要是抽样调查,适用于较大范围考核评价对象。

(2)实地考察法

这是一种较为直观、比较注重感受性的考核评价方法。考核

---

① 陈秉公.思想政治教育学原理[M].沈阳:辽宁人民出版社,2001,第363页

评价者直接深入高校核心价值观教育第一线,对高校核心价值观教育过程和效果的诸要素、诸环节进行实际考察和调查研究,详细了解教育主客体的思想、工作、学习和生活情况,从而获得对考核评价对象的直观感性认识。实地考察时通常使用的方法有查阅资料法、听取汇报法、访问座谈法等,通过看、听、问等形式从不同侧面了解考核评价对象,获得关于考核评价对象的第一手材料和信息。

第一,查阅资料的方法。查阅资料的方法是高校核心价值观教育考核评价的常用方法。它是指考核评价组通过查阅被考核评价单位的相关资料,掌握其开展高校核心价值观教育的制度是否完善,人力、财力投入的多少,活动的规划情况及教育效果等,从而对被考核评价单位开展高校核心价值观教育情况做出价值判断。

第二,听取汇报法。听取汇报的方法是高校核心价值观教育考核评价最基本的方法。它是指由实施高校核心价值观教育考核评价的部门(通常是教育主管部门)组建的考核评价组,通过听取被考核评价单位(通常是高校)领导作关于开展高校核心价值观教育工作的汇报,对被考核评价单位开展高校核心价值观教育的效果进行考核评价。实施高校核心价值观教育的单位领导的汇报,能比较全面地反映出其对高校核心价值观教育的认识高度、准确度和重视程度,能够迅速了解被考核评价单位开展高校核心价值观教育的全貌、特色和存在的主要问题,从而确定考核评价的重点。

第三,访问座谈法。召开座谈会、访谈的方法。召开座谈会、访谈的方法也是高校核心价值观教育考核评价必不可少的方法。它是指考核评价组通过召开高校核心价值观教育工作人员座谈会和大学生座谈会,或者对他们进行访谈,掌握高校核心价值观教育工作人员的素质和能力,了解大学生的思想政治核心价值观情况,从而对被考核评价单位开展高校核心价值观教育情况进行考核评价。

2.分析综合法

要对大学生核心价值观教育考核评价做出科学的判断,必须有科学的思维方法,即辩证思维的方法,其中归纳和演绎、分析和综合起着重要的作用。归纳是从个别事实出发而得出一般结论的科学思维方法;演绎则是从一般原理、原则、结论出发,得出个别结论的科学思维方法。在归纳和演绎过程中,要有分析和综合,所谓分析是在思维中从事物、现象的整体中,分解出构成事物的基础和本质的东西的思维方法;所谓综合就是在思维中把分解成的各个部分、本质、基础方面,再结合成一个整体加以研究的思维方法。

对大学生核心价值观教育的整体必须进行全面的辩证的分析,才能做出科学的考核评价。就是说,把大学生核心价值观教育的整体分解成各个部分,既要分析考核评价大学生核心价值观教育的目的、动机、目标设定、内容选择、实施方法,又要分析考核评价大学生核心价值观教育的效果、社会作用,教育对象的素质、思想政治核心价值观状况、水平;既要分析大学生核心价值观教育取得的成绩、经验、有效性方面,又要分析大学生核心价值观教育出现的缺点、教训、无效性方面;既要分析考核评价大学生核心价值观教育的本质方面、主要方面,又要分析它的非本质方面和次要方面;既要从静态中分析考核评价大学生核心价值观教育,又要从动态的变化、发展中分析考核评价大学生核心价值观教育等等。在分析的基础上,再进行综合,即进行整体性的整合,形成对大学生核心价值观教育效果、社会作用等更高层次的整体性的认识。

3.比较法

比较是自然科学和社会科学研究常用的思维方法。所谓比较法,是通过彼此有着联系的不同事物或同一事物的不同方面进行对比,以认识它们之间的差异性和共同性,从而得出科学结论的思维方法。

比较的方法也是考核评价大学生核心价值观教育的重要方法。就比较对象的数量上来看,可分为单项比较和多项比较。就比较的方向上看,可分为横向比较和纵向比较。纵向比较可以打破时间空间的界限,从动态上比较,以同一事物时间先后顺序,对不同阶段过程进行比较。把实施大学生核心价值观教育作为一个过程,我们把实施大学生核心价值观教育以后取得的效果、发生的变化,同开展大学生核心价值观教育以前的状况做一个比较,从而对大学生核心价值观教育的效果做出考核评价。就被施加影响的个体来看,也可以把实施大学生核心价值观教育的前后加以对照比较,从而判断大学生核心价值观教育是否有效及有效的程度,这是纵向的比较。大学生核心价值观教育的横向比较更加复杂,这种比较,在单位的选择上必须有可比性,否则无法进行比较。在进行横向和纵向比较之后,再运用分析和综合,对大学生核心价值观教育的效果和社会作用做出正确的考核评价。就比较对象的范围宽窄看,可分为宏观比较和微观比较。前者从大学生核心价值观教育的总体上、全局上进行比较,后者是从局部上或某几方面进行比较。因此,比较的方法也是大学生核心价值观教育考核评价的重要方法。

4.矛盾分析方法

在唯物辩证法看来,世界上任何事物都是矛盾的统一体。大学生核心价值观教育的考核评价也是矛盾的统一体。分析事物的矛盾,就在于具体地分析具体情况,对大学生核心价值观教育的考核评价也应该如此。

任何阶级、集团的大学生核心价值观教育,都是在特定情况下进行的,其目标的设定、内容的选择、方法的运用、取得的效果,所起的社会作用等都是具体的。真实地反映大学生核心价值观教育的实际情况,必须坚持具体地分析具体情况,而不能用教条方式来分析。

5.定性分析法

在唯物辩证法看来,任何事物都是质和量的统一。质是事物的性质,是一事物区别于他事物的内在规定性;量是事物数量规定性。因此,我们可以采用定性分析方法,来对大学生核心价值观教育的效果进行测评,确定大学生核心价值观教育的质。这里的定性分析,是指要判明大学生核心价值观教育主体所确定的目标,通过对教育对象施加影响以后的思想政治观点在性质上、方向上是否同工作者的目标相一致。

定性分析是考核评价大学生核心价值观教育的基础,因为首要的是弄清楚大学生核心价值观教育对社会发展所起作用的性质,即它起进步作用还是起反动作用。不弄清这一点,就不能把不同性质、不同价值的大学生核心价值观教育严格区分开来。因此,定性分析是我们考核评价大学生核心价值观教育的重要方法,这种方法的优点是能确定大学生核心价值观教育性质规定性,它可以用落后、先进,反动、进步或好、坏来表述。但这种考核评价缺少数据支持,因而较难反映大学生核心价值观教育考核评价的质量,因为它对大学生核心价值观教育考核评价不够深刻,这就需要有定量分析来补充。

6.定量分析法

定量分析是对大学生核心价值观教育考核评价的深化和精确化,因为只考核评价一种大学生核心价值观教育的先进落后、有无价值是不够的,还必须弄清它好到什么程度,有价值到什么程度,这就需要做定量分析。大学生核心价值观教育的定量分析,正是从数量方面对它的成效、作用大小做出测评的。这种测评,可以用等级的数量概念来测量。如可以用优、良、中、差;很落后、落后、先进、很先进;负价值、零价值、有价值、很有价值;负效果、零效果、有效果、很有效果等等反映数量程度的概念来表达。

需要指出的是,我们应该把定性分析和定量分析结合起来,才能对大学生核心价值观教育做出科学的考核评价。因为大学生核心价值观教育考核评价的定性分析和定量分析是辩证统一的。没有定性分析,就无法把不同性质和不同效果的大学生核心价值观教育区别开来。因此,定性分析是前提基础。但仅有定性分析是不够的,因为大学生核心价值观教育的目的是转变人的思想政治等精神世界中的问题,教育对象的思想政治觉悟提高到什么程度,大学生核心价值观教育对社会发展起多大作用,没有对它量上的分析,则不仅认识是肤浅的,而且对如何进一步开展大学生核心价值观教育无法做出决策性的指导。

7.实践检验法

实践检验法是一种以总结经验和调查研究为主的方法。具体说来,有如下几个步骤①。

第一,听取工作汇报。在考核评价的过程中,考核评价人员首先要听取被考核评价人员或单位的报告,向被考核评价人员和单位提出各种问题,考核评价对象应该根据实事求是的原则进行回答,也可以采取书面报告的方式进行汇报。

第二,实际考察。实际考察是实践检验法的重要环节和基础。考核评价者在考核评价的过程中应该深入到学生、深入到基层工作,详细了解学生的思想、工作、生活状况。观察人们的思想政治品德和精神面貌,听取学生的意见,并且对学生进行必要的提问和考察。

第三,抽样调查。选择高校核心价值观教育的某一个环节或者某一个部门进行详细的调查和剖析,尽可能取得必要的准确的数据。

第四,追踪调查。就是对流动的教育对象进行跟踪式的调查。调查教育对象在不同的大学生核心价值观教育环境中的思想政治状况。

---

① 韩伟娟.论加强当代大学生社会主义核心价值观的现状及其途径[J].青年文学家,2013(3)

大学生核心价值观教育的质量如何,可以通过对其效益的计算获得比较确切直观的把握。所谓效益就是投入与产出之间的比率。对于大学生核心价值观教育来说,产出即是工作的效果和收益之和。所谓效果就是工作产生的有效结果。收益即是工作效果转化而来的精神成果和物质成果。效益用公式表示如下。

效益=(教育效果+教育收益)÷(耗费时间×投入力量)×100%

当工作的效果和收益一定时,工作时间越短,投入力量越少,工作的效益越高,工作的质量也必然随之提高。

(二)大学生核心价值观教育考核评估方法的创新

1.建立多样化评估指标体系

促进高校的多样化和特色化,发展高等教育的多样化和多层次化必然会带来教育水平的多元化,因而也就要求不同层次的学校应该有不同的质量标准。特别是在我国高等教育大众化发展的今天,不仅学校的类型和层次呈现出多样化,而且也存在着办学情况和教育水平的差异,加之我国东西部的高校之间也存在着很大的差异,试图用一个指标体系来评估我国大学生核心价值观教育情况显然是不合理的。要想保证大学生核心价值观教育评估的科学性,就必须以大学生为本,创新评估方法,重新建立一种科学合理的核心价值观教育评估指标体系,从强调高校一致性和相似性的取向转为在确保高等教育质量基本要求的同时,体现出不同学校的独特性和特色性。

2.创新定量分析与定性描述的评估方法

观察法、访谈法、比较法、文献档案法、问卷调查法、系统分析法、模糊综合评估法、动态与静态结合评估法、过程与效果统一评估法等,都是核心价值观教育工作评估传统的基本方法。在大学生核心价值观教育评估中创新定量分析与定性描述相结合的方法至关重要。运用精确化的数学原理和统计工具,对大学生核心价值观教育工作中表现出来的量的关系进行研析,然后对其局部或整体效果和业绩作数量化的说明。所谓定性描述是指通过观察、访谈、综合和比较等多种手段,对核心价值观教育工作的方向、性质、实效和价值,用语言文字来表达、解释和阐述的一种方法。

简而言之,定量分析要注重量的考察,定性描述是侧重质的鉴定。在评估中统筹定量分析与定性描述,其基本步骤是:

(1)对核心价值观教育工作目标尽可能作量化分解。

(2)以数值形式多渠道全方位采集有关信息。

(3)用数学方法与计算机技术进行统计分析。

(4)最后形成定性概念并给出科学合理的结论。比如:思想政治理论课为核心价值观教育提供了学理支撑,它作为内部评估指标体系中一个重要的观测点,对其评估就可采用定量与定性相结合的方法。从横向和纵向上进行量的分析比较,在更高层次、更高要求上给出定性的结论。

需要特别注意的是,大学生核心价值观教育工作效果的表现形态非常复杂,它既表现为显性效果,又表现为隐性效果;既表现为直接效果,又表现为间接效果;既表现为近期效果,又表现为远期效果。因此,包括对思想政治理论课建设在内的单项或总体评估,都必须以辩证的思维方式作理性分析,切忌把定量分析绝对化和把定性描述神圣化。

3.丰富考核评估方式的层次

(1)专家评估和自我评估相结合

专家评估是由教育主管部门从核心价值观教育方面抽调的专家组成的专业评估小组,评估不仅能够发现工作中的不足和缺点,还能够提出相应的改进意见,为大学生核心价值观教育工作的有效开展指明方向。自我评估是大学生根据自身的实际情况,成立自评小组,利用评估体系来做自我评判的过程,自我评估随时随地都可以进行,能够时时关注大学生核心价值观教育工作的变化并及时对核心价值观教育的内容、方法、手段进行改进。这样可以逐步地加强大学生在核心价值观教育评估中的地位,将评估的重点过渡到大学生自身上来。

（2）整体评估和个体评价相结合

评估体系中不能只是整体的、笼统的评估，应该顾及对学生个别活动、学生个体的评价。这个评估方式适合放在完全以大学生为主体的评估环节中，个体活动体现了各大学生核心价值观教育实施过程中的个体差异性，个体评价也可以良好地反映核心价值观教育实施效果。所以，创新大学生为主体的思想政治评估体系，不仅要抓住整体性、全局性的东西，也应该把大学生的活动和对大学生的个体评价纳入其中。

（3）网上评估和网下评估相结合

网络核心价值观教育评估不同于其他教育评估，这是一个显著表现新技术手段的大学生核心价值观教育评估方法，评估中要注重利用网络的现实表现，建立网络评估体系，学生可以直接在网络上进行一定的评估工作。同时，网络核心价值观教育的对象依然是大学生，所以对学生的评估必须回归到现实条件下，才能真实有效地了解大学生的实际情况。在网络核心价值观教育效果评估中，一定要注重网上评估和网下评估的有机结合，才能掌握比较全面的评估信息。

（4）特色指标与发展指标相结合

现在大学生核心价值观教育指标的设计与调整显示出较强的自主性和灵活性，在高校内部进行评估的各职能部门既可以依据发展思路自主设定指标，又可以根据外部环境的变化和自身实际情况，对大学生核心价值观教育评估指标设计做动态调整，这就是特色指标。当然不同性质的高校通常其特色指标也不尽相同，在特色指标设计的基础上，大学生核心价值观教育可以追求卓越和持续改进，这就是发展指标。大学生核心价值观教育指标能否体现特色化和发展性，一方面取决于社会的需求与高校自身的追求，另一方面取决于高校的特色定位。各大学生核心价值观教育不仅要设定特色指标，而且要逐渐改变在核心价值观教育中传统的评估主体的地位，通过加大大学生权重来强化发展指标。

如中南大学通过加强网络核心价值观教育来增强大学生核心价值观教育的有效性和针对性、复旦大学通过加强辅导员队伍建设和东北师范大学的就业联盟机制来保障大学生核心价值观教育工作的积极有效开展等。

4.创新评估方法举例——模糊综合评估法

构建大学生核心价值观教育评估体系，重视评估体系的改革创新尤为重要。通过改革和创新评估体系，有利于为高校评估项目和过程提供改进的方案和评估的结果。下面介绍"模糊综合评估法"在大学生核心价值观教育评估工作中的借鉴作用。

模糊综合分析法是建立数学模型的定性与定量相结合的评估方法。步骤大体分为：

（1）建设指标体系

根据教育与管理相结合的原则，在分析核心价值观教育各个环节、分析人们思想变化和行为规律的基础上，提出评估指标体系 X，建立评判因素集合。如：学校核心价值观教育评估的具体指标体系。

（2）收集数据

所有有关核心价值观教育评估的数据都要来自实地调查。数据一般应通过上级检查、专家评议、民主测验、抽样调查等多种方式获得。为了减少主观因素的影响，应由上级部门、专家小组、教育工作者、群众等方面分头填写评估表，进行分别统计评估，然后把各方面的评估值采用加权统计的方法进行整理，取得综合评估意见。具体方案如下。

第一，权重。由于指标体系中的各指标因素在核心价值观教育工作中的地位和作用不同，应给各个指标因素以不同权重，如下表。

指标因素	A（W1）	B（W2）	C（W3）	D（W4）
权重（Ⅳ）	20％	50％	20％	10％

由于上级部门、专家小组、教育工作者和群众对不同指标因素的掌握程度和看法不同,在评估结果中理应占据不同的权重,如下表。

指标因素权重(W)	上级部分 E1	专家小组 E2	教育工作者 E3	群众 E4
A	30%	50%	10%	10%
B	30%	40%	10%	20%
C	20%	40%	20%	20%
D	30%	40%	20%	10%

第二,评估等级及记分。

对于每个指标因素 A、B、C、D 均按四级评估,每级记分如下表。

评估等级	好	较好	一般	差
计分(N)	40	30	20	10

由于综合评估结果并不正好是以上各等级所给的分数值,特作以下规定。

$40 \geqslant N > 30$ 好

$30 \geqslant N > 20$ 较好

$20 \geqslant N > 10$ 一般

$10 \geqslant N > 0$ 差

第三,结论。

根据上级部门、专家小组、教育工作者和群众评估得来的数据,采用算数加权求和的方法,即可以评估出核心价值观教育工作的状况。评估核心价值观教育工作是如此,评估核心价值观教育过程、教育者、受教育者也都是如此。对核心价值观教育的各种评估都可以采用模糊综合评估法进行。

三、丰富大学生核心价值观教育考核评估的内容

(一)丰富受教育者评估内容

对受教育者的评估是整个评估系统的中心环节和基础,也是整个核心价值观教育评估的起点。一方面对受教育者的评估是其他评估环节的基础。通过深入细致的调查、研究,可以对受教育者的思想状况、思想素质等现状做一个大体的了解,做出一个基本的判断,并以此为根基衡量教育者、教育管理部门、教育过程和教育环境发展的重要基础。另一方面,对受教育者的评估,可以作为改善大学生核心价值观教育决策的基础。从对受教育者的评估中获取大学生核心价值观教育实效性的基本数据,并用来作为大学生发展的决策研究的依据。

对受教育者进行正确的评估,必须以马克思主义基本原理作为指导思想,做到理论联系实际,具体问题具体分析。

第一,分清本质和现象。在对受教育者进行评估的过程中,要把主要精力放在对受教育者本质的评估上,要辩证分清主流与支流、多数与少数、全面与局部、暂时与长远等范畴。

第二,分清一般与特殊。每一个受教育者都是一个特殊的个体,因此,在运用一般评估原则时要注意个体的特殊性,如个体的性别、年龄、家庭、成长、社会背景等特点。只有将特殊性与一般性结合起来,才能做出实事求是的评估。

(二)丰富教育者评估内容

在整个核心价值观教育中,教育者始终居主导地位、起主导作用。对教育者的评估主要包括两个阶段,分别是对教育者的职前评估和职后评估。职前评估主要是对教育者的素质进行评估。这一评估的主要目的是检查教育者是否适合从事大学生核心价值观教育,其中主要内容是教育者的思想政治素质、理论素质和

教学技能素质。职后评估主要是对教育者的教育效果评估,主要是对教育者的教育所直接和间接引起的教育效果的评估。职前评估和职后评估的内容划分并不是非常清晰。在评估的过程中,教师入职以后,教育管理部门还时常开展对教育者素质的评估。这种评估的目的是评估教师的职业发展。

作为一名大学生核心价值观教育教师,要有较高的思想政治素质、坚定的政治立场、一定的现代科学知识、出色的教学水平、发现问题的眼睛。在评估这些方面的同时,要从核心价值观教育的实际出发,考虑到限制教育者能力发挥的因素。评估的目的不是对教育者的能力进行限制,而是要通过评估调动教育者的积极性,促使教育者积极解决核心价值观教育过程中的问题。

(三)丰富核心价值观教育的教育管理评估内容

教育管理部门统管所辖单位或地区核心价值观教育的全局,对核心价值观教育负有决策、实施、检查和督导的重大责任,对核心价值观教育的全局具有决定性影响。对领导部门的评估,主要是对全局性和关键性作用的理论指导、制度规划、队伍建设的评估,包括核心价值观教育的总体规划和制度的制定以及落实这些规划和制度的检查督促情况,是否建立一支强有力的核心价值观教育队伍以及这支队伍的思想建设、作风建设和组织建设如何,还有核心价值观教育的调查研究和理论探讨水平如何。因此,与对受教育者和教育者的评估相比,对教育部门的评估有自身的特点。第一,前者注重事无巨细、面面俱到,注重个人的特殊性;后者注重高屋建瓴、统筹规划,注重单位或地区的一般性;第二,前者注重对实践的过程和结果的评估,后者注重对理论的指导、制度的制定和队伍的理论研究、探讨水平的评估。

(四)丰富核心价值观教育过程评估内容

对核心价值观教育过程评估包括对核心价值观教育的途径、方式、形式、方法的评估和对这些要素系统组成的整个教育过程的整体评估。对核心价值观教育过程的评估有重要的意义。核心价值观教育的主要构成要素包括教育者、受教育者和教育环境这三个方面，而这三个要素有机联系的方式会对教育的实效性产生重要的影响。不同的作用途径、组合方式、作用形式、教育方法对教育的结果会产生不同的影响。只有教育过程中三个要素的有机组合完善和合乎规律，教育的效果才会令人满意。正因为教育过程是一个相互联系的整体过程，因此，核心价值观教育过程的评估不能孤立地进行，而应该进行立体比较。

首先要进行平面评估，即检查和评估教育过程中教育者、受教育者和教育环境之间是否协调一致和教育过程的途径、方式、形式、方法的组合是否结构优化，例如，评估领导部门的总体规划和制度建设时，就要考虑到是否是以受教育者和教育者的实际状况作为出发点，是否能够调动受教育者"受"的积极性和教育者"教"的积极性，教育过程的途径、方式、形式、方法的组合是否考虑到受教育者和教育者的志趣、愿望、习惯。

其次要进行立体评估。平面评估只是以某一个教育过程作为研究对象，但一个成功的教育是由多个教育过程组成的，因此，在对某一个教育过程的评估时，要注意前后左右相关的教育过程的安排是否合理有序，带来的效果积极程度以及效果的大小。

（五）丰富社会环境评估内容

众所周知，教育总是在一定的社会环境中进行的，离开特定的社会环境，教育就是一纸空话、无的放矢。同样，社会环境对核心价值观教育的结果起着不同的影响，有利的社会环境能激发受教育者和教育者的热情，使得教育结果事半功倍；不利的社会环境能束缚受教育者和教育者的兴趣，使得教育结果事倍功半。因此，对核心价值观教育的评估不能忽视对社会环境的评估。

影响核心价值观教育评估的社会环境主要包括四个方面。

第一，经济环境。国家经济繁荣，社会物质产品丰富，外贸进出口和利用外资形势良好，财政收入较快增长，金融运行稳定，国家经济发展态势呈现欣欣向荣的局面,就形成有利于核心价值观教育结果的社会经济环境。

第二,政治环境。举世瞩目的党的十七大的胜利召开,中国新老领导班子的成功交替,中国未来的发展方向的确定,党的建设的加强,科学发展观的确立,这一切都表明我国的政治环境呈现稳定发展的态势,鼓舞人们、坚定人们的爱国热情和社会主义信仰。

第三,精神环境。精神环境是社会环境的一个重要组成部分,它通过每个人的行为和举止,影响和改变着社会的精神面貌和风气,使人们在不知不觉中改变自己的人生观、价值观和世界观,因此精神环境对核心价值观教育的影响是巨大的。

第四,生态环境。生态环境主要或完全由自然因素形成,它间接地、潜在地、长远地对人类的生存和发展产生影响。因此,要保护和改善生活环境,就必须保护和改善生态环境。我国《环境保护法》把保护和改善生态环境作为其主要任务之一。2003年10月召开的党的十六届三中全会上,党中央提出了科学发展观,从而解决了在社会主义现代化建设的今天我们需要一个什么样的发展观及实现怎么样发展的难题。

四、完善核心价值观教育考核评估的保障措施

顺利开展核心价值观教育考核评估,是对"育人为本,德育为先"的深入贯彻落实,是关系到社会主义事业后继有人的战略举措,因此,必须得到可靠的保障。

(一)解决好制度的问题

制度对工作的开展起着规定的作用,没有规矩,不成方圆。因此,制定核心价值观教育考核评估的相关制度,规定核心价值观教育考核评估的原则、程序、时间、方法和结果运用等,有利于核心价值观教育考核评估的开展。

（二）解决好人的问题

解决人的问题,有三条途径:即领导人,就是党中央国务院应有专门负责核心价值观教育考核评估的领导和工作人员;测评人,就是要建立实施核心价值观教育考核评估专家库,根据测评工作的需要随时组建专家组;相关方,就是测评对象和对实施核心价值观教育考核评估工作的公正性、权威性进行监督的媒体等。

（三）解决好物的问题

对高校思想政治工作管理实施评估,应当有必备的物质条件,如办公设备、交通工具、办公或会议场所等。这些是测评对象在测评前就应当做好安排和布置的。另外在测评过程中需要各种资料,也应当齐备并使用方便。

（四）解决好财的问题

要有效顺利实施核心价值观教育考核评估工作,财的问题主要涉及购买必要的办公设备,基本的交通费用,以及差旅和劳务费用等。这些费用的产生,应当有专款作保证,因此在财政预算时,就应当计划好,否则,就会出现预想不到的情况。

第五章 | 繁荣校园文化，凸显核心价值观教育的价值引领

高等学校校园文化建设应以社会主义先进文化为指引，将社会主义核心价值观融入其中。教育部、共青团中央《关于加强和改进高等学校校园文化建设的意见》中指出，高等学校校园文化建设要坚持以邓小平理论和"三个代表"重要思想为指导，坚持社会主义先进文化的发展方向，并紧紧把握文化发展规律，不断吸收借鉴人类文明有益成果，通过科学文化素质教育的实施及优良的校风、教风、学风的构建，不断优化校园文化环境，从而加强学生正确的世界观、人生观、价值观的形成。努力建设体现社会主义特点、时代特征和学校特色的校园文化，使高等学校成为发展中国特色社会主义先进文化的重要基地、示范区和辐射源。

社会主义核心价值观教育对高校校园文化建设具有重要的引领作用。刘云山同志在第十五次全国高校党建工作会议上指出："要深刻认识建设社会主义核心价值观的重大意义，把社会主义核心价值观融入和谐校园建设的全过程、贯穿高校工作的各个方面，使社会主义核心价值观的基本要求得到切实贯彻和充分体现，为高校发展提供坚实的思想基础。"①

第一节　校园文化对核心价值观教育的重要作用

校园是大学生生活的主要场所，而校园文化则是在教师和学

①　刘云山.在第十五次全国高等学校党的建设工作会议上的讲话[R].2006—12—26

生学习生活过程中自发形成的一个体系。将社会主义核心价值观寓于校园文化建设之中，既是利用校园文化这一种渠道教育大学生，又是把这一先进文化同社会主义先进文化更加贴近的举措。

一、大学校园文化的界定

（一）大学校园文化的含义

大学校园文化是指除了第一课堂以外的和师生有关的大学其他一切教育活动，是大学育人环境的综合体，它从思想、文化、道德人际关系等方面直接或间接地作用于广大师生的学习、工作和生活的全过程。校园文化是一所高校不可替代性的核心特征，是彰显该校学生思想观念区别性的重要标志。校园文化集中体现一所学校的发展状况、精神面貌、传统作风和理想追求，是在学校教育教学和管理实践中逐渐创造生成的，对提高全体师生凝聚力，营造优良的校风学风，提高学生思想道德素质，推进学校可持续发展都具有重要的意义。①

（二）大学校园文化的分类

从形态上看，高校校园文化可分为精神文化、物质文化、制度文化和行为文化等几个层次，其中，精神文化是校园文化的灵魂，物质文化是校园文化的基础和外在标志；制度文化是校园文化的标志；行为文化是校园文化的外在表现。大学校园文化的四个层面，从精神文化到制度文化、行为文化、物质文化由内向外构成一个同心圆，如图 5-1 所示，其中精神文化居于圆心。

---

① 王红等.高校校园文化活动创新研究［M］.南昌：江西人民出版社，2012，第 8 页

深层：精神文化
（如：教育理念、价值体系）

中层：制度文化
（如：规章制度、组织结构、管理体制、道德规范）

表层：物质文化
行为文化
（如：校园环境、文化活动、行为方式、大学形象）

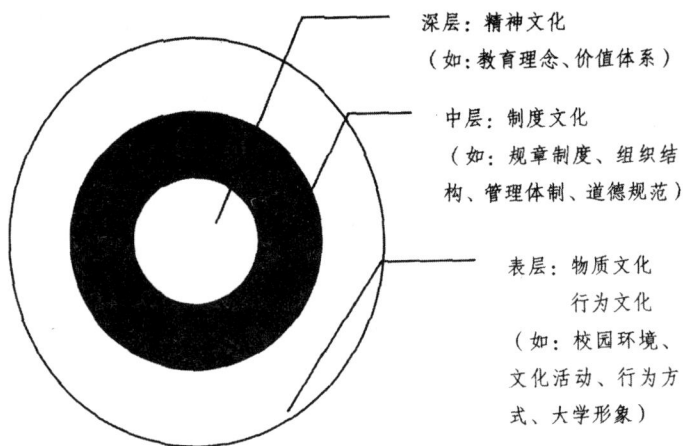

图 5-1　大学校园文化的同心圆结构模型

1.大学精神文化

大学精神文化主要是指大学在长期的建设和发展中所形成的一种办学理念和价值追求。科学的大学精神,既是大学在长期办学、实践的基础上积淀和创造的深厚文化底蕴的核心和灵魂,也是时代精神的深刻反映。它是大学的灵魂和精神支柱,是大学校园文化的核心,在大学的生存发展中起着至关重要的作用。大学精神文化是形成大学校园文化的物质层、制度层和行为层的前提和根源。大学校园文化中有无精神层或精神层的优劣,是衡量一所大学是否建立了自己的校园文化,或是校园文化优劣的标志和标准。

2.大学制度文化

校园制度文化是校园文化形态中的标志,是一所学校在制度上区分于其他学校的根本性内容,包括管理体制、组织机构、行为规范、规章制度、传统习惯、领导风格、师生关系等。校园制度文化可以分为显性制度文化和隐性制度文化。显性制度文化是指校园管理机构对学校运行的整体状况以校规的形式确定下来的整体性内容。隐性制度文化是指在学校发展的长期过程中逐渐形成的不成文规定。在学校的制度文化中,学校的领导体制、组织机构和管理方针制度等是校园文化的支架。

3.大学物质文化

大学物质文化也可以称为大学实体文化，是指学校师生员工所创造与创新的各种物质设施所构成的实体文化，包括校园的整体布局，建筑风格，师生员工工作、学习、生活、休息、娱乐的环境，以及景点标志等。

著名大学都十分注重校园物质环境的营造。北京大学的未名湖、博雅塔，清华大学的水木清华，武汉大学的樱花，河南大学的贡院碑等都被赋予了厚重的文化意蕴。大学无时无刻不在传承文化，物质环境作为文化的载体，理应受到大学的重视。现在，各个大学都非常重视校园环境的设计、布局，利用校园的一草一木、一物一景，或名胜古迹、名人形象，使学生耳濡目染，不知不觉地接受文化的熏陶和教育。优美的校园物质文化，有益于培养学生热爱学习、奋发向上的精神，有益于培养学生热爱学校、热爱祖国的情感，有益于激励学生充满激情地去面对生活和社会。整洁优美的校园物质环境，具有潜移默化的管理力量，能够培养人们进步的、健康的世界观、人生观和价值观，能帮助人们正确地发现美，深刻地感受美，并按照美的规律积极地改造我们的主观世界和客观世界。

4.大学行为文化

大学行为文化主要是指师生员工在教学、科研、学术交流、生活娱乐等活动中产生的文化。它包括办学特色、活动宣传、文体活动中呈现的文化内涵，是办学理念、精神文化的动态体现，也是大学精神和价值观念的折射。大学行为文化建设主要包括以下内容：第一，阵地文化建设。高校应重视学生社团组织建设，鼓励学生投身社会实践。学生社团通过开展各种文化活动大大丰富了校园文化生活，也有效地推动了学生知识和才干的增加，对学生的性情具有一定的陶冶作用，同时培养了学生的集体主义精神。第二，艺术文化建设。大学通过开展形式多样的"校园艺术文化节"活动,将文化素质教育渗透到校园文化艺术活动中,使师生员工无形间受到真善美的熏陶。第三,学术文化建设。高校应坚持学术自由的精神,鼓励教师在科研活动中实事求是、大胆创新;通过组织学生参加科技活动及社会实践活动,促进师生重科研的良好氛围的形成,从而凝练一所学校优良的校风。

　　大学校园文化所包含的这四个构成要素相互联系、相互渗透,形成一个不可分割的有机整体,如图 5-2 所示。其中,大学精神文化贯穿于大学物质文化、制度文化、行为文化之中,是整个大学校园文化的核心;大学物质文化体现着大学精神文化,又为大学精神文化、制度文化、行为文化的正常发展提供物质基础;大学制度文化是大学精神文化的凝结,同时又是大学物质文化、精神文化正常运作的根本保障;大学行为文化体现着大学精神文化,受大学物质文化的影响,为大学制度文化所规范,推动着大学精神文化、物质文化和制度文化的发展。①

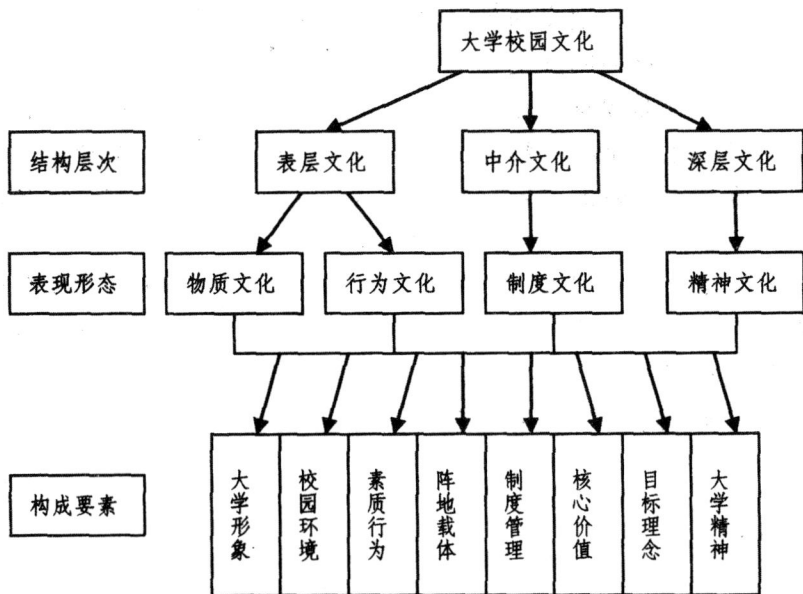

图 5-2　大学校园文化的结构

① 涂可国.社会文化导论[M].济南:山东人民出版社,2014,第 278 页

(三)校园文化的价值

(1)促使教育者反思教育生活,形成文化自觉。校园文化的研究源于实践,更是为教育实践服务的,是为那些在教育实践第一线的教师、校长和教育行政人员等服务的。不过校园文化的研究并不是给他们一个模板,告诉他们怎么去做,而是要促使教育者来反思自己的教育生活,反思自己的教育理念,使他们自觉思考教育的文化意蕴。从最广泛的意义上来说,教育就是促使人的思想发生转变,特别是向善的一方转变。而文化也可以被看作是动词,也具有转变的意思。教育和文化具有同质性。学校,是学生接受教育的地方,也是传递和创造文化的地方。然而现实是,学校却不具有教育意义,也没有文化的味道,充斥校园的是学生为了升学和工作(金钱)而学,教师为了工资而教。再也没有"为中华之崛起而学"的学习愿望,也没有"千教万教教人学真,千学万学学做真人"的教育理想。今天的学校,似乎已经忘记了自己的使命,缺乏明确的价值观念,没有明确的办学理念,可以说,学校这个最有"文化"的地方反而没有"文化"了。

把校园文化作为一门学科来看待,让身处学校中的学校成员睁开眼睛去寻找隐藏的文化,去思考"什么是学校""什么是教育""我在学校中的地位""我能给学生带去什么""我想培养什么样的人"……在反思中去感悟教育的真谛。

(2)维护学校成员的成就感和归属感。校园文化致力于学校文化的建设,使学校文化成为一个具有理论地位的专业术语,使学校文化从实践中的自发状态上升为具有理论高度的应然状态,并进一步促成其在实践中的自觉状态。校园文化让学校成员意识到文化建设的必要性。学校文化实际上表达的是学校的追求和理想,代表着全体人员的根本意愿。当这个位于学校成员内心深处的意愿被他们自觉认识到时,就会成为强大的精神力量,让他们感到是在为自己的理想而工作,自己的工作将会实现自我的价值,而且在学校这个组织中,还有很多跟自己有着一样的追求,像自己一样为之奋斗的同事们,这就有效地调动了他们工作、学习的积极性,形成强烈的成就感和归属感。同时,学校也凭借学校文化形成强有力的学校凝聚力。这正是顾明远先生所总结的:"优秀的学校文化总是有愿景、有期望、环境舒畅、人际关系融合、生活朝气蓬勃。会激励师生开拓进取,不怕困难,追求卓越,努力把学校的各项任务完成得出色。在这种优秀文化氛围中,全校师生有一种责任感、荣誉感,驱使他们努力教和学,不断创造新的经验和成绩。"①

（3）引导教育改革的方向。素质教育、新课程改革推行了很多年,也取得了一些成效。但是当深入学校跟高校思想政治教育工作者谈素质教育,听到真实的回答仍然会让我们感叹思想政治教育工作还要进一步提高。造成这种结果的原因很多,本文主要从学校文化的角度来谈一下看法。

我们都知道,教育评价是教育改革的关键,评价标准和方式不改变,怎么改革也仍是原地打转。所以教育评价多元化的提法一直都很有号召力。然而问题在于,评价多元化只是一个原则,具体怎样多元化,除了考试成绩这一元之外其他多元体现在哪里。对于这些问题的解释,我们可以说,学校文化建设毫无疑问要在多元中占据一席之地。

教育评价,评价的对象是学生,但学生是学校中的学生,所以,以分数为衡量标准的教育评价的对象也包括了学校。有评价就有比较和竞争,在分数为标准的前提下,学校在竞争中获胜的唯一砝码就是学生的分数,分数越高,升学率就可能越高,学校才会获胜。分数原本只是衡量学生的标准,通过评价这个中介,也成了衡量学校的标准,逐渐又演变为唯一标准。虽然教育政策和教育舆论都在谴责这种分数至上的教育评价,然而其他多元的缺失却使得谴责无力。

---

① 孙庆珠.高校校园文化概论［M］.济南:山东大学出版社,2008,第64页

二、社会主义核心价值观与高校校园文化的关系

文化的核心是价值观。高校校园文化，不仅是社会亚文化的有机组成要素，而且是社会的先进文化。我国是社会主义国家，我国人民民主专政的国体和正处于不发达的社会主义阶段的国情决定了我国核心的价值观和高校校园文化的社会主义性质。因此，我国社会的核心价值观只能是社会主义核心价值观，高校校园文化是社会主义文化的子系统。社会主义核心价值观与高校校园文化的关系犹如"火车头"和"火车"，它们之间存在密切的联系，主要体现在：

（一）社会主义核心价值观是高校校园文化建设的内核

首先，社会主义核心价值观的国家层面，即国家的价值目标或者说中国梦为高校校园文化建设指明了正确的方向。中国梦是我们每一个中国人的梦想，它既来源于现实，又超越于现实。中国梦为高校校园文化建设的发展提供了前进的方向和发展的目标。中国梦的实现，必须坚持理论自信、道路自信和制度自信。中国特色社会主义是我国高校校园文化建设的主题。高校校园文化建设必须发展有中国特色、中国风格和中国气派的文化，为国家富强、民族振兴和人民幸福贡献力量。从历史的发展进程看，任何社会想要取得进步与发展，都应该发挥文化的先导作用。中国梦的实现，同样需要发挥文化的先导作用。高校校园文化的建设是一个长期发展的过程。在中国梦的指引下，高校校园文化建设将走得更远、走得更长久。中国梦以其方向的明确性，内容的正确性，为高校校园文化建设指明了正确的方向。在高校校园文化建设中，社会主义核心价值观必定能发挥正确的导向作用。

其次，社会主义核心价值观的社会层面，是高校校园文化建设的思想保证。社会主义核心价值观的社会层面即是社会心态，是统摄各个不同社会层面的文化理论和文化实践活动。高校校

园文化建设必须自觉地接受社会核心价值观的规范和指导。它在所有社会主义价值观中占据着统摄和支配地位。它决定着社会的目标任务、制度体制和发展模式。如果不以社会主义核心价值观的社会层面为引领和主导，建设和谐社会、小康社会和先进文化将会迷失方向、失去根本。作为社会主义先进文化的高校校园文化必然也会受到巨大影响。深刻认识和正确把握社会的价值准则，是高校校园建设的理论基础。

最后，社会主义核心价值观的个人层面，为高校校园文化建设提供道德支撑力。高校中的人们，不仅是社会主义先进文化的先行者，而且应该是我国道德建设的践行者。因此，高校校园文化建设应以道德价值为基础，将我国道德建设渗透到校园文化建设的各个领域之中，渗透到高校中的人们日常学习、科研和生活之中，渗透到校园文化活动之中，引导高校群体践行我国道德建设的主题，从而增强道德责任意识，提升道德修养，使高校校园文化拥有雄厚的道德基础。

(二)高校校园文化是建设社会主义核心价值观的重要载体

一方面，高校是推进社会主义核心价值观建设的重要场所。高校在推进我国社会主义核心价值观建设中发挥着特殊的作用。因为我国人口基数大、社会成员受教育层次不同、理论知识转化能力各异，所以，人们对社会主义核心价值观的认识水平是不一致的。高校是人才荟萃、精英群聚的地方，在高校，人们更容易理解和接受先进的理念和价值观。在高校宣传和践行社会主义核心价值观相对比较容易。因此，社会主义核心价值观必须以高校为阵地，方能在较高知识层次的群体中得到广泛的宣传、认同和践行。社会主义核心价值观以高校为支撑点，进而由高校扩展到全社会，形成点线面相结合，以广大人民群众易于接受的形式，使社会主义核心价值观在全社会范围内得到贯彻和践行。

另一方面，高校校园文化建设，为社会主义核心价值观建设搭建了重要的平台。高校校园文化对高校群体的思想和言行起到潜移默化的影响，成为推动社会主义核心价值观的重要平台。校园文化的教育、导向、凝聚、辐射等功能，使社会主义核心价值观以一种无形的、内在的力量，使生活在其中的群体不断地审视各自的行为取向和行为方式。高校校园文化建设，可以将社会主义核心价值观通过多种形式与途径创造性地表现出来，为社会主义核心价值观从外在强迫性要求转化为高校群体的价值自信和价值自觉提供了现实有效路径，高校校园文化为社会主义核心价值观的全面推进和深入发展搭建了重要的平台。

三、以校园文化为载体，加强大学生社会主义核心价值观教育的必要性

校园文化是高校开展社会主义核心价值观教育的重要途径和载体，校园文化所具有的特点决定了它在大学生社会主义核心价值观教育中具有自己独特的优势。经过相关调研发现，当前大学生社会主义核心价值观教育存在着效果不佳的状况，社会主义核心价值观在大学生中的接受度和践行度不高以及大学生社会主义核心价值观教育缺乏感染力、吸引力等现象，严重影响了大学生社会主义核心价值观教育的实效性。因此，当前加强大学生社会主义核心价值观教育校园文化载体建设，是增强大学生社会主义核心价值观教育实效性的迫切需要，是增进核心价值观教育吸引力和感染力的内在要求，是扩展核心价值观教育空间的现实需要，也是提升核心价值观教育践行力的客观要求。

（一）增强核心价值观教育实效性的迫切需要

大学生社会主义核心价值观教育是高校思想政治教育的重要内容，其教育效果如何，不仅关系到大学生的健康成长，而且关系到社会主义核心价值观大众化的实现。相关调查得出，当前大学生社会主义核心价值观教育存在效果不佳的状况。社会主义核心价值观作为当前我国社会的主流意识形态，具有一定的理论性和抽象性。单纯依靠思想政治理论课教学对大学生进行社会

主义核心价值观内容的灌输,容易让学生感到枯燥和乏味,产生抵触情绪,从而影响大学生对社会主义核心价值观的认同度和接受度,降低其教育的效果。因此,如何提高大学生社会主义核心价值观教育的实效性,是当前广大高校思想政治教育理论者和实践工作者关注的重大问题。中共中央国务院《关于进一步加强和改进大学生思想政治教育的意见》强调:"在继承党的思想政治工作优良传统的基础上,积极探索新形势下大学生思想政治教育的新途径、新办法,努力体现时代性,把握规律性,富于创造性,增强实效性。"《教育部共青团中央关于加强和改进高等学校校园文化建设的意见》指出:"高等学校校园文化是社会主义先进文化的重要组成部分。加强校园文化建设对于推进高等教育改革发展、加强和改进大学生思想政治教育、全面提高大学生综合素质,具有十分重要的意义。"校园文化具有形式多样性、生动活泼性、实践性等方面的特点,具有陶冶功能和教育功能,将社会主义核心价值观内容和要求渗透于校园文化载体的各种具体表现形态之中,可以使大学生乐于参与并接受社会主义核心价值观教育,在潜移默化中接受影响,增强大学生社会主义核心价值观教育效果。

(二)增进核心价值观教育吸引力和感染力的内在要求

当前,高校对大学生进行社会主义核心价值观教育主要是通过思想政治理论课或主题报告会、讲座等形式对其进行单方面的理论灌输,虽然这些形式能够帮助大学生全面、系统地理解和掌握社会主义核心价值观的基本内容和精神实质,但是由于社会主义核心价值观教育属于我国意识形态教育,具有一定的理论性和抽象性,单凭理论灌输的形式对大学生进行教育和引导,形式单一,容易让大学生感到枯燥乏味,降低大学生的学习兴趣。而校园文化载体具有表现形态多样性和生动活泼性的特征,主要表现在:它可以是一场气氛热烈的文娱体育活动,可以是一场精彩的专家学术报告会,可以是一系列根据学生需求制定的富有特色的规章制度,可以是一幅幅生动形象的宣传壁画,可以是班级、社团活动,也可以是个体活动;活动的内容、方式可以是有计划有目标通过精心组织的,也可以是随性组织、方便易行的。校园文化载体所彰显的这种灵活多样、生动活泼的景象和魅力,为大学生所深深喜爱和接受。相对于其他载体而言,通过校园文化强有力的隐性化的熏陶,受到校园文化感染的大学生很容易产生一种与学校倡导的价值观念相一致的价值观,并且包含一定特色和内涵的校园文化一旦被大学生所接受,就会成为大学生群体的心理定式。因而,若以大学生喜闻乐见的方式,将社会主义核心价值观内容融入生动活泼、丰富多彩的校园文化的各方面,这无疑会提升高校大学生对社会主义核心价值观教育的吸引力和感染力。

(三)扩展核心价值观教育空间的现实需要

社会主义核心价值观作为我国当前社会的主流意识形态,如何实现社会主义核心价值观大众化是当前社会各界关心和研究的重大命题。而高校是实现社会主义核心价值观大众化的重要阵地,对大学生开展社会主义核心价值观教育是高校的重要任务。目前高校对大学生进行社会主义核心价值观教育主要是依靠思想政治理论课教学,形式比较单一,并且思想政治理论课教学是有目的、有计划、有组织地进行的,它受时间、空间的限制较大,在一定时间、空间范围内接受教育的对象也是有限的,从而影响大学生社会主义核心价值观教育的效果。校园文化作为大学生社会主义核心价值观教育的重要途径和载体,其具有广泛覆盖性的特征,其表现在:一是它具有广泛的群众基础,参与校园文化建设的人员不仅包括高校管理者、教育者、后勤人员,同时也包括在校的所有大学生群体;二是由于校园文化的具体表现形式及其承载的内容丰富多彩,从广义上讲,校园内包含的所有的有形的或无形的文化产品都可以概括为校园文化,比如说,校园景观、大学精神、校训、校风、校园文化活动、校园建筑、校园网络、校园学生活动中心、体育场地、娱乐设施等。校园文化的这些不同表现形式能够满足不同学历层次、不同年龄阶段、不同知识结构和不同兴趣爱好群体的精神需要。在这种和谐共生优美的校园文化环境中，广大学生愿意主动融入校园文化之中，充分施展自己的才华，充分发挥自己的聪明才智，在参与各类校园文化活动中，自觉接受校园文化的熏陶和感染，形成一种"文化自觉"。因而，可以说校园文化的广泛覆盖性，为大学生社会主义核心价值观教育提供了良好的空间背景。

四、以校园文化为依托，进行社会主义核心价值观教育的基本要求

（一）把握大学生社会主义核心价值观教育的精神实质

党的十六届六中全会审议通过的《中共中央关于构建社会主义和谐社会若干重大问题的决定》明确指出："建设和谐文化，是构建社会主义和谐社会的重要任务。社会主义核心价值观是建设和谐文化的根本。"高校校园文化作为我国社会主义和谐文化的重要组成部分，在社会主义核心价值观建设中具有十分重要的作用。大学生的政治观和价值观如何，直接影响着我国社会主义现代化事业宏伟目标的实现。目前，我国高校校园中客观地存在着与建设中国特色社会主义相抵触的社会思潮。如享乐主义、拜金主义、极端个人主义等，这些思潮的传播和蔓延，侵蚀着大学生的政治思想和价值观念，因此，高校要坚持用社会主义核心价值观教育和引导大学生，帮助他们形成正确的世界观、人生观、价值观。要充分发挥校园文化在大学生社会主义核心价值观教育中的积极作用，在其建设过程中必须准确把握大学生社会主义核心价值观教育的精神实质，用社会主义核心价值观引领高校校园文化建设的发展。

（二）努力在融入渗透上下功夫，切忌彼此割裂

将社会主义核心价值观内容融入高校校园文化建设，即要求将社会主义核心价值观贯通、渗透于高校校园文化建设的各个环

节、各个方面和始终,在高校校园文化建设全过程中体现社会主义核心价值观的精神实质和价值追求,达到二者的有机"结合"和"渗透",实现内在本质的契合与一致。只有将二者有机结合在一起,互相渗透,才能达到"润物细无声"的效果,使社会主义核心价值观教育内容更具有接受性。把握这里的"贯穿",应防止以下两种实践取向:第一,粘贴取向。即把社会主义核心价值观作为一个标签,简单地贴到高校校园文化建设中,不做实质性的"融入"和"贯穿"工作。第二,移植取向。把社会主义核心价值观融入高校校园文化建设,主要包括高校校园文化建设的规划及决策环节、校园文化建设的具体实施环节、校园文化建设的反馈评估环节等。把社会主义核心价值观融入高校校园文化建设,就是要把社会主义核心价值观贯穿于高校校园文化建设的上述具体环节之中,要求在这些环节中都体现社会主义核心价值观的内容与要求。也就是说,在规划校园文化建设的有关决策时,要加入社会主义核心价值观的要求,在校园文化建设的具体开展中,要纳入社会主义核心价值观的内容,在校园文化建设的评估中,要摄入社会主义核心价值观成分。

(三)切实遵循高校校园文化建设发展的固有规律

马克思主义唯物辩证法告诉我们,世界上任何事物的发展都是有规律的,规律是事物发展过程中的内在的、必然的、本质的联系。大学生社会主义核心价值观教育校园文化载体建设也一样,要遵循文化发展的固有规律,遵循大学校园文化建设的规律,继续推进社会主义核心价值观由物质文化向精神文化渗透,由显性文化向隐性文化渗透。首先,要继续推进社会主义核心价值观由物质文化向精神文化渗透。当前部分高校管理者在校园文化建设过程中存在重物质文化建设,轻视精神文化建设的现象,一些高校领导者为了突出自己在任期间的"政绩",急功近利,大搞"形象工程"和"面子工程",而忽视校园精神文化建设,最终削弱了校园文化的育人功能。因而,高校管理者在对大学的建设和管理方面,应该避免对校园文化功能进行单纯的功利性解读,同时改变明显的行政化作风,充分保持大学校园文化的相对独立性,考虑大学校园传统精神遗产和人文财富的积累,注重体现大学校园的整体形象和精神风貌。其次,要继续推进社会主义核心价值观由显性文化向隐性文化的渗透。一直以来,我国学校教育重视加强对第一课堂建设,对学生进行知识传授、思想道德教育主要是通过课堂教学的方式进行,单纯以理论灌输为主,而忽视了校园课外文娱活动、实践活动等隐性教育方式对大学生身心产生的影响。这也是导致我国学校教育效果不佳的一个因素。部分教育者充分认识到隐性课程对大学生全面发展产生的重要影响,在借鉴国外隐性教育取得重要成果经验的基础上,不断探索研究我国高校隐性课程建设,并取得了一定成绩。当前高校需要更加注重隐性课程设置,继续加强第二课堂建设。第二课堂,主要是指学校通过组织开展专题讲座、名曲名画欣赏、体育活动、名著导读、课外阅读、影视评论、文艺汇演等丰富多彩的课余文化活动,以丰富学生的校园文化生活,陶冶情操,提高思想道德修养。将社会主义核心价值观教育充分融入第二课堂,同时转变观念,走出过去以第一课堂为主、第二课堂为辅的教育误区,逐渐形成以第二课堂为主导的社会主义核心价值观教育模式,以隐见显,以微见著。

第二节　校园文化建设中存在的问题

不可否认,我国高校校园文化建设确实取得了一些成绩。但是,着眼于促进大学生全面发展的目标,从高校校园文化发展的客观现实来看,在物质文化、制度文化和精神文化等方面仍然需要加强和改进。

一、物质文化建设有待进一步优化

第一,一些高校没有将社会主义核心价值观有效融入物质文化建设。绝大多数高校都认识到了物质文化建设的重要性,都集全校智慧进行校园绿化、亭台楼阁、读书长廊、雕塑建筑等方面的设计和建设工作。但是,有少数高校认为物质文化建设提高了,学生待久了、看多了之后,精神文化自然会提高。少数高校在物质文化建设过程中陷入了追求数量的深渊,导致物质文化建设的内涵性不足,且与社会主义核心价值观的结合度不高。这表现为两个方面。

其一,只注重千篇一律的环境美,虽然注重了对求实、严谨、创新、奋斗、开拓和进取等价值观的宣传,但忽略了民族精神、时代精神、校园文化底蕴和校园精神的挖掘和宣传。

其二,一些高校仅仅简单地印制了几条横幅和几张宣传画,认为就是宣传和弘扬社会主义核心价值观了。但是经过几个星期,由于风吹日晒和其他活动的原因,社会主义核心价值观的相关宣传横幅和宣传海报又会被别的横幅和宣传海报所替换。

第二,物质文化建设的基本保障有待提高。成功开展物质文化建设必须满足"一套领导班子、一批经济投入和一批人员投入"这些基本保障,但是现实中高校校园文化建设在领导班子、经济保障和人员配备等方面都有待进一步加强。从领导班子看,一些学校的领导没有科学认识高校校园文化建设的重要性,一些高校的领导忽略了校园文化的内涵建设。少数学校的领导对社会主义核心价值观引领高校校园文化建设的途径和方法把握不够,但是为追求任职时期的"政绩",又容易急功近利地大搞形象工程。从经济投入看,由于高校在教学、科研和基础维护等很多方面都有大批经济消耗,一些高校在校园物质文化建设上的经济投入就显得相对比较少。从一批人员投入看,缺乏系统的稳定的校园文化建设专职人员。有些高校成立了校园文化建设领导小组,小组成员由学校有关行政人员或相关老师兼任。但是,在实际操作上,有些校园文化建设领导小组压根就没有起到实际的指导作用。

二、制度文化建设缺乏系统性和长效性

第一,制度文化建设缺乏系统性。制度文化建设是一个多层次的有机系统,包含正式制度和非正式制度。高校校园的制度文化,为高校校园文化的和谐发展和长远发展提供了可靠的制度保障。其一,关于社会主义核心价值观引领高校校园文化建设方面,很少有学校真正形成系统性的制度规范。其二,一些高校在规划校园制度文化建设时,缺乏全局意识和整体观念。在分配教育资源和学校管理过程中,存在层次不明和分工不清的乱象。其三,高校制度文化建设的参与面不广,往往是管理者根据管理需要而制定的,广大师生员工民主参与性不强。其四,很多高校都重视建立现代大学管理制度,但是其实际管理过程中,真正实现依法治校的进程仍然比较漫长。

第二,制度文化建设缺乏长效性。其一,由于很多高校没有形成社会主义核心价值观引领高校校园文化建设的相关制度,因此在实践过程中就缺乏一个制度性的、长效性的保障。其二,从制度的实施看,制度文化在执行过程中的长效性不强。比如说,在学风竞赛月和学雷锋活动月刚开始的时候,各院系和学生还非常积极。但是在活动快结束时,却存在草草结束的形式主义现象。其三,从制度的自我更新功能来看,制度文化建设自我"造血"功能不强。随着时代的发展和客观现实的不断变化,学校的相关制度也应该适时加以创新发展,从而持续长久地为高校校园文化建设提供坚实的制度保障。

三、精神文化建设中对不良社会思潮和消极文化的免疫力有待增强

高校校园精神文化，是校园文化建设的精髓和核心。由于西方社会思潮的侵袭，多元文化和多元价值观在高校互相激荡。当前，高校校园中在一定程度上弥漫着功利主义、实用主义和自由主义的烟雾，严重冲击着高校大学生的心灵，一定程度上影响了对大学生的价值判断、思维方式和行为范式。因此，高校精神文化的建设中就更须凸显品味性和创新性，从而更好地引导高校大学生树立正确的世界观、人生观和价值观。

第一，传统文化和民族精神有所弱化。中华民族的传统文化是在历史发展的漫漫长河中逐渐形成的，蕴含着丰富的道德精髓。但是，有少数大学生缺乏民族自信和文化自信，却又自居现代青年，一味地认为"国外的月亮比国内圆"。少数大学生又会把传统文化误解为过时文化，甚至对之进行非理性批判。同时，由于西方不良社会思潮和一些所谓的"历史揭秘"帖子的恶意误导，少数大学生受到了民族虚无主义和历史虚幻主义的影响。甚至，有少数学生一度质疑黄继光、邱少云和董存瑞等战斗英雄的真实性。

第二，实用主义思想和功利主义思想比较严重。随着全球化进程的不断加快、改革开放的深入推进和移动互联网自媒体技术的迅猛发展，一些大学生接受的各种文化信息越来越快、越来越多、越来越杂。由于西方别有用心的价值输出和一些影视剧的大肆渲染，一些拜金主义、享乐主义、实用主义和功利主义等思想在相当程度上影响到了大学生的价值观。相当一部分学生非常看重自己的个人利益，非常渴望实现自我，渴望成功。在参加校园文化活动时，少数学生往往会关心是否加综合测评分，是否有评奖评优。如果没有，个别学生就直接不参加。

第三，自由主义思想和享乐主义思想有所蔓延。一些学生个人思想比较严重，淡化了自己作为集体一分子的责任意识。在很

多时候,"我行我素"。少数学生为彰显自己崇尚自由和解放的个性,在宿舍张贴了一些充满暴力、色情和血腥的图片。这与社会主义核心价值观引领高校校园文化建设的整体基调格格不入,不利于和谐校园文化的构建,不利于大学生的身心成长。由于受到享乐主义的影响,加上自身的攀比心理,有少数学生出现了享乐主义的倾向。有少数学生为了能够更多地享受消费带来的满足感和快感,会通过办理信用卡超前消费,甚至还存在恶意透支现象。

第四,精神文化建设中的创新性亟须增强。这表现在两个方面:其一,高校校园精神文化建设的创新性、特色性和品牌化有待加强。现实中相当一部分高校在校园精神文化建设活动中,采用的形式往往是演讲、辩论、征文、歌唱和体育竞技等,缺乏一定的创新性。相当一部分高校没有结合其办学传统、办学特色、学校精神开展社会主义核心价值观引领下的特色主题教育活动,缺乏时代性和个性特征的活动形式很难充分调动高校大学生的主动性、积极性和创造性。其二,高校大学生的创新精神有待提高。高校是培养创新型人才的重要场所,这就要求高校必须对大学生进行创新意识和创新能力的培养。然而,由于高校的精英教育逐渐向大众教育转化,加之大学生综合素质的不一,大学生的创新意识和创新能力还没有得到质的飞跃。相当一部分学生仅仅满足于完成课后作业,而缺乏对所学专业和相关边缘学科的深度挖掘和深入研究。钱学森老先生曾感慨:"为什么我们的学校总是培养不出杰出的人才?"这是对我国培养创新型人才的深度思考,更加说明创新意识、创新精神和创新能力对国家民族发展的重要性。

第三节　繁荣校园文化,充分发挥社会主义核心价值观的引领作用

高校校园文化既是学生全面发展的基础条件和丰厚土壤,又

是学校实现腾飞的平台和支点。它的形成不仅是一个历史积累的过程,更是一个主动建设和积极营造的过程。因此,为了充分发挥高校校园文化的各种功能,我们应该积极探索与尝试依托高校校园文化进行社会主义核心价值观教育的有效途径。

一、社会主义核心价值观引领高校校园文化发展的重大意义

在全球化的背景下,各国都积极探索属于自己的不为其他民族、国家所改变的价值观念和文化形态。中国共产党提出社会主义核心价值观,引领社会思潮的发展。将社会主义核心价值观融入高校校园文化建设中,是高校建设的一个重要部分,具有重大的理论意义和实践意义。

(一)理论意义

从理论上讲,社会主义核心价值观引领高校新校园文化发展有助于更深刻地理解社会主义核心价值观的科学内涵和重大意义,增强对社会主义核心价值观的认同,从而进一步丰富中国特色社会主义价值理论建设,并为和谐社会建设提供文化价值支撑。社会主义核心价值观是中国共产党探索社会主义精神文明建设过程中取得的重大成果,也是新时期中国特色社会主义价值理论建设的重大成果,是马克思主义中国化的重大理论创新。实践是认识的基础,科学的理论对实践具有指导作用,以社会主义核心价值观引领高校校园文化发展本质上是实践和理论的统一。实践—认识—再实践—再认识,循环往复,以至无穷,推动着认识不断向前发展。社会主义核心价值观是对当代中国思想道德建设规律认识的科学总结,以社会主义核心价值观引领高校校园文化发展,可以帮助我们按照思想道德建设的基本规律办事,从而提高自觉性,减少盲目性,同时在实践中进一步深化对社会主义核心价值观的认识。

（二）实践意义

社会主义核心价值观引领高校校园文化发展不仅是一个重要的理论问题，更是一个重大的实践问题，具有十分重要的实践意义。

第一，有助于引导当代大学生形成正确的世界观、人生观、价值观。社会主义核心价值观是社会主流价值观，是这个社会的价值主导，以此为基础，可以净化社会环境，可以提高人民群众的思想道德素质。社会主义核心价值观的提出是对当前我国社会中存在的道德问题、文化问题、建设问题的回应。高校作为社会中重要的一部分，其中也存在着诸多问题，如价值取向的变化问题，腐败问题，小群体问题，等等。所以，以社会主义核心价值观引领校园文化建设也是对高校中存在的有关价值观、思想道德问题及不良现象的有力回击，给大学生正确人生信条的树立指引了方向。

第二，有利于人才培养和科技创新。优质人才不但要有过硬的能力，还要具备高尚的道德素质，即要德才兼备。大学生在学校中能够积累较多的专业知识，科学素养、研究能力能得到很大提升，走出校园后能够胜任某一职业，使学生获取谋生技能是高校的一项基本任务。但大学校园中，文化氛围较自由，学生自己支配的时间较多，也不再时时刻刻处在教师的监管之下，这一学习、生活特点往往造成学生疏于监管。以社会主义核心价值观引领高校校园文化建设就是要将学生思想道德建设放在一个显眼的位置，激起教师、社会对学生思想问题的关注。只有这样，学生才能得到全面发展，高校才能培养德才兼备的人才，社会的发展才能有充足的智力支持和人才支持。

第三，有利于加深人们对中国共产党意识形态合法性的理解。社会主义价值观属于主流意识形态，是党进行的价值选择，是党领导中国革命、建设过程中一直信奉的价值观念。以此引领高校校园文化建设就是要加深大学生对党的领导的认同，对社会主义的信念与信心。大学生在认识、学习核心价值观的过程中，思想形态向主流价值观念靠拢。高校对大学生社会主义核心价值观的培育，是增强党的执政地位的一种表现。

第四，有利于促进社会主义和谐文化建设，构建社会主义和谐社会。社会主义核心价值观是和谐文化的根本，是引领社会文化发展的旗帜，能够帮助我们更加清醒地认识文化的发展方向。高校是先进文化创新的重要基地，也是社会主义核心价值观教育的场所，离开高校这一阵地，社会和谐文化的发展就会缺失很大一部分。大学生得到社会主义核心价值观的洗礼，思想才能得到升华，身心才能更加和谐。教师受到社会主义核心价值观的教育，才能以更饱满的热情投身教育事业，才能缔造更加和谐的师生关系。这些都是和谐社会的重要因素。

二、以社会主义核心价值观为引领，确立校园文化建设的原则

校园文化是我国高校传承与开拓的助力剂，在高等教育中发挥着积极而重要的作用。建设优秀的校园文化是一项系统工程，要坚持符合我国高等教育的方针与政策，也就是既要在社会主义核心价值观的引领下，注重多样性的延伸，也要把精神与物质加以协调统一，又要在积淀传承与创新发展中找到共同促进的平衡点，更要在秉持国情特色的基础上，拓展视野，面向世界。

(一)坚持主旋律与尊重多样性的统一

大学是人类文化传承、创新与发展的重要基地。大学不但要传承和创新知识，更具有熔铸、守望人文精神的神圣使命。校园文化建设是实现这一使命的必然途径，是高校精神文明建设的重要基础和重要前提。

高校必须建设一个文化层次较高的校园文化环境，传承大学精神，使广大青年学生能养成良好的思想道德品质。校园文化建设必须坚持正确的政治方向、价值导向和审美旨向，贯彻党的基

本路线和教育方针,高扬社会主义、爱国主义和集体主义主旋律。

当今社会处于文化井喷时代,各种类型的文化层出不穷,相互交融并得以发展。随着社会这种发展趋势,社会发展必将呈现出更大的开放性和适应性,文化多样性将是一种必然趋势。历史无数次证明保守和封闭只能走向停滞和僵化,建设高水平的校园文化必须使校园与社会联网,走开放之路,尊重主体多样性的发展。

当然,尊重校园文化多样性也不等于忽视主旋律建设的精神引领作用。文化主旋律和文化多样性是相互促进的关系,也就是必须坚持主旋律与尊重多样性的统一,这才是对校园文化建设应该持有的态度。

1. 主旋律建设是校园文化应有的根基

（1）主旋律建设的重要性

健康向上的文化使人获得知识、陶冶情操、健康成长。因此,搞好校园文化建设有利于大学生思想道德素质和科学文化素质的提高与完善,扩大到整个社会,搞好校园文化建设是社会建设和精神文明建设的重要组成部分。同时,校园文化也表明一所学校独特的风格和精神,是联系协调学校人际关系的纽带,是学校的形象和灵魂。校园文化对于整个高校的发展来说具有一定的引领作用,其建设无疑需要有坚实的精神基础、高端的思想起点、聚力的发展导向,需要一种强大的文化建设风向标。精神基础、思想起点、文化风向标无疑就是校园文化的主旋律。

（2）主旋律建设原则

校园文化主旋律建设,要切实坚持用科学的理论武装人,以促进校园文化主体思想观念的提高;用正确的舆论引导人,以营造弘扬时代主旋律的校园氛围;要切实坚持用高尚的精神塑造人,以提高校园文化整体水准;要以优秀的作品鼓舞人,以充实校园文化的内涵。

用科学的理论武装人,就是用中国特色的社会主义理论体系和党的方针、路线、政策来统一和提高高校师生的理论认识,并使之作为自身工作学习的核心内容和中心任务。广大师生员工思想活跃,当然也不免因时代的快速发展而产生迷惘和困惑。因此,在校园文化建设中,高校领导应重点加强理想和信念教育,用科学的理论帮助师生解放思想、提高认识,通过生动活泼、新颖独特的学习活动方式,使特色理论渗透到广大师生的心灵深处,并外化为主动适应改革、树立理想、努力学习的行动。

用正确的舆论引导人,就是要注重校园文化中优良的校风、务实的教风和严谨的学风的建设,在校园文化主体建设中要引导教师不断改进本职工作,增进学生的学习热情,从正面引导学生为中华崛起而勤奋学习,为自身成才而珍惜时光。同时应加强对学生的责任感教育,引导他们全面认识社会,了解国情,感受社会主义祖国前进的步伐,坚持把社会实践作为校园文化建设的重要内容来抓,使小课堂变成大课堂,调动社会力量来教育学生,从而扩大校园文化活动的外延,充实内容,增强育人效果。

用高尚的精神塑造人,既是时代的呼唤,也是校园文化主旋律建设的重要内容。高尚的精神,体现为邓小平反复强调的“有理想、有道德、有文化、有纪律”,也体现为江泽民概括的“解放思想、实事求是、积极探索、勇于创新、艰苦奋斗、知难而进、学习外国、自强不息、谦虚谨慎、不骄不躁、同心同德、顾全大局、勤俭节约、清正廉洁、励精图治、无私奉献”64 字创业精神。高尚的精神既体现了我党及中华民族的优良传统和美德,也是社会文明、校园文明的重要标尺,是培养社会主义建设人才必须具备的重要素质。在当前,经济全球化和改革开放对高校师生带来冲击,因而校园文化必须大力弘扬高尚的精神,使广大师生成为有高尚精神的校园人,用格调高雅的文化来教育和吸引学生,用崇高的时代精神来塑造青年学生。

(3)主旋律建设的重点

第一,和谐发展。和谐,是中华民族传统文化精神的精髓。学校的和谐发展,是落实科学发展观、构建和谐社会的具体行动,是发展社会主义先进文化、培养全面发展高素质人才、提升学校核心竞争力的需要,因而必须有一种凝聚人心的和谐的校园文化。和谐校园中彼此关爱、团结互助、充满人文气息的氛围,将会使身在其中的学生充满自信、富有爱心、朝气蓬勃。

建设和谐校园,总体上要以中国特色社会主义理论体系为指导,以树立学生正确的世界观、人生观、价值观为导向,以科学文化知识的灌输为基础,以优良校风、文风、教风为核心,突出高品位,深化管理与服务,加强积累,构建具备社会主义特点、时代特征和学校特色的校园文化,为培养社会主义合格建设者和可靠接班人提供强大的精神动力。

新时期建设和谐校园文化不但要立足中国文化发展的实际,而且要迎接世界文化发展的潮流,确立既传统又开放,既具有中国文化特色,又适应时代发展要求的文化发展方向。并且以高校育人目标为导向,确立与学校整体发展相协调、与大学精神相符合、与育人目标相统一的校园文化建设的理念。建设和谐校园文化应以人为本,构建和谐的管理文化;求实创新,构建和谐的工作文化;明礼诚信,构建和谐的人际文化;底蕴深厚,构建和谐的精神文化。

第二,爱国主义。爱国主义是中华民族的光荣传统,是民族精神的核心,是凝聚民族精神、激发爱国热情、动员和鼓舞人民团结奋斗的一面旗帜。高举爱国主义旗帜,学校德育工作要把爱国主义教育贯穿于校园文化的每个角落。适应学生心理发展特点,采取适当的形式,在各种活动和各科教学中,教师应使每个学生受到良好的爱国主义教育,培养出具有高尚情操、强烈荣辱感、乐于奉献和敢于承担重任的时代骄子。

第三,崇尚科学。高校是科学知识传播和创造的场所,因此在校园文化建设中,应注重科学方法推广,科学思想传播。只有这样,才能适应时代的发展,才能创造出洁净的文化氛围,才能培养出社会的栋梁之材。

良好的学术氛围,需要师生的共同努力。高校要重视和加强校风建设，培育良好的教风和学风，形成对教职工具有凝聚作用、对学生具有陶冶作用、对社会具有示范作用的优良校风，形成求真务实的良好学习风气，而这正应该成为高校校园文化建设的主旋律。

2. 文化多样性是校园文化的殷实土壤

校园文化是一种区域性的亚文化，会受到社会主流文化和高校办学特色的影响。由于地域文化和各高校办学特色的差异，各高校校园文化体现出多样性特征。首先在内容方面，各高校校园文化的心理和价值取向，风俗礼仪和伦理制度，都各不相同。其次在形式方面，各高校校园文化只有不断更新其形式，保持新鲜感，才能持久引起学生的兴趣。①

一个没有多样化的、先进的校园文化支撑的高校注定要落后、前途黯淡。因此，高校校园文化应当营造不同的风格和特色。打造别具一格的校园文化，除了要以优秀传统文化为养料，以时代精神和世界眼光为指引外，还要充分利用高校自身的文化积淀和文化特色，积极进行文化创新，让校园文化散发生机与活力。

校园文化活动内容、形式要多样化，既要融思想性和知识性于一体，又要具有娱乐性和实践性。因此，高校校园文化的多样性要在坚持主旋律的旗帜引领下，从校园文化内容和形式着手加以建设，主要从以下几个方面展开。

第一，进行物质文化建设，即建设通过物质活动和各种有形实物所表现出来的多样性文化，包括建筑文化、设施文化和环境文化等。校园主体建设文化载体是指校门、教学楼、学生公寓、食堂、校内路径等；校园设备建设文化载体是指图书馆、体育场馆、学术报告厅、俱乐部、校史馆、娱乐场所以及相关的设备、器物；校园环境建设文化载体是指花草树木、亭台碑牌等以及由此所表现出来的人与环境的和谐感和审美体验。

---

① 谢宏忠.大学生价值观导向：基于文化多样性视野的分析[M].北京：社会科学文献出版社，2010，第96页

第二，进行政治文化建设，即坚持党的理论指导思想教育，大力倡导各种进步的社会意识，赞成和肯定一切积极的文化成果，反对和抛弃一切消极的和落后的事物，使高校师生具有鲜明的定向、较高的内在强度、稳定的根基和良好的行为养成。

第三，进行制度文化建设，即对学校各种规章制度、道德规范、行为准则的总和的多样化建设，包括大学章程、学术团体、校纪、校规、思想教育管理制度、奖惩制度以及在学校各项活动中延展性的文化标志。

（二）坚持积淀传承与创新发展的统一

文化是历史形成的。不经过一定的历史积淀和传承，文化的优秀品质难以体现。在高校长期发展的历史积淀中形成的、具有相对稳定性的文化传统意识是现代校园文化传统中最宝贵的部分，是大学抵抗挫折、谋求发展的顽强生命力的底蕴所在，是一所学校的灵魂，是一个学校精神与氛围的集中体现，也是高校赖以生存的根基，更是高校可持续发展的精神动力，对于稳定大学的风格和水准具有至关重要的作用。

大学能够得以持续健康发展的推动力源自优秀的高校校园文化。高校校园文化的建设与创造，既是一个继承、借鉴、创新的综合过程，也是一个德育与智育、科学与价值以及人与人相互作用、相互促进的复杂过程，需要精心构建，要在理念上精心提炼，在实践中长期培育。传承高校的特色与优势文化需要依靠学校师生的共同努力与不懈创造。

1.积淀传承，捍卫校园文化的坚实底蕴

高校校园文化总是产生于深刻的历史文化背景中。构建现代高校校园文化必须植根于历史，必须尊重历史，必须在积淀传承中发扬优秀的校园文化，这是高校精神之源。优秀而厚重的校园文化，先进的教育理念，争先的拼搏精神，熏陶了一代代高校师生，深刻滋养了师生的心灵，铺就了一批批德才兼备的人才的成

功之路。这些极其宝贵的精神财富，是传承、发展、创造现代高校文化的依托之本和动力之源。对于高校，不论发展历史长短与否，发展的历程都是一笔财富，都是一种不可再生的教育资源。因此，高校的优秀传统文化必须传承、必须要让历经岁月淘洗的文化经典和文化传统滋养师生心灵。

莘莘学子渴望进入中国高等学府北大、清华的大门，去感受那里长达百年的文化氛围，接受那里独特教育理念的熏陶，这源于一所高校与众不同的校园文化及其深厚积累。传承下来的优秀校园文化是高校可以利用的独特的文化资源，校园文化积淀越丰厚，校园文化建设就越容易开展。具有优质校园文化的高校呈现出的面貌也不一样，除了校园环境优雅、怡人外，师生的行为举止也散发着文化的气息，具有独特价值理念打磨的痕迹。高校校园中制度文化、行为规范、群体意识等构成的教育信念体系如一只无形之手，调节着师生的行为方式，调整着校园文化系统的发展方向，是学校发展的原动力。

校园文化是一所高校最值得品味的东西。现代高校校园文化建设，引领着高校各项建设的文化内涵，也引导着、培育着、鼓舞着师生开拓进取的精神，捍卫着校园文化的坚实底蕴，提升着人的素质和学校的品位，同时也与现代高校提倡的体制强校战略、人才强校战略、科研强校战略、国际化强校战略相包容，推动着各项战略在较高层面上的实施。

2. 创新发展、传承校园文化的不竭动力

文化总是在一定传统基础上发展，并不断打破旧的传统、建立新的传统。高校校园文化作为一个发展的概念，同样应该在传承的基础上加以创新。对于高校校园文化而言，退回到象牙塔时代已不现实，封闭式教育对于培养新时期优秀的需求人才也已力不随心。这就要求高校对校园文化进行统筹安排和管理，促进合力的形成，建立起优秀校园文化有效的激励机制，使校园文化建设在新的历史时期实现创新中的发展。

创新是一个民族进步的灵魂,是一个国家兴旺发达的不竭动力。高校校园文化的创新发展就是要以先进的办学理念引导校园物质文化建设,完善校园制度文化,创新校园精神文化,注重培育大学精神,创建鲜明的校园特色文化。在当今瞬息万变的信息化、多元化时代,世界上唯一不变的就是"变"。学校文化的营造也必须不断应变创新,才能与时俱进,才能充满生机和活力。

校园文化随学校发展、社会变迁而变化,呈现出阶段性特征。如何确立某一阶段校园文化的发展方向,需要学校审时度势、精心筛选,不断对校园文化进行修正和补充,使之真正为师生服务,为学校的发展服务。高效校园环境的变化性和不可预期性既为文化的构建提供了有利条件,同时也使学校面临重重阻碍。如当前我国正处于改革开放的深化时期,这一大的社会背景使高校必须面对由此引发的学生思想多元、社会价值取向分化的问题。而且随着高校扩招、职业培训的兴起等,学生就业压力不断增加,学生心理问题增多。此外,社会向多元化的发展,谋生途径不断增多,很多人开始质疑高校教育的价值,认为在学校里只能学一些理论的东西,根本没有实践价值,甚至有些学生产生了上大学是浪费青春的心理。总之,如何应对、处理这些问题是新时期加强校园文化建设的重点,需要学校不断进行文化创新。

(三)坚持立足国情与面向世界的统一

呼唤面向世界和未来的校园文化创新已成为全球高等教育发展的一大潮流。面对经济全球化的挑战,校园文化不能回避(事实上,它也回避不了),而应积极主动地融入世界大潮之中,通过与大风大浪的搏击,使自己的羽翼逐渐丰满,从而实现国际化与民族化的统一,实现自身的完善和发展。[①]

---

① 郑珠仙.国家意识形态安全与大学生社会主义核心价值观教育研究[M].北京:人民出版社,2014,第211页

1.坚持立足国情与面向世界的统一是校园文化发展的基本要求

在长期的发展历程中,校园文化逐步形成了自身的特点,这些特点又反过来对校园文化的发展提出了更高的要求。

(1)校园文化的特点决定了其发展必须坚持立足国情与面向世界的统一

校园文化是开放的。特别是对外开放的程度和范围都迅速拓展、对外联系不断加强的今天,校园文化也要全面融入世界文化之中,其开放性更为突出。校园文化成了中西文化的一个重要交汇点,已处于一个全方位的开放环境中。面对西方文化的大量涌入,校园文化显然不能重蹈"闭关锁国"的覆辙,而应积极主动地打开校门,把西方文化中先进的、积极的东西请进来,营造出校园文化发展的国际化氛围。

另外,校园文化的形成和发展过程,也是一个积累的过程,是对我国传统文化的继承发展过程,因而校园文化具有历史传承性。我国当代国情是当代校园文化的基础和本源,当代的校园文化也只有立足我国发展的现状,才有创新和发展的可能。在我国的民族传统文化中,有许多优秀的道德思想和重要的精神资源值得当代人学习,尤其是被市场经济和西方思潮冲昏了头脑的个别学生,更应当将其作为重建人生信念的范本。而且,校园文化还具有整体性的特点,即校园文化反映的是整个校园各个方面的内容,既有物质的,也有精神的,既有制度的,又有活动的,是校园这个地域范围内一切社会存在与社会意识的综合。

因此,它也要求校园文化对校园外的文化采取"兼收并蓄"的态度,对一切有利于校园文化发展的形式和内容,都大胆加以借鉴利用:不仅要虚心学习西方文化中的先进成果,推进校园文化的现代化,实现校园文化发展的国际化;也要重视我国传统文化所透射出的民族精神及其强大凝聚力,立足我国当代国情,创设为祖国四化建设而奋斗的理想信念氛围,完善校园文化发展的民族化。在校园文化的发展中,学校管理者不能抱有成见,厚此薄彼,要大胆吸收一切有利于校园文化发展的先进文化,为我所用,为祖国建设所用。

(2)校园文化的内容要求其发展必须坚持面向世界与立足国情的统一

社会存在决定社会意识,社会存在发生改变,社会意识也必须通过调整或发展,去满足、适应社会存在的变化要求,才能构建社会的和谐与安宁。校园文化是一种社会亚文化,也要受这个规律的支配,受社会存在尤其是校园现实的决定影响。校园文化一直都在紧随社会的发展而发展,其内容都在为适应时代发展的要求而不断更新。特别是在当今这个科技迅猛发展、社会变化日新月异的时代,一系列的思想观念、精神意识应运而生,竞争、合作、时效、诚信、创新等,已成为社会客观存在的现实或人们广泛追求的目标。校园文化的发展更应该坚持立足国家发展需要与吸收世界先进文化的统一。立足国家发展需要,在校园中创设为祖国建设服务,为全面建成小康社会努力的思想氛围;吸收世界先进文化,在学生学习和生活中建立争当优秀的理念,把学生教育放在世界舞台之中,和当今世界最先进的技术和文化进行比较,激励学生努力学习。

校园文化理所当然应该把改革创新的时代精神作为一个重要的组成部分去发展,让这些观念深入人心。但并不是说,它们一进入校园文化就是进了保险箱,就能让它们立即成为校园人的品质,它还有一个长期的不断强化的过程,需要坚持面向世界与立足国情的统一。坚持面向世界,能让校园人接触西方的一些先进的文化思想,而它也正是许多校园文化新内容的"发源地"或突出表现地,从而使校园人对它们的理解认识更为深刻。坚持立足国情,能让校园人在更亲切的文化氛围中挖掘这些"新内容",这些内容在我们博大精深的民族文化当中几乎都能够体现,从而更能为人们认同并尽快习惯。坚持面向世界和立足国情的统一,则能够统筹兼顾,使两方面的长处同时得到发挥,更有效地落实贯彻这些思想,满足校园文化内容上的发展要求。

2.校园文化对面向世界与立足国情的应有态度

面向世界和立足国情是校园文化发展的要求和方向,它们也是对立并存的。只有端正了对它们的认识态度,校园人才有可能将其作为一项原则去贯彻实施。

从根本上说,对待面向世界和立足国情的态度是与我们对外来文化和传统文化的态度完全一致的。对外来文化和传统文化,校园文化的基本原则是采取分析、辩证的态度,积极利用其合理成分,并结合具体情况加以批判继承、消化吸收。因此,这也是我们在看待面向世界和立足国情时的总方针。但长期以来,校园文化在实际发展中,往往偏离或忽视了这个方针,完全凭主观臆断,感情用事,这是制约校园文化发展的重大问题。

(1)校园文化与外来文化的排斥与交融

这既有两者间客观存在的对立统一原因,也有校园人和教育管理者的人为因素,尤其是后者,对校园文化的影响相当大。"高等教育国际化的深刻含义,是为未来社会培养具有广阔的国际视野和全球责任意识,尊重别国文化和他人权利,热爱和平,热爱自然的人才。可以说,国际化的高等教育是一种提倡国际理解和世界团结的教育。"在这些有利的客观形势和条件下,我国高校校园文化必将逾越传统的文化结构,提高自己兼收并蓄的能力,对外来的异族文化少一些排斥,多一点交融,积极主动地吸收它们的先进文明,形成一种多渊源、多层次、开放性的文化。由此可见,校园人对外来文化的主观认识极大地制约着校园文化的发展,当然,它并不起决定作用,国际化是校园文化发展的必然趋势,人为因素只能加速或减缓其发展进程,影响其程度的高低。

(2)反对校园文化在传统文化态度上的两种倾向

校园文化的民族化问题,从根本上说,就是校园文化在传统文化上的认识态度问题。认识正确了,态度端正了,就能促进校园文化的民族化,反之就会产生阻碍作用。校园文化是在传统文化的基础上形成、发展、壮大的,它们之间是树枝与树根、清泉与源头的关系。但不少校园人没有看到这一点,而以反传统的面貌出现,追求现代,追求新潮,主张抛弃我们宝贵的文化遗产,割断历史,割断传统,完全否定了民族传统文化。

也有部分校园人体会到了传统文化的丰富内涵,特别是在现实生活遭受挫折或强大的社会压力下,他们更愿沉浸在温馨的传统文化之中,从而夸大了传统文化的作用,采取食古不化的态度,倡导"国粹主义"。这两种截然对立的倾向都是错误的,必须坚决反对。毛泽东曾指出:"对于中国古代文化,同样,既不是一概排斥,也不是盲目搬用,而是批判地接收它,以利于推进中国的新文化。"社会主义制度下的校园文化,在对待我们的民族传统文化的态度上,应坚持马克思主义的立场和原则,稳定推进校园文化发展的民族化。

三、将社会主义核心价值观教育融入校园文化建设的全过程

(一)融入高校校园物质文化建设

校园物质文化建设主要是指校园里面的一些硬件基础设备的建设,如校园环境的美化、教室环境的布置、图书开放的程度等等都有较完善合理的安排,使学校有了较明确的政治方向引导外,还给学生提供一个良好的物质环境作后盾,一个优雅、宁静、整齐、清洁的校园环境能对学生产生积极的激励作用,能使学生时时利用周边的环境来陶冶情操,以提高社会主义核心价值观教育的实效。因此,社会主义核心价值观体系教育融入校园物质文化建设要做到以下几个方面。

第一,做好校园建筑的规划与设计。校门、教学楼、报告厅、图书馆、实验楼、科技馆、演出厅、体育场地等都属于校园建筑的一部分,不同的校园建筑具有不同的布局、式样、设计理念等,承担着不同的使用功能。北京大学原副校长王义遒先生曾提出用"文、雅、序、活"来概括高品位的校园建筑文化,其中"文"体现知

识，即一个人置身校园随时随处可以获取新知识，感受到一种科学与人文的气息；"雅"指高雅的格调，它是与粗俗相对立的，表现在学校的建筑与景观布置上就是要给人以美的感受。在欧美，许多大学拥有众多古老的优秀建筑和体现现代教育理念的建筑名作，例如，沃尔特·格罗皮乌斯按其个人风格对哈佛大学和麻省理工学院等校园的设计与规划，罗伯特·文丘里为普林斯顿大学设计的校园建筑，等等。保罗·谢巴特曾说："从某种意义上说，我们的文化是建筑的产物。如果我们想提高文化品位的话，就不得不改造我们的建筑。"因此，在某种程度上可以说，如果想全面提升大学生的道德素质，就必须重视校园建筑的规划与设计，营造良好的校园建筑文化。

第二，重视校园的美化绿化。优美的校园环境对学生具有重要的熏陶功能，所以学校要努力营造一个树木含情、花草微笑的育人环境，着重发挥报栏、广告栏、植树、草坪、喷泉、雕塑、假山、楼台、湖泊等的育人功能。因此，高校要因地制宜，做好校园园林的规划，精心设计与建设园林景点，做到科学性与艺术性、观赏性与生产性相结合，充分发挥校园环境的育人功能和教育价值。

第三，高校的校广播电台、校内网络、校报、校刊、校电视台也应大力宣传社会主义核心价值观，使学生在潜移默化中受到社会主义核心价值观教育。

总之，高校要加大对校园文化的"硬件"设施投入，充分利用好校园中的各种文化载体，增强社会主义核心价值观教育的影响力和辐射度。

（二）融入高校校园制度文化建设

邓小平同志说："制度好可以使坏人无法任意横行，制度不好可以使好人无法充分做好事，甚至会走向反面。"①校园制度文化是无声的语言，潜移默化地影响着师生员工，它把学校倡导什么、

限制什么、反对什么等价值取向,建立在具有某种普遍意义的规则上,从而能够更好地指导师生的思想和行动。高校校园的各项规章制度对大学生社会主义核心价值观教育具有重要的规范和保障作用。加强大学生社会主义核心价值观教育校园制度文化载体建设,具体来说,一是要把社会主义核心价值观的内容和要求体现到学校的基本规章制度和管理机制之中,使大学生对社会主义核心价值观的实践成为稳定的、常态的日常活动,增进大学生对社会主义核心价值观的认同和接受;二是要抓好"管理育人"制度载体建设,使社会主义核心价值观在大学生中达到知行统一。

1. 将社会主义核心价值观体现到学校基本制度之中

校园制度文化对高校在人才培养方面有客观要求和规定,对大学生的思想和日常行为具有一定引导和规范作用。将社会主义核心价值观内容融入高校各项规章制度之中,建立健全大学生社会主义核心价值观教育制度与机制,为大学生社会主义核心价值观教育顺利开展提供重要的制度保证。为了适应新形势的需要,高校必须进一步加快规章制度的制定和完善,把马克思主义基本理论、中国特色社会主义共同理想、以爱国主义为核心的民族精神、与时俱进的时代精神和创新精神以及社会主义荣辱观等教育内容和要求体现在校园各项规章制度中。这样理论教育与制度这个有形的载体结合起来,不仅增强了大学生社会主义核心价值观教育的可操作性,也增强了其教育的辐射力和保障力。因此,高校要从本校实际情况出发,通过建立健全对大学生学习情况和道德行为等方面的各项考核、奖惩、创新等制度,并将大学生社会主义核心价值观教育内容渗透到这些具体规章制度之中,以达到既对大学生各方面情况进行考核评估的作用,也起到对大学生的日常行为和思想观念进行引导和规范的功能,同时还实现了对大学生进行社会主义核心价值观教育的目的。比如通过建立党校发展党员制度,学生团员在发展成为党员之前,通过定期对学生团员开展党课培训的方式，对学生进行党章、党规、党的指导思想、路线、方针、政策以及中国共产党的发展史、改革开放以来中国共产党取得的伟大成绩等方面内容的宣传教育，以加强当代大学生对中国共产党和中国特色社会主义的认识，坚定大学生的政治信仰，提高大学生的马克思主义理论素养，树立中国特色社会主义理想；通过建立一整套鼓励大学生创新、自主创业的规章制度，如优秀学术成果奖评定制度、大学生学术课题申报制度、优秀毕业论文评选制度、专利申报制度等，培养大学生的创新精神和时代精神；通过建立健全的大学生日常行为准则和规范，严格的课堂考勤制度和考试纪律制度，营造良好的校园学习风气，培养大学生勤奋学习、诚实守信的优秀道德品质；根据本校的实际情况制定相关的评选"文明寝室"制度、"优秀班级"评选制度、校园优秀个人评选制度以及优秀社团评选制度等，进一步增强当代大学生的集体主义意识，激发其爱国、爱校之情进而培养其以爱国主义为核心的民族精神；通过建立勤工俭学制度、国家奖学金、助学金评定制度等，对大学生进行爱国主义、感恩、自立自强、诚信等方面的教育，激发大学生的爱国主义情怀和诚信意识。

2.抓好"管理育人"制度载体建设

"无规矩不成方圆"，校园制度文化作为校园文化的内在机制，对于维系学校正常秩序以及大学生的思想品德、价值取向、个性及心理等具有重要的规范和保障作用。大学生社会主义核心价值观教育在高校不是一项随意进行、一蹴而就的工程，它需要各高校根据自身实际情况，有目的、有计划地长期开展下去。因而，为了保证大学生社会主义核心价值观教育的长久性和规范性，高校管理者应将管理育人制度与社会主义核心价值观教育的现实要求相结合，不断完善高校现有规章制度。高校管理者在制定制度规范时，要始终坚持以社会主义核心价值观作为指导思想，坚持"以学生为本"和"育人为本，德育为先"的教育理念和教育方针，用社会主义核心价值观统领大学生各方面素质的发展，达到大学生社会主义核心价值观教育的目的。社会主义核心价值观是社会主义先进文化的重要组成分,是我国社会主义文化中的精髓。各高校应将大学生社会主义核心价值观教育取得的成效作为衡量各教学单位教学评估的一项指标。比如,高校在制定各类学生评优评奖、选拔考核制度过程中,体现社会主义核心价值观的内容和要求,将大学生的政治信仰、理想信念、爱国主义精神、创新能力以及良好的道德品质等内容作为其考核评估的重要依据。通过各项"管理育人"制度载体建设,以保证大学生社会主义核心价值观教育真正落到实处。同时,在学校各项规章制度的制定和执行中还要坚持"以人为本"的理念,注重体现人文精神,虽然规章制度一旦制定出来,带有一定的强制力,不能随意更改,但在具体落实和执行过程中,不能太过于固守成规,还应根据当时的特定情境灵活处理,体现"管理育人"制度载体中"以学生为本"的核心价值理念,达到增强大学生社会主义核心价值观教育效果的目的。

(三)融入高校校园精神文化建设

将社会主义核心价值观教育融入高校校园精神文化建设,就是要以社会主义核心价值观为高校师生员工道德情操、心理倾向、人生态度形成与发展的指引,大力推进大学精神文化建设。

将社会主义核心价值观融入高校校园精神文化建设,要积极倡导健康、奋发向上的大学精神。大学精神折射出一个高校的文化积淀,以校训、校歌、校徽、校标、校风、学风等为呈现形态,对学校师生的思维模式、行为方式、个性特征等有潜移默化的影响作用。中国大学的发展历程表明,爱国、民主、科学、勤奋、求实、创新一直是中国大学所追求的精神特质。如何将这些精神传承与发展,也是大学发展的一项重要指标及光荣任务。

将社会主义核心价值观教育融入高校校园精神文化建设,要建设良好的校风。校风是学校风气,思想治学态度的总称,涉及学校的整体风貌和所有师生的精神状态,是一所高校办学传统和办学经验的积淀。校风建设作为校园精神文化建设和隐性制度文化建设的一项重大内容,对师生员工行为的巨大影响是无形的,是人们前进的内在动力。在校风建设的过程中,各级领导必须大力营造崇尚科学、严谨求实、善于创造、具有时代特征和学校特色的良好校园风气,在全体师生员工中形成坚定正确的政治方向,高尚的道德情操,严谨的治学态度,民主的学术氛围,团结奋斗、勇于创新的开拓精神,严明的组织纪律,良好的教学和工作秩序,凝聚、激励师生员工奋发向上的校园精神等。校风建设的渠道主要有教风建设和学风建设这两种。

教风建设是引导学校校风的一个重要内容。教师通过其职业道德、工作态度、专业知识、教学能力、教学方式的综合表现,对全体学生具有身教的重要意义,能够在无形之中实现道德育人的重要目的。

学风建设是校风建设的主要组成部分,是大学生在学习上表现出来的精神风貌和行为作风。学风建设能够督促在大学生内部各个独立的群体之中形成一种积极向上的良好治学态度,激发学生参与学风建设的自主性,培养勤奋、严谨、求实、创新的优良学风。[①]

(四)融入高校校园文化活动建设

文化活动是校园文化的突出表现,也是营造校园文化氛围的有效方式。

校园活动建设能够起到课堂教学上德育、智育、体育、美育等多项内容的补充作用,使大学生在活动中受到潜移默化的影响,收到了很好的教育效果。将社会主义核心价值观融入高校校园文化活动建设,就是要在社会主义核心价值观的指导下,通过多种形式组织广大高校师生开展体现时代精神和校园特色的文化活动,以校园活动为载体,培育广大师生的世界观、人生观、价值

---

① 周凌云.论新形势下高校校园文化建设[J].教育与职业,2009(32)

观,培育爱国情操、创新精神,弘扬民族文化,调节身心,促进健康向上、生动活泼的校园氛围的形成,促进大学生全面、自由、充分的发展,促进社会主义先进文化建设。[①]

第一,开展思想政治教育类活动。思想政治教育类活动是提高学生思想道德素质的重要途径,是最能体现中国特色社会主义大学校园文化的活动形式。高校校园应该充分利用我国思想政治教育的优秀资源,让大学生在各种活动中了解、学习、传承中华民族文化传统和民族精神。这些活动可以是开学典礼、表彰大会、五四青年节、七一建党日、十一国庆节、"一二·九"等等。

第二,开展学术科技活动。学术科技活动是大学校园文化活动对智育和创新教育的一个有效补充。在学术科技活动中,学生能够深化、扩展课堂所学知识,培养自身的创新精神和实践能力,领略新学科知识。学术科技活动的主要形式可以是学术讲座、科技创新大赛、科学文化节、科技成果展、大学生"挑战杯"竞赛活动等。

第三,开展丰富多彩的文艺活动。文艺活动是大学生美育和体育的重要补充。在文艺活动中,大学生不单能够锻炼自己的审美能力,获得自我实现感,还能够起到营造文化氛围、展现自我风采、陶冶自我情操、愉悦自我身心的作用。

在开展校园文化活动的过程中,学生社团作为校园文化的主要组织机构发挥了重要作用,社团组织鼓励学生发展个人兴趣、参与社会实践、参与社区服务。实践证明,大学生社团及其活动不仅可以丰富学生的闲暇时间,还能陶冶思想情操、锻炼才干、提高综合素质,使校园精神文化得到广泛传播。[②]

总之,社会主义核心价值观教育要融入校园文化建设的全过程,并着重从校园物质文化、制度文化、精神文化以及校园文化活动的开展等方面深化校园文化建设,为大学生创造出一个优良的成长环境。

---

① 韩丽颖.当代大学生核心价值观研究[M].北京:人民出版社,2014,第197页
② 胡琦.高校文化德育论[M].杭州:浙江大学出版社,2014,第176页

第六章 | 深化社会实践，促进大学生对核心价值观教育的躬行践履

毛泽东同志在《实践论》中指出："人是从实践开始，经过实践得到了理论的认识，还须再回到实践去。认识的能动作用，不但表现于从感性的认识到理性的认识之能动的飞跃，更重要的还表现于从理性的认识到革命的实践这一个飞跃。"习近平总书记强调"一种价值观要真正发挥作用，必须融入社会生活，让人们在实践中感知它，领悟它"，并指出要把社会主义核心价值观日常化、具体化、形象化、生活化，将其内化为精神追求，外化为实际行动。习总书记的科学论述，深刻揭示了社会主义核心价值观的实践内涵和要求。因此，大学生参与社会实践并在实践中进行正确的社会观察，不仅能弥补课堂教学模式在认识方式上的不足，还能通过社会生活的历练，帮助青年学生树立正确的社会主义核心价值观，形成坚定的中国特色社会主义理想信念。[①] 因此，高校必须充分发挥社会实践在大学生社会主义核心价值观教育中的育人作用，必须在大学生社会主义核心价值观教育工作中进一步加强高校社会实践载体的建设。

第一节　社会实践在大学生社会主义核心价值观教育中的作用

课堂教学实现了把理论、规范等传递给学生的目的，解决了

---

① 张培营.如何使大学生社会实践活动双向收益[J].思想教育研究,2006(2)

大学生思想、政治与道德的基本认知问题,为大学生形成正确的立场观点、稳定的道德品质、政治信仰、行为习惯奠定了认识基础。但除了课堂教学,社会实践也具有不容忽视的育人意义,是实现教育目的不可缺少的环节。理论教育与社会实践的结合共同构造了教育活动的完整内容。所以,在大学生中培育和践行社会主义核心价值观,不能凌驾于社会生活之上,与社会实践相脱节。社会实践是用来标示培育和践行社会主义核心价值观效果最好的载体。[①]

一、实践育人的科学内涵

实践观是马克思主义认识论的基本观点,是马克思主义哲学区别于旧哲学的最显著特征。它首先强调实践是认识的基础,实践决定认识,是检验认识是否具有真理性的标准,同时承认并十分重视认识对实践的反作用。马克思主义哲学第一次把"实践"理解为主体能动地改造客观世界的物质活动,认为实践是人所特有的对象性活动,实践是以人为主体,以客观事物为对象并把人的目的、能力等本质力量对象化为客观实在,创造出一个属人的对象世界,具有主体性的特点。实践是主体能动地改造客体的物质活动,是有目的、有计划的人类所特有的活动。

人的实践活动都有一定的目的性,同样,大学生思想政治教育也是有目的的活动,它在带有实践性的同时带有很强的目的性。这个过程往往伴随大学生思想政治教育的产生和发展。大学生思想政治教育的实践活动包含丰富的信息和内容,是大学生思想政治教育的客观载体。界定"大学生实践育人"概念,目的是帮助人们区分"课堂教育",即与主要强调传授思想政治理论的课堂教育主渠道区分。

实际上,大学生实践教育是与课堂理论教育相对应而存在的

---

① 唐雪莲.深化高校社会实践的育人功能[J].巢湖学院学报,2007(3)

一种教育模式,是教育者为实现预期的思想政治教育目标,在一定的思想政治教育理论指导下,为完成大学生思想政治教育任务而借助或采取的,以社会实践为主要教育内容和教育方式的一种手段。

高校实践育人是基于马克思主义实践观和中国传统文化的知行合一观,以育人为根本出发点,以立德树人为根本任务,遵循大学生成长成才规律和教育活动规律,坚持教育与社会实践相结合,基于实践并向实践开放,根据社会需要培养全面发展人才的一种新型育人方式。[①] 开展实践育人不是凭空而来的,而是有一定的理论基础,而这些理论基础的来源就是课堂上的知识以及别人的经验,也就是通常我们所讲的间接经验。通常实践教育不像理论课教育过程那样死板,教育方式也不像理论课那样单一和循规蹈矩。通常实践教育比起以教室课堂为单位的理论课教育更加丰富多彩,因而能够吸引学生的兴趣,激起学生参与的热情。而以实践为主要途径的实践教育最终的目的是提高学生综合素质,不仅让学生养成一定的理论修养,同时能够有一定的实践经验,从而更加深刻地认识到建设中国社会特色主义的光荣使命,坚定理想信念,进而不断地更好地服务国家、集体和人民。

实践育人是我国高校育人观的重要组成部分,是马克思主义基本理论指导下的育人理念创新和育人实践探索,与党的教育方针、我国教育的本质以及人的成长规律有着紧密的联系。当今社会各个方面的变化发展使得实践育人在高校中的被重视程度节节上升。中央 16 号文件指出:"社会实践是大学生思想政治教育的重要环节,对于促进大学生了解社会,了解国情,增长才干,奉献社会,锻炼毅力,培养品格,增强社会责任感具有不可替代的作用。"这里关于社会实践的论述也正好说明了党中央号召整个高校重视实践育人的重要性,同时将实践育人提到了与理论课教育同等重要的地位,两者共同作为思想政治教育的重要手段。

---

① 肖建.我国高校实践育人观的突破、困境与反思[J].江苏高教,2013(9)

二、当代大学生社会实践的特征

实践是指人类所特有的对象性的物质活动或感性活动,社会历史性、客观物质性、自主能动性是其具有的一般特征。总而言之,作为人类实践活动的重要组成部分,大学生社会实践活动在根本性质上与人类实践活动具有一定的相同性,但是不可否认的是,大学生作为一个特殊的群体,相应地使得大学生社会实践活动也具有不同于人类实践活动的特性。

(一)大学生社会实践活动与人类社会实践活动的共有本性

第一,大学生社会实践是一种客观物质性的活动,这是指大学生作为社会实践活动的主体、实践的对象、手段都是可以感知的客观实在;社会实践的展开过程以及实践活动本身的发展,都受客观物质条件的制约,与自身、家庭、学校、社会的投入程度密不可分;社会实践的结果同样是独立于人们主观意识之外的客观存在。

第二,大学生社会实践是一种自主能动性的活动,这是指大学生总是将自己的理想追求、个人价值的实现作为实践的目的,深深融入活动之中,不仅使社会实践活动烙上自主能动性的印痕,而且会根据主客观条件的变化适时调整活动,以保证预定目标的实现,并对社会实践结果积极进行总结、评价、反馈,以促进今后社会实践活动的拓展与深化。

第三,大学生社会实践是一种社会历史性活动,这是指作为人类社会群体中的一员,大学生生存、发展活动本质上都是实践活动,这项活动构成大学生社会存在的现实基础,并使大学生社会实践活动呈现出鲜明的基础性和常态化的根本性特征;生活在不同历史时期的大学生所面临的社会环境、问题和所承担的历史使命各有不同,并随着社会进步而置身于动态的、发展的历史进程中,从而使其社会实践呈现出鲜明的历史和发展的时代性特征；大学生社会实践活动总是在一定的社会关系中进行的，是一定条件下社会、国家、学校、家庭和大学生自身互动的结果，因而使大学生社会实践活动呈现出鲜明的民族和青年的群体性特征。

（二）大学生社会实践活动的特殊性

在具体的大学生社会实践活动过程中，其主要的实践主体是大学生，这就使得大学生实践活动和其他社会群体实践活动比较来说，在特征和属相方面有着本质上的不同，具体体现在阶段性、综合性、创造性和预演性等方面。

1.阶段性

首先，社会实践教育活动是大学生社会化过程中的重要阶段。个体的社会化贯穿人的整个生命过程。这一漫长历程大体分为四个不同的阶段，每一阶段都担负着不同的社会化任务，并使每个阶段的社会化实践活动呈现出不同的特点。

处于少年时期的中小学生的社会实践活动：少年时期的中小学生处在人生中的生长发育阶段，其社会化任务是奠定走向社会的健康身心基础。他们的社会实践活动场所以学校和家庭为主，侧重于学习模仿、生活体验和文体娱乐方面的活动，因而具有培育性、模仿性和体验性的特点。

处于青年时期的大学生社会实践活动：青年时期的大学生处在人生中的成长成熟阶段，在这一阶段为进入社会、承担社会职责做好全面的准备是其进行社会化的主要任务，从这个视角来说学习性、成长性和社会化是此阶段所呈现的特点。

处于成年时期的劳动者的社会实践活动：成年时期的劳动者处在人生中的劳动创造阶段，其社会化的任务是在社会生活中创造财富、赡老抚幼、履行社会职责。他们的社会实践活动就是创造物质文明、政治文明和精神文明的人类最基本的实践活动，因而具有生产性、创造性和奉献性的特点。

处于老年时期的退休老人的社会实践活动：老年时期的退休

老人处在人生中的颐养天年阶段,其社会化的任务是提携后辈、发挥余热、安度晚年。他们的社会实践活动主要是一些力所能及的活动,具有支持性、传授性和共享性的特点。

由此可以看出,与其他三个阶段的社会实践活动比较而言,大学生社会实践活动呈现出更为明显的个性特征,具体表现为学习性、成长性和社会化。

其次,大学生社会实践教育活动具有自身发展的不同阶段。大学生进入大学后的学习活动实际包括从中学到大学的转换阶段(大学一年级)、大学学习生活相对稳定阶段(大学二、三年级)和即将毕业走向社会的转换阶段(大学四年级)。在这三个不同阶段分别承担着基础课学习、专业基础课学习、专业课与专业技能学习的不同学习任务,因而社会实践活动也表现出不同的阶段性特征。

2. 综合性

对于大学生来说,能够更好地融入社会、承担社会职责是大学生进行大学生社会化的主要任务,为了更好地实现这一目标,就必须要求大学生在学习和社会化的过程中,不断地充实自己的知识,提升自己的能力水平,锤炼自己的人格素质,从各方面严格要求自己,成为社会需要的综合型素质人才。从这个意义上来说,大学生社会实践活动中实践理念的包容性、实践内容的全面性以及实践形式的多样性都是其必须具备的特质,可以说综合性特征必然会成为大学生社会实践活动必须具备的。首先,大学生社会实践应该实现德、智、体、美的有机结合,完成全方位育人的目标,强化社会实践内容的全面性。大学教育的专业化特点,使得学生的知识结构呈现出突出的单科性倾向,而社会实践活动内容的全面覆盖,无疑提供给学生一个综合学习掌握多种知识,应用和创新所学理论的机会。其次,大学生社会实践应该实现自我教育、学校教育和社会教育的有机结合,突出社会实践形式的多样性。大学生社会实践活动要针对大学教育和社会教育、理论教育和实践教育脱节的现象,架构连接两者之间的桥梁与纽带,通过有目的、有计划的拓展社会实践活动的领域,实现社会实践形式的多样性,为大学生的全面成长成才提供多样化的实践环境和实践方式。再次,大学生社会实践要充分彰显出实践理念的包容性,就应该在具体的活动过程中充分结合主观与客观、理论与实践,充分发挥科学理论对于实践活动的指导作用,充分发挥大学生的主观能动性,并不断深化理论认识,进一步指导具体的实践活动,从而持续提升社会实践活动的品质,为大学生全面成长成才提供科学的、包容的社会实践理念。

正是基于大学生社会实践活动的综合性特征,中共中央、国务院《关于进一步加强和改进大学生思想政治教育的意见》指出,要积极探索和建立社会实践与专业学习相结合、与服务社会相结合、与勤工助学相结合、与择业就业相结合、与创新创业相结合的管理体制,增强社会实践活动的效果。

3.创造性

创造是人类实践活动独有的特征。建设创新型国家,提高自主创新能力,是中国现代化建设的时代要求。因此,培养具有创新精神与实践能力的高素质人才,是高等教育肩负的历史使命。大学生作为继往开来的青年一代,在社会实践活动中固然要完成学习继承的历史任务,更要勇于面向未来、开拓创新。这就要求大学生社会实践活动必须具有创造性特征,这种创造性特征具体表现为:首先,大学生在社会实践教育活动中活学活用知识的应用性特点。这一特点强调的是大学生学习应用知识的自主性、灵活性、实用性和有效性,增强大学生发现问题、分析问题和解决问题的能力。显然,这种应用性的社会实践活动,有助于大学生尽快完成所学与所用、主观与客观、知识与能力、理论与实践的连接,为创造性实践奠定基础。其次,大学生在社会实践活动中追求新知、探求未知的探索性特点。这一特点强调的是大学生学习应用知识的好奇心、敏锐性、想象力和坚定性,增强大学生追求真理、敢为人先、攻坚克难的品格与能力。显然,这种探索性的社会实践活动,有助于大学生处理好新知与旧知、未知与已知、真知与伪知、知行合一与知行分离的相互关系,为创造性实践拓展空间。再次,大学生在社会实践活动中实现从无到有、综合集成、拓展深化的创新性特点。这一特点强调的是大学生学习应用知识的独创性、新颖性、集成性、拓展性,挖掘大学生的创新潜力,激发大学生的创新活力,增强大学生的创新能力。显然,这种创新性的社会实践活动,有助于大学生处理继承与创新、平庸与卓越、失败与成功的相互关系,为创造性实践引领方向。

4.预演性

严格讲,大学生社会实践行为本身,很大程度上依然属于"校园行为"。对于大学生而言,这种活动是一种有意义的起点,未来的知识储备、能力释放、生命体验、生活展演、事业开拓,都必须借助于大学阶段的教育和相应的社会实践活动奠定良好的基础。所以,社会实践活动是大学生对未来社会生活、工作方式与学习方式的一种预演,对于他们的成长具有积极影响,有利于培养成人感受和社会性情感,锻炼自理能力,培养日常生活、工作技能;有利于他们尽快融入社会,加快他们的社会化进程,早日成才。[①]具体而言,这种预演性特征主要包括:首先,思维的预演性。思维预演在大学生社会实践活动中举足轻重。它是指活动的组织者、参与者在活动方案的设计、实施过程中对实践行为影响下可能发生的思维走向和行为结果进行假设性的分析。这种思维的预演,能够确保社会实践活动展开前有周密的方案,活动进行中有内容及时调整的举措,活动完成后有全面的总结。因此,大学生社会实践活动的思维预演,要求有明确的实践目标、内容、形式,有多种非正常状态的假设和应对预案,通过实践完成活跃思维、调控认识、学习知识、提高能力、服务社会的任务。总之,在思维活动

---

① 邸乘光.中国共产党推进马克思主义大众化的基本经验[J].中国井冈山干部学院学报,2012(4)

中要以假设的方式预演整个社会实践活动,以胸有成竹的方式推进、调控社会实践活动。其次,行为的演练性。正如前面所言,大学生社会实践是大学生在大学阶段进行的校园行为,主要针对成年时期的劳动者的全面履行社会职责的生产型、创造型和奉献型社会实践活动而言。因而,大学生在社会实践活动中的所有行为,无论是在课堂内外或者校园内外,无论是求知还是践行,无论是仿真性的训练还是实战型的练习,他们的实践活动都只能算作未来工作方式、学习方式和生活方式在当下的提前演练或排练。通过演练,熟中生巧;通过演练,发现其中存在的问题并寻找解决问题的答案。在演练中,无论成功还是失败,对于大学生今后走上社会的实践活动都是有益的借鉴。再次,环境的仿真性。仿真或曰模拟,一般指通过建立系统模型对实际系统进行实验研究的过程。而大学生社会实践活动环境的仿真性是指在课堂活动环境、校园活动环境、校外活动环境和网上活动环境中的仿真。营造这样一种仿真环境,可以解决现实社会中大学生社会实践活动面临的诸多困难,如大规模参观考察、实习训练所面临的交通、食宿、安全方面的困难和社会实践基地严重不足等问题;符合大学生长期在校园学习生活的特点,为大学生就近、就便和经常参加社会实践活动提供场所,有助于大学生社会实践活动的常态化、长效化;可以确保大学生社会实践活动的可控性,有利于大学生社会实践活动预定目标的实现和突出问题的即时解决。在这些仿真环境中,大学生可以充分获得相应的知识、能力以及道德品质,以为未来踏入社会做好充足的准备工作。因此,在对大学生社会实践活动规律充分把握和遵循的基础上,把握社会实践活动环境的仿真性特点,积极营建多种形式的模拟仿真环境,极具价值和意义。

综上所述,大学生社会实践活动具有的阶段性、综合性、创造性和预演性特征,相互关联,内在结合,共同作用,呈现出大学生社会实践活动鲜明的特殊性。

三、社会实践活动促进大学生的成长成才

(一)社会实践可以提高大学生思想政治素质

思想政治素质是大学生素质结构中最核心、最根本的部分，思想政治素质是否合格是衡量大学生人格成熟与否的关键。在我国学校教育教学体系中，大学生的思想政治素质主要是通过思想政治教育来培养的，而大学生思想政治教育的根本原则就是理论教育和实践教育相结合。理论教育(思想政治理论课)与社会实践(寓"教"于"行")就如同车之两轮、鸟之两翼，是大学生思想政治教育不可或缺的两个方面，相辅相成，相得益彰。

强调教育符合社会现实，可以帮助学生剔除思想中不符合实际的因素和错误的观念，引导学生确立新理想、新目标、新追求，树立正确的世界观、人生观和价值观，使大学生在理想与现实的联系中做出既符合社会需要又有助于个性发展的选择。

(二)社会实践可以提高大学生综合素质

实践出真知，实践长才干。面对当代中国社会日益严峻的就业和求职压力，大学生已经意识到，没有一定的岗位胜任能力和社会适应能力，包括技术应用能力、实际动手能力、组织管理能力、社会交往能力、语言表达能力、办事应变能力，等等，就会使自己在职场竞争中处于十分不利的地位。

社会实践是加速学生成长社会化进程的重要途径。大学生年龄一般在18—23岁，正处于生理上基本成熟、心理上加速发展的阶段。社会实践可以帮助大学生了解社会、认识社会、体验生活，培养公德意识和社会责任感，树立社会角色意识，提高认识社会、适应社会以及社会交往的能力，从而加速其成长社会化的进程。

社会实践是促进大学生素质拓展的重要途径。如果把知识

比喻为大学生的猎物,那么素质就好比是大学生的猎枪。只有素质提高了,才能更好地学习知识、吸取知识、驾驭知识、运用知识、创新知识。而大学生在校内学到的书本知识只有经过社会实践的锤炼,才能内化为全面而丰富的个人素质。通过参加社会实践,大学生不仅可以全面提高语言表达能力(母语、外语运用能力,书面口头表达能力)、社会交往能力、搜集处理信息能力、组织协调能力等基本素质,而且可以提高自己的人文素质(理想信念、人格情操、意志品质、审美情趣等)、职业素质(职业道德修养、职业技能、岗位胜任能力等)和创新素质(创新精神、创新能力)。

四、社会实践对于开展大学生核心价值观教育的意义阐释

(一)社会实践的开展充分发挥出大学生的主体地位

把大学生的内心体验放在重要位置,是构建大学生社会主义核心价值体系过程的一个十分重要的问题。[①] 通过对当代大学生主体意识的发展变化的把握,逻辑推理社会主义核心价值体系,分析论证,做出判断,然后做出选择。除主体性之外,大学生的主动性也是社会主义核心价值观教育过程中所必需的特质。主动性是大学生心理需求动机外化的表现。大学生能否主动地应答、主动选择、主动思考是社会主义核心价值体系构建成功的关键。

社会实践的内容和形式是丰富多样的,大学生在社会实践中,自由、平等、民主地参与,激发他们的主体性和主动性,促进社会主义核心价值体系的有效构建。大学生在广泛地参与丰富的社会生活之中,亲自接触各种人和事,增加对社会的生活积累,并在这个过程中进一步认知、理解、体验和感悟社会物质文化、精神文化和制度文化。大学生在社会实践的过程中,将自己的主观能动性充分发挥出来,通过自己的双眼去认识社会、了解社会,结合

---

① 靳玉军.论社会主义核心价值观教育的实践要求[J].教育研究,2014(11)

自己掌握的理论知识去理解现实,并将理性的认识运用在感性的实践中去进行检验和证实,从而接受、认同社会主义核心价值观。

(二)社会实践的开展使大学生充分认识到社会主义核心价值观构建的反复性与长期性

任何一种价值观和价值体系的真正认同,都要经过反复、长期的实践才能最终确立,不是一蹴而就的。大学生本身易受到外界环境的影响,在树立核心价值观的过程中需要经过多次反复,是一个长期的过程。从心理学角度讲,主体从接触到内心真正接受一种理论、观念是一个从低到高、从部分到整体、从外表到内心的长期过程。

大学生的社会实践活动本身具有成长性的内涵。大学生在一次实践活动中有可能只接触到事物的一个方面,只有经过多次的实践认识才能了解到事物的全貌。大学生在社会实践中要培养的爱国情怀、集体主义精神、劳动光荣的意识,都是需要经过多次实践才能养成。在一次一次的实践基础上,大学生不断积累经验,获得对社会更全面的认识。

(三)社会实践的开展与大学生社会主义核心价值观教育的主要特征互相契合

首先,从社会实践活动的角度出发,社会实践教育活动主要目的在于通过实践使得大学生对社会有深层次的认识。大学生在社会实践中,能够体会到自身价值实现所带来的成就感,使自我和社会得到有效沟通,对培养大学生的自立精神、创新意识、求真务实精神具有积极的促进作用。社会实践活动要求大学生亲身参与,使其切身体会到社会主义制度的优越性,促使其在深层次的观念上坚定社会主义的理想信念,激发其历史使命感和社会责任感。其次,从社会主义核心价值体系教育的角度出发,社会主义核心价值体系所蕴含的思想观念、政治原则和道德要求都要通过实践活动才能体现出来。无论是马克思主义指导思想、中国特色社会主义共同理想、民族精神和时代精神,还是社会主义荣辱观这些都要落实到大学生的行为活动中。只有这样才能说明,大学生对于社会主义核心价值体系真懂、真信,大学生社会主义核心价值体系教育才能算是取得成功。

(四)社会实践的开展能够夯实大学生社会主义核心价值体系的行动转化

根据心理学中的发现学习理论,社会实践能够夯实核心价值体系的行动转化。发现学习是大学生根据自己特有的认识程序亲自获取知识的一切方式。社会实践正是一种发现学习的方法,根据学生感兴趣的问题设定实践内容,使学生体验到对问题的某种程度的不确定性,提供解决问题的多种可能的假设,通过收集资料,得出应有的结论,用分析思维去证实结论。从而发现社会实践可以使理论学习、知识的掌握更牢固,更加容易激发大学生的智慧潜能,有效提升学习者发现问题、解决问题的能力。在实践的过程中,教师与学生处于合作状态,此时的学生就不再是静坐的听众或观众了,而是在不断的探究中获得新的信息,从而提高学生学习的主动性。

第二节　运用多种社会实践模式,培育大学生社会主义核心价值观

社会主义核心价值观是"兴国之魂","魂"有所依,才能落地生根;"魂"有所寄,才能"精神变物质"。[①] 无形的社会主义核心价值观只有融入有形生动的社会实践生活中,才能接上地气。培育和践行大学生社会主义核心价值观必须是坚持思想涵育与实践

---

① 顾协国.地方高校大学生信仰教育及实践路径研究[J].思想教育研究,2013(8)

涵养并举,在落细、落小、落实上下功夫,大力推动高校社团工作,推动志愿服务常态化,推动精神文明创建活动,推动重要节庆、纪念日教育实践活动,把社会主义核心价值观内化为大学生的精神追求,外化为大学生的自觉行动,将践行核心价值观精准、细致地落到实处。

一、繁荣高校社团工作,筑牢大学生社会主义核心价值观的有效平台

高校学生社团作为大学生核心价值观教育工作的重要平台,在大学生社会主义核心价值观教育中发挥着越来越重要的作用,受到各个领域的广泛关注。[①]《教育部、共青团中央关于加强和改进大学生社团工作的意见》(中青联发[2005]5 号)中明确提出:大学生社团是由高校学生依据兴趣、爱好自愿组成,按照章程自主开展活动的学生组织,是学生进行"自我教育""自我管理"和"自我服务"的重要阵地,也是学校对广大学生进行思想政治教育、加强学风建设和校园文化建设的重要载体和有效途径。

(一)高校学生社团的内涵

共青团学校战线素有"一体两翼"工作格局的说法,所谓"一体"是指团组织,"两翼"是指学生会和学生社团。"高校学生社团是在高校共青团组织领导下,由高校学生依据兴趣爱好自愿组成,按照章程自主开展活动的学生组织。"[②]

高校学生社团以"能力培养、开阔视野、提高素质"为目的,以"实践活动"为纽带,打破专业学科和年级的界限,正日益成为学生课堂、寝室之外的重要活动空间。不仅如此,作为高校校园文化的重要载体,高校社团在第二课堂的重要构成中发挥着重要的

---

① 孟庆恩.高校学生社团及其教育功能的实现[J].国家教育行政学院学报,2011(4)

② 共青团中央、教育部关于加强和改进大学生社团工作的意见(中青联[2005]5号)

作用,大学生通过积极参与社团活动,展示了自己的才华智慧,陶冶了思想情操,极大程度上扩大了求知领域。新时期加强高校学生社团建设,通过开展丰富多样的社团活动,积极引导青年学生参加,一方面极大地推动了共青团事业的不断发展,另一方面极大地促进了学生素质教育的全面实施,使党的青年培养工作永葆生机与活力。

(二)高校社团是大学生社会主义核心价值观教育的重要力量

改革开放以来,随着经济社会发展进步,核心价值观教育工作方式发生了很大的转变,学生不再是被动地接受那些传统、单一教育方式,为了有效克服大学生核心价值观教育工作的弊端,高校开始通过开展社团活动来调动学生的积极性。高校社团文化的蓬勃发展,以新载体的形式极大地促进了大学生核心价值观教育的发展,通过将核心价值观教育内容融入寓教于乐的社会活动中,得到了广大学生的极大接受和认可。2005 年,教育部、共青团中央出台的《关于加强和改进大学生社团工作的意见》中指出:"大学生社团活动是实施素质教育的重要途径和有效方式,在加强校园文化建设、提高学生综合素质、引导学生适应社会、促进学生成才就业等方面发挥着重要作用,是新形势下有效凝聚学生、开展思想政治教育的重要组织动员方式,是以班级年级为主开展学生思想政治教育的重要补充。"[①]因此,社团的起点在于自发性,从某种意义上来说,在学生的成长模式中参加社团是一种自我选择。这主要是因为在社团活动中,学生的主体地位能够得到充分的体现,学生作为主体能够主动地去策划、组织和实施具体的活动,在这一过程中学生的主动意识、参与意识得到了加强,从很大程度上加强了教育效果,极大地有利于大学生的健康成长。学生理论社团为了进一步提高社会主义核心价值观教育的实效性,始终坚持对思想理论进行深入研究并在广大学生中积极宣传党的

---

① 普通高校思想政治理论课文献选编(1949—2006)[C].北京:中国人民大学出版社,2006,第 368 页

先进思想和理论,以便学生在自身的实践活动中充分以先进的思想理论为指导,提升实践活动的先进性,这就在很大程度上拓展了大学生社会主义核心价值观教育的渠道,成为大学生社会主义核心价值观教育的重要力量。[①]

(三)充分发挥社团组织的价值引导功能

社会组织不仅是校园文体活动开展的载体,也是社会实践开展的重要依托和实施载体,具有很强的价值凝聚和价值观念整合与导向功能,是大学生社会主义核心价值观教育的重要推动力量。因此,要立足高校和学生发展实际,切实改善社团组织建设,发挥其育人功能和价值引导力量。

第一,加强领导与支持。学校要高度重视,从学校层面成立学生社团领导小组,全面部署协调社团工作。负责具体指导的校团委要把社团工作纳入团学工作的整体格局,积极支持社团活动,切实加强对社团的管理,引导社团健康发展。另外,根据学校社团建设的实际情况,将社团分类,从学生工作队伍里挑选出优秀的热爱社团工作的教师进行专业指导,使社团的发展在指导教师的引导之下合理、有序、有节地运行;注重对社团干部的领导,加强队伍建设,完善考核机制、培训机制和奖惩机制,提升学生自主管理水平。同时,社团的健康可持续发展需要有充足的资源,需要各方的大力支持。因此,学校应充分整合现有资源,制定社团发展规划,成立社团建设专项资金,对重点社团提供适当支持,保障其正常运行,并注重加强社团硬件建设。此外,还要为各社团争取尽可能多的各类资源和搭建更为广阔的展示舞台,鼓励社团走出学校,加强外联实践,更好地开展与社会接轨的活动。

第二,进一步完善制度建设和组织建设。大学生根据自己的兴趣爱好自发组织成不同的大学生社团,由此可以看出组织性不强是大学生社团存在的一个缺陷,因此制度化和规范化管理是加

---

① 蔡海生.高校基层党组织在思想政治教育进社团中的作用[J].思想政治教育研究,2006(10)

强学生社团管理极为重要的方面。对此,学校应该将社团管理制度方面重视起来,不断改进和完善,例如可以在高校社团中实施社团审核制度、社团维权制度、社团竞争机制等,不仅如此,各社团也应根据自身特点,在充分考虑和遵循学校规定的社团管理制度基础上,制定适合本社团的管理制度,如权责分配制度、财务制度、监督制度、考核制度等,强化社团内部管理制度,促进社团持续发展。同时,加强社团活动的计划与组织,创新社团活动的运行机制,积极开展内容丰富、形式新颖、吸引力强的理论学习、文化娱乐、社会实践、志愿服务、体育竞技等活动。在活动形式上力求创新,努力做到多样化、生动化,以保持对广大青年的吸引力。同时要注意突出广大青年的主体地位,要让他们抱着自发的兴趣,积极主动地参与到活动中来,从而提高社团的辐射性和创造性,实现社团的可持续发展。①

　　第三,强化理念,创建品牌。社团文化理念的先进性直接影响着社团成员思想行为的发展程度。社会主义核心价值观是我国现阶段先进文化的集中表现,因此,在社团组织建设中应突出和体现社会主义核心价值观的内容和要求,开发出能反映社团文化理念、社团成员共同价值观、社团特色的精品文化活动,在校园中树立良好的社团形象,提升社团公信力和口碑,扩大社团的影响力,吸引广大学生主动参与、积极建设,从而增强社团成员对社团的认同感和归属感。与此同时,增强成员对社会主义核心价值观的认同度,提升成员践行社会主义核心价值观的自觉性和主动性。

二、完善志愿服务,作为践行社会主义核心价值观的有效形式

　　志愿者是一个没有国界的名字,是指基于良知、信念和责任,不为任何物质报酬,自愿贡献个人的时间、精力、金钱等,为社会

---

① 田华文.关于高校学生社团发展的理论思考与实践探索[J].湖北函授大学学报,2011(3)

和他人提供服务和帮助的人。自 1993 年底,共青团中央实施中国青年志愿者行动算起,我国志愿服务事业有了 20 余年的发展历程,越来越多的青年人和社会各界人士加入到志愿者队伍中来,在扶危济困、应急救援、大型活动中发挥了不可或缺的作用,成为培育和践行社会主义核心价值观的重要载体。[①]

(一)大学生进行志愿服务的意义

(1)志愿服务有利于大学生心灵和谐。志愿服务亦具有治心的作用,志愿服务有助于丰富大学生个人的生活体验,满足其精神上自我实现的需求。通过志愿服务活动,大学生能够美化心灵、提高自我,并且增强对社会和国家的责任感、使命感。

(2)志愿服务有利于人与人的人际和谐。人与人的和谐是社会和谐的根本保证,只有人际关系和谐了,才有可能形成整个社会的和谐。我国正处于社会转型的特殊时期,社会保障体系尚未健全,大学生通过提供各种服务减轻了社会群体间的摩擦,增加了社会成员的生活保障,缓解了人与人相互的矛盾,给受助者带去了人间真情,使他们真切感受到了来自他人的温暖,因而促进了整个社会的和谐稳定。

(二)大学生志愿服务的类型

1. 校内志愿服务

校园是学生学习生活的主要场所,除了学习必须的教室、图书馆等,还有学校提供的一系列生活条件设施,如供学生住宿的学生公寓,供学生就餐的餐厅,供学生运动的活动中心、田径场等,这些都需要各类服务。根据服务项目的性质大致可分为以下几大类。

(1)公寓服务。学生公寓是每所大学校园占据面积最大的部

---

① 胡俊生,惠雁冰.建示范基地平台做育化人才文章[J].中国高等教育,2015(10)

分,整洁文明的公寓环境既是学生们所追求的,也是校园环境的重要组成部分。要维持公寓整洁文明,不仅需要每个学生的良好文明行为习惯,也需要大家的极力维护。公寓服务不仅能让学生体会到工作人员、管理工作的艰辛,更能增强学生的警惕性和责任心。

学生公寓一般设有安保员、保洁员和督导员等岗位,安保员担负每幢学生寝室楼及周围环境的安全保卫工作,对外来人员、携带大件物品出入的人员要认真询问登记,要做好寝室钥匙出借、保管工作。保洁员担负着公寓公共楼道和公共卫生间的清洁保持任务,保洁员要每天对扶梯、窗台、地面、盥洗室台面等做一次基本全面的清理打扫;督导负责幢区住宿生就寝纪律、卫生文明的督促引导,要做好晚寝查房工作、纪律督查及住宿生思想政治教育引导服务工作。

(2)餐厅服务。餐厅是每所大学必备的服务场所,也是学生们每天必去的地方,餐厅根据来自不同地方学生的饮食习惯提供长时间的饮食服务。餐厅的饭菜是否可口新鲜,餐厅的卫生是否过关,都是学生们非常关心的问题。当然餐厅也需要大量的人力资源,需要高水平、高素质、责任心强的管理人员提升餐厅的管理效益;需要大量高素质的服务人员提升餐厅的服务质量;需要通过各种调研改善餐厅饭菜质量。如果学生能参与餐厅管理或服务,既能提升餐厅的管理效益,又能提升餐厅的服务质量。

餐厅服务从菜式设计、买菜、择菜、洗菜到配菜、打菜、卖菜到收盘、洗盘、擦桌,不仅可以让大家了解到餐厅的经营方式和管理现状,也可以让大家获得日常家务生活经历,不仅可以锻炼学生的动手能力,更能树立学生自主参与学校后勤服务管理的意识,是志愿服务的极佳场所和项目。

(3)校园保洁服务。大学校园内的公共设施,如田径场、篮球场、网球场、游乐场,不仅是校内学生和教职工的学习娱乐场所,也是周边居民学习娱乐的公共场所,所以不仅需要专人负责打扫,更需要学生自主维护、自觉保护,才能一直保持校园清爽整洁。

校园保洁包括绿化整修和日常保洁等服务。绿化整修主要指对校园绿化带的整理保洁,即对相应的绿化地带进行落叶清扫、生活垃圾清理、杂草清除等工作。日常保洁服务包括校园环境保洁维护,如清除小广告"牛皮癣"、打扫教室、整理机房等工作和校园地面保洁,校园地面保洁的主要任务是清除地面残留的顽渍污垢,清扫地面上的生活垃圾,清除墙面、砖面上的灰尘污垢等。

(4)教学服务。不少高校都建有附属小学或幼儿园,因此附属小学或幼儿园也成了大学生义工校区服务的特殊平台。在附属小学,义工可根据自己的专业能力和水平担负起课堂教学工作;在附属幼儿园,义工可担负保育员、教学辅助工作、组织幼儿开展游戏等。

(5)图书馆服务。图书馆是一所大学的门面,每个大学都非常注重图书馆的建设,图书馆不仅藏有大量书籍,更是提供学生自主学习的最佳场所。图书馆内不仅要经常整理大量书籍,更要每日保持馆内整洁,所以图书馆义工工作可包括图书整理、阅览室管理、书签制作、图书上架、资料室小语种书籍名称翻译、环境保洁等。学生在服务期间不仅能学习归类归档等专业知识技能,更能督促自己养成良好的借还习惯。

(6)超市服务。校园内一般都设有提供学生日常生活所需的服务场所,如超市等等,学生在超市服务中不仅能深入接触买卖市场,了解市场机制及规律,更能在历练服务态度的同时提高自己的综合素质,超市服务包括收银、上下货、迎宾、柜台服务等工作。

(7)打印事务。打印事务服务可让学生通过实际操作加深对编辑打印文本的了解。打印事务服务包括文本编辑、外文翻译编印、复印打印等工作。

(8)大型活动服务。每所高校都非常重视文化建设,同时也会每年举行不同的文化活动,如不定期地举行一些国际文化交流活动,常规活动如迎接新生、军训、运动会、迎新晚会等。在这些活动举行期间，义工可以根据自己的特长和爱好从事接待、引领、翻译、后勤服务等服务。

（9）外事服务。外事服务能训练学生的外语交流沟通能力。外事服务包括留学生事务管理、外籍教师事务管理、外教外宾接待、中外文化交流等工作。

（10）行政辅助服务。行政辅助服务可以加强学生的专业实践能力。这个岗位涉及面较广，包括财务处开设的财务事务协助工作、教务处开设的教学事务协助工作、办公室开设的文秘事务协助工作及学校、学院各相关处室开设的行政事务协助工作等。学生可根据自己的专业特长和时间选择岗位进行服务。

（11）医疗辅助服务。医疗辅助服务可以培养学生的自我保护能力，增强学生自我医护知识，服务内容包括新生/毕业生常规体检、运动员体检的宣传、维护秩序；特殊医药用品（如消毒药棉）的简单制作和突发医疗事件的临时医护工作等。学生可根据自己的爱好和兴趣从事各项服务。

2.校外志愿服务

服务社会既是现代大学的重要职能之一，也是培养学生综合职业能力的一大平台，校外服务作为高校志愿服务的一个重点项目，主要包括以下几方面内容。

（1）依托地方行政部门开展的服务项目。每个城市都有志愿服务项目，尤其是国家级历史文化名城、国家优秀旅游城市等，可以开展一些与民生相关，与群众的需求和社会的需要相关的服务项目，服务的领域可以是特殊困难群体，如老人、儿童、残疾人士、贫困人员、特殊青少年群体；社会热点问题，如环保、医疗、教育、抢险救灾；大型的体育、文化、艺术交流活动等。而当地高校学生除承担一些普通的接待、礼仪服务外，还主要需承担一些外宾接待、外事服务、外语翻译任务。

（2）依托学校社团开展的服务项目。高校社团每年都可开展一些服务项目，如空巢老人服务活动、校园环境维护活动、摄影作品大赛、慈善义卖活动、抗震救灾募捐及祈福行动、关爱福利院儿童活动等。高校学生可依托学校社团开展的这些活动开展志愿服务。

(3)其他项目。高校还应鼓励支持各学院、班级或个人自行联系校内外服务项目。如学生自行联系的支教服务等。

(三)充分发挥志愿服务在大学生社会主义核心价值观建构中的积极作用

近年来,社会各类团体及高校中各类志愿服务组织不断发展,志愿服务也逐渐趋向常态化,以相互关爱、服务社会为主题,围绕环境保护、大型活动、扶贫济困、应急救援等方面,围绕残疾人、留守儿童、社区孤寡老人和困难职工等群体,组织开展了各类形式的志愿服务活动,有助于形成我为人人、人人为我的社会风气。以志愿服务培育和践行社会主义核心价值观,还需要建立健全志愿服务制度,完善激励机制和政策法规保障机制,把志愿服务活动做到基层、做到社区、做进家庭。①

1.抓认识深化,提升志愿自觉

思想是行动的先导,指引着前进的方向。没有认识的自觉,就不会有行动的自愿。志愿服务发展到今天,仍然存在一个不断深化认识的问题。党的十八大明确提出"广泛开展志愿服务,推动学雷锋活动,学习宣传道德模范活动常态化"的要求。实现志愿服务常态化的首要任务,就是要广泛普及志愿理念,大力弘扬志愿精神,不断提高志愿服务的社会认知度,将志愿理念转化为社会群体意识,让志愿活动的星星之火形成燎原之势。

---

① 王燕文.社会主义核心价值观研究丛书(总论)[M].南京:江苏人民出版社,2014,第256页.

(1)以传统美德滋养志愿自觉

中国自古就提倡助人为乐、扶贫济困、乐善好施,"老吾老以及人之老、幼吾幼以及人之幼","仁者爱人,爱人者人恒爱之","与人为善","兼善天下、利济苍生","出入相友、守望相助、疾病相扶持",等等,为大学生所耳熟能详。时代不断进步,美德跨越时空得到传承。"奉献、友爱、互助、进步"的志愿精神与我国传统美德一脉相承,又与时俱进。对于这些传统美德,要进行创造性转化、创新性发展,引导大学生友爱互助、多做好事。

(2)以先进典型激发志愿自觉

榜样的力量是无穷的。1963年,毛泽东同志亲笔题词"向雷锋同志学习",并将3月5日定为学雷锋纪念日。半个多世纪以来,雷锋精神与时代同行,激励着一代又一代的中国人助人为乐、服务社会,用实际行动开展志愿服务、传承雷锋精神。

典型示范,扩大影响开展形式多样的学雷锋、树典型活动,通过发挥党员示范的带动力、岗位示范的辐射力和典型示范的感召力强化人们的道德责任和道德情感。树模范的同时,也要注意发挥社会公众人物的示范作用。比如在网络上许多意见领袖和大V们的影响力极其重要,要努力使更多的公众人物成为雷锋精神和社会主义核心价值观的宣扬者、践行者和推广者。比如2014年10月15日由习近平主席主持的北京文艺座谈会就邀请了周小平、花千芳两位在网络上传播正能量的网络作家参与。习主席亲切勉励两位作家:"希望你们创作更多具有正能量的作品。"

(3)以舆论引导提升志愿自觉

传播的力度决定了影响的广度。近年来,报刊、广播、电视、互联网、移动互联网等大众传媒,大力普及志愿服务知识、宣传志愿服务活动、传播志愿者感人事迹,营造出浓厚的舆论氛围。从南方雪灾到汶川大地震,从舟曲泥石流滑坡到玉树地震,从北京奥运会到上海世博会再到南京青奥会,记者不仅将镜头对准救灾,对准展览、赛事本身,也对默默无闻奉献的志愿者这一独特而亮丽的风景线进行浓墨重彩的宣传,讲述志愿者们的动人故事,让志愿精神和志愿服务被越来越多的人所熟悉。

2.重实践创新,优化志愿服务

吸引更多的大学生参与志愿,必须遵循志愿服务的规律,从经济社会发展需要出发,从社会大众的需求出发,精心设计活动项目,广泛搭建平台载体,让大学生乐于参与、便于参与。

(1)深化社区志愿服务

社区是人们生活的基本单位。邻里和睦、互帮互助与每个人息息相关,也是和谐社会的"粘合剂"。社区服务面广量大,空巢老人、留守儿童、农民工、残疾人等群体尤其需要"邻里守望",家政活动、文化活动、全民健身、心理疏导、医疗保健、法律援助、应急救助、科学普及等广为需求。社区志愿服务从日常做起,从小事做起,接地气、顺民意,用雪中送炭的实事好事,温暖着整个社区大家庭。抓好社区志愿服务,既要依靠社区志愿者,也要善借外力,推动社区志愿者与文明单位志愿服务队、社会志愿服务组织等建立志愿服务伙伴关系。

(2)做好重点志愿服务

大型社会活动离不开志愿服务,应该围绕重大活动、重要会议和大型文体赛事等,规范招募信息发布,加强培训管理,提高重大活动志愿服务的科学化规范化水平。经济社会发展热点难点领域离不开志愿服务,应该围绕保护环境、保护文化遗存、应急救援、无偿捐献等,组织和引导相关职能部门开展志愿活动。应对突发事件离不开志愿服务,应该加强对志愿者相关知识培训和技能演练,提高应急救援的专业化水平。公共场所离不开志愿服务,应该在车站、码头、图书馆、博物馆、旅游景区等人员密集的地方,组织志愿者开展便民利民、文明劝导、公共秩序维护等志愿服务。

3.促机制完善,推动志愿常态

科学合理的制度体系是事业健康发展的基础。当前我国志愿服务面临的一大"瓶颈",就是制度建设相对滞后。探索建立中国特色的志愿服务制度,是推动志愿规范有序、持续健康发展的长远之策、根本之策。

(1)完善志愿服务制度,加强科学管理

一是在鼓励学生积极参与志愿服务的同时,学校应遵从学生的意愿,考虑学生时间、精力的限制,实施个别化和自愿原则。

二是虽然2015年教育部印发《学生志愿服务管理暂行办法》,规定在大学学段实行学生志愿者星级认证制度,学校根据学生志愿者参加志愿服务的时间累计,认定其为一至五星志愿者。但是否应把志愿服务纳入学生各项评优评奖考核项目需仔细考量,要制定科学、合理的标准,使这一工作更加公平、公正。

三是一些学生还存在认识上的不足,即使在参加志愿服务时也是敷衍了事,这给服务的机构和其他同学都会带来不良影响。所以,要杜绝这种弄虚作假现象,加强学生对志愿者的认同,使志愿服务活动成为学生内心的一种理念和自愿行为。

(2)加强培训和督导,提升志愿服务的实效性

要着重增进学生志愿服务专业知识,提升其志愿服务技能。着眼于减少志愿服务过程中的失误和不足,以提高学生志愿助人服务的质量和水平。学生志愿服务社团组织要加强与服务机构的联系、沟通,配备专业教师督导学生的志愿服务。建立志愿服务分享机制,使优秀志愿服务能够传授服务经验,同时使志愿服务者之间能够互相支持和鼓励,保证学生志愿服务活动能够良性循环地发展下去。

(3)扩展志愿服务范围,丰富服务形式

大学生志愿服务的形式也可以灵活多样,咨询、辅导、开展活动、寻找支持和资源等都可以成为志愿服务的形式。机构、家庭、公园、街头等公共场所都可成为志愿服务场所。在社会实践中,大学生要结合实际需要,不断拓展志愿服务内容,创新志愿服务形式。

三、推动精神文明创建活动,成为宣传和践行社会主义核心价值观的有效路径

大学生精神文明创建活动也是宣传和践行社会主义核心价值观的重要实践形式。当前高校精神文明创建工作的总体思路要坚持以社会主义核心价值观为主线;精神文明创建活动在丰富内容、创新载体上有新进展;讲文明树新风活动在提升大学生文明素质、社会文明程度和引领社会风尚上有新进展;精神文明建设各项工作在贴近实际、贴近生活、贴近学生,提升工作科学化水平上有新进展。具体要做好以下几方面的工作。

(一)推进班级文化建设

班级文化对于大学生品质的塑造和综合能力的培养起着潜移默化的作用。营造和谐的班级文化,能为学生创造良好的教育环境,有助于学生的可持续发展。

构建优秀的班级文化,可以从以下几个方面着手:一是创建优秀的班级文化氛围,努力创造浓厚的学习气氛、团结和谐的同学关系和勇于拼搏的进取精神,同时还要努力构建愉悦的文体活动氛围。二是制定系统的日常行为规范。"没有规矩,不成方圆。"大学生班级群体教育应该注重运用各种行为规范来约束成员的日常行为,有奖有罚,奖罚分明。三是树立班级目标,结合专业特色科学合理地制定本班级的目标,并使班级成员明确要达到目标自身需要进行哪些努力。四是培育班级精神。班级精神是班级活动的指导思想与行动准则,是对班级目标的高度凝练。班级精神要根据专业的特点进行浓缩和提炼,倡导诚实守信、公平友爱、团结协作、顽强拼搏的高尚班级精神。

(二)开展大学生"读书节"活动

引导大学生阅读,对不断提升大学生文明素质和社会文明程度具有重要意义。通过大学生读书节活动引导大学生树立文明

礼仪,具体可以设置的活动有:①比赛类活动,结合大学生实际和文明礼仪主题设置活动。如"一句话评书比赛""读小报设计比赛""一书一世界影像比赛""经典话剧比赛"等。②展览类活动,可结合不同主题设计展板,营造良好的读书氛围,如"好书齐分享·书目推荐活动",或者相关知识展板等。③宣传类活动,可进行各种读书宣传活动来鼓励同学们读好书,激发大家的阅读兴趣,培养同学们爱读书的好习惯,如"名家讲座""博览之星评选"等活动。④其他类活动,可自行设计活动类别和形式,活动内容要贴近主题,且要求内容积极向上,有益于大学生身心健康发展,如"图书漂流"等。

（三）利用新生入学教育开展素质与养成实践教育

高等教育的任务是培养具有创新精神与实践能力的高级专门人才,这其中的核心是素质教育。功利性过强的中学教育使得素质教育本身存在缺陷和断链,亟须提高学生的综合素质,以适应快节奏的大学教育。素质教育是高校人才培养环节中最关键的部分,是高校卓越人才培养工程的起点工程。同时,高等学校宽松的学习环境和中学、大学两者环境的显著差异,使得我们必须要重视新生的素质与养成教育。该板块通过开展军事技能训练,按时早操(对应早读),坚持中午、下午(上课时间)和晚上(自习时间)的训练,让新生适应和接受"一日生活制度""节假日晚点名""晚签到"等制度,从而培养学生良好的纪律观念和学习生活习惯;通过应急训练、消防演练,交通安全和财产安全知识的讲解等,让新生掌握基本的应急和急救能力,养成良好的安全意识;通过文明班级、宿舍创建评比等活动,培养新生形成凝聚、和谐、规律的集体生活习惯;通过丰富校园文化活动的开展,为新生总体素质的提高搭建广泛平台;通过职业素质教育,培养新生良好的职业道德,掌握基本的职业技能。

（四）开展专题文明教育实践活动

推动文明礼仪养成教育规范化,让大学生在实践中切身感知、深切体悟礼仪中所蕴含的主流价值观念,是社会主义核心价值观融入生活的有效路径。2013年底,中办印发的《关于培育和践行社会主义核心价值观的意见》,强调要使文明礼仪成为培育社会主流价值的重要方式。

为了更好地推动文明教育活动的开展,高校应该积极开发一些关于文明礼仪养成教育的校本课程,并通过学校开设的各种课程汇总深入发掘文明礼仪养成教育资源,例如语文、历史、地理、艺术、体育、社团活动和社会实践等活动中,将文明礼仪规范渗透到相关教育教学中。将校园文化的熏陶作用充分发挥出来,将文明礼仪教育内容充分融入到校园活动和文化中,广泛开展主题班(队)会、主题团日、升国旗仪式、运动会、艺术节、读书读报、征文演讲等活动。高度重视教师队伍培训工作并加以加强和完善,将省级骨干教师培训的重点内容囊括进文明礼仪养成教育,并将部分学科的省级培训与之相结合,开展文明礼仪养成教育辅导,以此带动和促进学生文明礼仪习惯的养成。[①] 依托各级各类校园网、班级QQ群、校园BBS、网上家长学校等网络平台,把文明礼仪规范要求体现到网络宣传、网络文化、网络服务之中,打造文明守礼正能量。

四、开展重要节庆、纪念日教育实践活动,对传播社会主流价值具有独特优势

挖掘各种重要节庆日、纪念日蕴藏的丰富教育资源,利用五四、七一、八一、十一等政治性节日,三八、五一、六一等国际性节日,党史国史上重大事件、重要人物纪念日等,举办庄严庄重、内涵丰富的群众性庆祝和纪念活动,对开展社会主义核心价值观培育具有重要作用。[②] 准确把握节庆、纪念日的文化内涵,深入挖掘

---

① 中共中央办公厅印发《关于培育和践行社会主义核心价值观的意见》把价值观教育融入国民教育全过程[J].中国职工教育,2014(1)

② 袁永军,石秀霞,张丽敏.利用节日纪念日开展大学生主题教育活动现状分析[J].改革与开放,2013(3)

节庆、纪念日的教育价值，开展主题鲜明的教育活动，丰富活动内容，创新活动形式，精心打造节庆、纪念日文化品牌，是开展大学生社会主义核心价值观培育的有效途径。

（一）要充分挖掘节庆、纪念日内涵，发挥主题教育价值

任何一个节庆、纪念日，都代表一种文化，都蕴含着深厚的文化底蕴和价值理念。充分挖掘节庆、纪念日文化内涵，对每个节庆、纪念日，要充分挖掘其观念要素、情感要素、知识要素、实践要素，从而在开展节庆、纪念日教育实践活动中，完善教育活动方案，做到目的清晰、计划可行、实效良好，以达到教育实践活动的重要作用。我们可以将节庆、纪念日分为世界主题类、文化传统类、革命传统类、学校文化类，突出不同类节庆、纪念日的文化内涵，深入挖掘其所蕴含的教育价值。如七一建党节、五四青年节等革命传统类节日，开展主题鲜明的纪念教育实践活动，精心打造主题教育品牌，创新大学生社会主义核心价值观培育的有效途径。

（二）要丰富节庆、纪念日活动内容，创新节庆、纪念日活动形式

开展节庆、纪念日教育活动切忌内容陈旧、形式单一。在内容上，不仅要继承原有节庆、纪念日的内容，而且要结合时代发展和当前大学生的自身实际，精心设计节庆、纪念日教育活动内容。在形式上，充分营造氛围，发挥学生的主体作用，引导大学生利用主题演讲、班团会、文化论坛、文艺汇演等形式加强对节庆、纪念日文化的印象。学校开展节庆、纪念日教育，只有学生真正自愿地参与，才能让学生慢慢体会到节庆、纪念日文化中体现出的传统美德，进而内化到言行举止中，才会收到良好的教育效果。

第三节　健全社会实践长效机制，促进大学生社会主义核心价值观教育

机制区别于制度，是事物内部组织和运行的变化规律。而高

校大学生社会实践的机制主要是指高校通过有计划、有组织地开展大学生社会实践,探寻社会实践培养人才的最佳途径,实现对大学生社会实践的有效管理。大学生社会实践活动开辟了高校社会主义核心价值观教育的新途径,要使它成为高校人才培养的有机组成部分,必须促进其规范化、制度化、科学化,以保证和提高社会实践的实效性。

一、端正社会实践在推动社会主义核心价值观教育中的认识

要使各种社会实践活动顺利而有序开展,必须对社会实践活动有正确的认识。在大学生核心价值观培育中,既要认识到社会实践活动的重要作用,积极开展各项有意义的活动,而且要做好活动的各项保障工作,避免安全事故的发生。尤其要避免盲目的活动,比如媒体报道的某些大学生自发进行的探险活动,由于缺乏对活动的可行性的策划和安排,参与者的人身安全就没有保障,也给国家行政管理资源造成不必要的浪费。特别要克服两种错误倾向,一种是认为活动越多越好,结果是活动太滥太频繁,参与者感到疲惫不堪,既影响了中心工作,又冲淡了大学生的参与热情;另一种是因为在活动中出现问题而不敢开展活动,谈活动色变的倾向,产生"一朝被蛇咬,十年怕井绳"的心理,认为开展社会实践活动越多,出问题就越多,出了问题不是去思考出现问题的原因,总结社会实践活动的经验教训,而是把问题简单归咎于活动本身,认为不开展活动一样事情都不会发生。这两种倾向对于充分利用社会实践活动载体都是有害的,必须在核心价值观培育和践行中加以克服。

二、确立明确的大学生社会实践目标导向机制

现行许多道德教育理论学说大多依托尊重人格尊严的价值取向,主张在给受教育主体充分选择自由的基础上,在实践中引

导其形成国家所希望其具备的一些价值观念和思想品质。所以在大学生社会主义核心价值观教育的过程中应坚持明确的目标导向，更加注重贴近生活、贴近实际，强调在社会实践中突出受教育者主体性道德素质的培养，从而激发起受教育者的积极性和创造性，通过外化的行为使教育达到内化效应。

（一）突出学生的主体性

著名教育家杜威说过，"道德教育不应该是封闭式的，不能禁锢人的思想，而要促进人的道德思维能力，特别是独立和批判性思维能力的发展"。以社会实践的方式促进大学生社会主义核心价值观教育的有效实施，必须充分尊重并着重强调学生个体的思想观念和行为选择，使学生能够以主体的身份参与教育过程，使学生能够通过自我选择和自我认知，在社会实践中确认自身品德的形成和发展是个体理智选择的结果，是与个体智慧的发展紧密相关、相辅相成、相互制约并相互影响的，而不应把学生简单地作为被教育的对象。只有这样，才能够在激发学生学会思考、学会选择的基础上，达到把受教育者引导至既定教育目标上的效果。

（二）尊重学生多样性和个性

这要求在开展社会实践的各个环节，即前期准备、实际开展和效果强化三个阶段中要实事求是，慎重选择与大学生实际及社会主义核心价值观教育实际相切合的实践主题、开展形式、拓展方法等，从而收获良好的教育效果，共同服务于学生的成长成才和全面发展。

（三）强调大学生的自主性

在社会实践过程中，学生的道德认知、道德情感、道德信念、道德行为是一个自主建构、自主形成的过程，而不是通过外部力量强制形成的。要注重让学生在社会实践中认识、体验乃至确立、践行道德准则，让学生在社会实践中锻炼和塑造自己社会生存所需的基本能力,练就自立自强的精神和协作态度,更应当在社会实践中做好引导和组织、部署工作,使学生的自主性得到充分发挥和提升,达到在正确思想引导下,逐步培养起对社会主义核心价值观的认同,并自觉践行社会主义核心价值观的育人目的。

(四)调动学生接受教育的积极性

在社会实践过程中,"设置场景—引导角色进入—体验—选择"构成了道德教育实践育人模式的全过程,而学生的自我思考则全程贯穿其中。这一实践模式充分调动和发挥了学生自我接受教育的积极性。在大学生社会主义核心价值观教育中,必须注重调动学生接受教育的积极性。社会实践既是调动学生积极性、克服课堂教学理论灌输局限性的重要手段,也是激发学生积极性、实现自我认知和自我认同与践行的有效方式。这就要求我们充分探讨和构建科学的社会实践模式,鼓励受教育者积极参与,把社会实践的优势和功能切实发挥出来,构成教育活动完整性的同时也服务于教育目标的实现,使学生真正在体验过程中掌握并能够践行课堂所学的理论和规范。

三、健全大学生社会实践的指导管理机制

以社会实践活动为载体开展大学生社会主义核心价值观教育,不仅要考虑社会实践活动的必要性,而且要研究社会实践活动的可行性和针对性,力求社会实践活动有意义并取得好的效果。开展什么样的活动,应当在事前做好精心设计,做出科学合理的安排,要处理好中心工作与活动之间的关系。特别是要避免为搞活动而活动、放弃中心工作的做法。在活动中,尤其是具有一定规模的活动,如果缺乏有效的组织领导,就会使活动混乱不堪,不但收不到预期的效果,而且会使参与的大学生产生抱怨情绪,再有意义的活动也收不到应有的效果。是否能发挥社会实践活动的有效作用,关键看活动的内容和形式是否为大学生所需

要。也就是说，各种活动都要坚持以人为本，以满足大学生的物质生活和文化生活需要作为出发点。

要建立校、院（系）两级指导教师团队。在此基础上，要进一步完善指导机制。一是通过加强课程建设，建立和完善大学生社会实践培训课程体系及课酬制度，来推进校级指导教师团队的知识化和专业化；[①]二是通过建立大学生社会实践指导教师进修培训制度和活动补助制度，来推进院（系）指导教师团队的建设。

要建立校、院（系）两级领导机构。在此基础上，要建立和完善包括责任制、督查制、报告制等在内的领导机制。每种类型的社会实践活动都要明确责任部门和责任人，形成齐抓共管、一级抓一级、层层抓落实的工作局面。校级领导机构要在明确责任分工、优化资源配置、协调工作冲突、进行督促检查、开展专题培训等方面发挥主导性作用；院（系）级领导机构要在策划部署、人员配备、考核评定、社会实践基地建设等方面发挥关键性作用。教学管理部门要抓好属于"第一课堂"的专业实习类、军事训练类社会实践活动；学生管理部门、党群组织要抓好属于"第二课堂"的生产劳动类、社会调查类、勤工俭学类、科技服务类、志愿服务类和挂职锻炼类社会实践活动。

四、创建科学的大学生社会实践评价激励机制

社会实践活动的最终受益者是学生。如果学生在活动中没有积极性，只是被动地参与，那么这样的社会实践活动就没有什么实效性可言了。因此，必须从学生在社会实践活动中可以获得什么，或者说作为施教者可以通过社会实践活动给予学生什么这个根本问题出发，建立完善的激励机制，才能实现学生从"要我参加"到"我要参加"的转变，保证社会实践的可持续发展。在具体的社会实践活动过程中，要紧密结合前期宣传教育、中期指导监

---

① 郭嫄.大学生社会实践基地长效机制建设探究［J］.中国电力教育,2009(6)

督和后期总结提升这几个阶段,以便为了更好地提高大学生对社会实践活动重要性的认识,从而能够切身体会和感受到通过社会实践活动实实在在地提高了大学生的能力素质,考量学生参加实践活动的动机和效果,使每个学生都能感受到社会实践活动对自己成长的意义。此外,还应当引入考核机制,增加大学生对社会实践活动的重视度,提高实践活动的效率。同时可以进一步使相关的指导老师具体管理和评价学生参与社会实践的情况,从而在制度化和规范化方面进一步提高了社会实践的水平。同时结合奖励制度,进一步表扬和激励那些在社会实践中表现突出的集体或者个人,完善考核激励体系。认真总结社会实践活动的经验和不足,以便全面系统地把握社会实践的指导理论。不断鼓励深入研究社会实践中的创新项目的行为,完善相应的创新机制;并进一步整理和总结社会实践活动中出现的问题和遇到的阻碍,最终提出相应的解决方案;系统整理和总结社会实践中取得成功的案例,为下次社会实践提供模板。

五、建立稳定的大学生社会实践基地

加强社会实践基地建设,充分发挥大学生社会主义核心价值观教育基地的重要作用。对于大学生来说,其接触社会的程度并不是很大,生活和交际的圈子大部分在高校校园中,这就造成大学生社会关系单纯,社会化的程度还不高,这就在很大程度上限制了大学生参加社会实践的途径,为了能够寻找到适合的实践单位,通常会依靠家庭社会关系网、自主联系等方式,但不容置疑的是,这样的实践方式必然会存在着种种弊端,不能满足社会调查、社会服务等的需要,同时由于各种因素的关系,实践单位不会毫无保留地让大学生对其进行调查参观,从而造成社会实践活动仅仅停留在表面上,不能获得更进一步的调查资料,影响实践活动的实效性。在这种情况下,学校应更加注重与社区、企事业单位等单位建立长期联系,签订相关实践协议确定服务实践基地,以基地为点,以点带面,点面结合,滚动发展。

(一)把握时代脉搏

认清国际、国内形势,把握时代脉搏不仅指掌握外界形势的变化,更侧重于把握和适应新形势下青年学生的主体诉求和思想需求。综合社会导向和学生需求,改善和优化社会实践基地建设是提升社会实践基地功能最关键、最重要的途径。[①] 在进行大学生社会主义核心价值观教育时,要整合校内、校外两种资源和优势,从学生实际出发,以社会主义核心价值观的内容与要求为导向,丰富社会实践基地建设类型、更新社会实践基地建设内容,为实现培育和践行目的提供良好的物质条件和环境支持。

(二)以"三维"为核心,推进大学生实践基地建设

实践基地是专门为学生社会实践而成立的一个基地或者机构。"三维实践基地"则着力从社会实践、科技实践、创业实践三个方面大力推进大学生社会实践基地建设。若将"社会实践基地"和"科技实践基地"比作培养学生基本实践能力的 X 轴和 Y 轴的话,那么"创业实践基地"就是培养学生整体综合实践能力的 Z 坐标轴,故将此称为培养学生综合素质的"三维实践基地"。[②]

1.社会实践基地

一方面,大学生可以充分结合区校、村校、校企共建服务活动,在区县、农村企业建设基地。另一方面,大学生还可以以班级、院系、社团等组织为单位,就近建立实践基地,各实践队伍与各实践对象可以建立长期的合作关系。同时,不同年级的学生还可以采取以老带新的方式组团开展活动,增强实践基地的传承性,为更多大学生经常性地参与社会实践活动提供机会和渠道。

---

① 林贤如.深化大学生社会实践基地建设的路径探讨[J].学理论,2012(31)
② 唐晓阳,李莉丽.打造"三维实践"体系培养高素质应用型人才[J].中国高等教育,2007(18)

这种校外结合专业特点、自身优势参加社会调查、实际生产、企业管理,不仅能为社会和企业提供技术服务,也可以帮助大学生通过社会实践提升专业技能,锻炼适应社会的能力。

2．科技实践基地

高校通过开展诸如全国"挑战杯"科技竞赛、国家大学生创新性实验计划等活动,并结合科学商店项目(大学生科普志愿者进社区)在校内建立大学生科创中心,作为科技实践基地。高校可以开展各项科技文化活动为巩固科技实践基地奠定基础,提高学生参与科技实践基地的积极性。同时鼓励完成一定创新实践并取得成果的大学生,由学校组织专家审核认定后,奖励一定的学分。从科技创新的角度承认大学生的科技成果,这样学生科技创新能力的提高反过来激发学生进一步学好科学文化知识和积极参与科技实践基地建设的兴趣,形成了良性循环。

3．创业实践基地

学校不仅要满足学生创业实践的基本要求,还要通过开展系统的创业教育,选修课程和个别指导对学生进行创业知识培训,鼓励学生把自己的所学所思运用到创业活动中去。不仅如此,在学校统一指导下,学校相关部门与社会相关企业建立创业实践基地,学生就可以将在创业计划竞赛、大学生课外科技作品竞赛等各种竞赛中的作品和创意应用到创业实践中去,从而提高理论与实践结合的主动意识,增强学生创业的积极性。

(三)提高实践基地的稳定性和持续性

社会实践基地的稳定性和持续性,关系到社会实践活动的育人效果,也关系到在大学生社会主义核心价值观教育的实效性。社会实践基地的稳定性主要表现在校方与基地方之间的沟通与交流上。制定明确双方权利和义务的基地建设合同,是保证社会实践基地稳定性、强化社会实践基地育人效果的重要举措。连续性是社会实践基地得以长效运行、形成机制化管理的关键因素,基地建设的连续性能够使基地建设情况从以往实践中得到持续的反馈,也能够使同学更好地了解基地情况,避免为联系基地到处奔波,从而更好地服务于育人功能的发挥和体现。

六、完善社会实践的内容和形式

社会实践是一种灵活多变的大学生社会主义核心价值观教育方式,在组织实施的过程中不要拘泥于传统的实践方式和实践项目,要充分结合时代背景和大学生的身心特点组织实施具有时代特征的社会实践。另外,社会实践还要充分与社会的发展结合起来,比如支教、医疗下乡、科技下乡、文艺下乡以及法律援助活动等,这些活动不仅可以锻炼大学生的社会实践能力,提高自己的综合能力和自身素质,还可以为这些地区提供一定的帮助,为地区发展做出贡献。具体来说,可以从以下两个方面做起。

第一,主题意义明确。实践团队应结合学校特色、社会热点、市场需求,从本专业实际出发,确定实践主题。各基层实践单位可以在主线不变的情况下根据自身实际情况设定分主题。同时,社会实践是学生接触社会、了解现实、主动学习、自主发展的有效途径。社会实践主题的确定重在调动学生自主参与的积极性,增强他们参与活动的浓厚兴趣。主题应简单易行,便于操作,学生在探究与实践过程中增进了知识,开阔了视野,提高了团队意识和合作精神,切切实实成为学生在实践中接受教育的有效途径。

第二,实施方式灵活。为实现让大学生通过社会实践这种方式,更真实客观地观察社会,主动接受外部世界考验的目标,社会实践在实施过程中应注重实施方式的灵活性与实践形式的多样性。在实施过程中宜以院系、班级团支部、专业、课题组、社团、兴趣爱好等方式组团拓宽实践活动领域、丰富实践活动内容,因地制宜,采用理论宣讲、社会调查、学习参观等方式。

第七章 ‖ 提升网络效能，促进大学生社会主义核心价值观教育

  党的十八大以来，以习近平同志为总书记的党中央把培育和弘扬社会主义核心价值观作为凝神聚气、强基固本的基础工程，做出了一系列重要部署，在理论和实践上都迈出了新步伐、达到了新高度。社会主义核心价值观日益成为全体人民共同的价值追求，成为全民族奋发向上、团结和睦的精神纽带。

  随着信息时代的到来，以互联网为依托的信息技术获得了突飞猛进的发展，手机、电脑几乎成为所有公民的必备用品，为人们的生产和生活带来很多便利，对政治、经济和社会都产生了很大的影响。当前，对互联网的应用几乎已经遍布了人们生活的各个领域，深深扎进了我们社会的土壤中。网络已经成为一种新的社会形态，在互联网的迅速发展下，其对我们的思想体系和价值观念都造成了不小的冲击。在这种情况下，我们就必须要看到网络媒体有益的一面，将其运用到大学生社会主义核心价值观的培育之中，为培养新一代的共产主义接班人做出贡献。

第一节　网络媒体的特点与发展

  21 世纪的人类社会，随着信息化浪潮的袭来，网络媒体已经深入到了社会的各个层面中，甚至对中国未来的发展方向和前途都产生了重要的影响。放眼世界，各个国家在网络媒体的发展战略上展开了激烈的竞争，不断地推动网络媒体的快速发展。对于普通群众来说，互联网的迅速发展将网络媒体与人们的生活紧密

联系在一起,并对人们的生产、生活和价值观念等方面都产生了颠覆性的变革,对人们的思想意识、价值观念、道德行为等方面都产生了广泛的影响。在网络媒体中,以新媒体的发展最具潜力,受到人们的普遍欢迎。

一、新媒体的内涵

《邸报》是世界出现的第一份报纸,产生于中国的汉代时期,世界第一个广播电台诞生于 1920 年的美国,世界上第一台电视机诞生于 1926 年的英国……随着科学技术的变革和社会的迅猛发展,极大地改变了人类信息的产生和传播的方式。

"从媒介产生和发展的历史脉络来看,人类的传播活动主要经历了如下几个发展阶段:口语传播时代、文字传播时代、印刷传播时代以及电子传播时代。"[①]当然各类媒介的产生在历史发展进程中并不是取代与被取代的关系,而是一个依次叠加的过程(图7-1)。

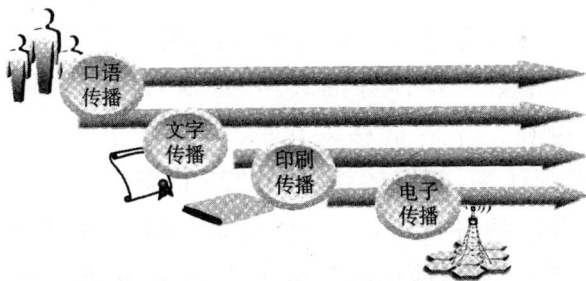

图 7-1　人类传播发展的历史进程

新媒体的概念是相对的而非绝对的,每个技术时代"新媒体"的产生都体现出了其所在时代的特色。与第一代互联网传播模式 Web 1.0 相比较来说,第二代互联网不断涌现出诸多新型的传播业务,越来越受到网民的欢迎,为众多网民提供了创作、展示和交流的平台,如现代社会网民最常用的沟通和交流方式主要是以

---

① 　郭庆光.传播学教程[M].北京:中国人民大学出版社,1999,第 169 页

腾讯 QQ 和微软 MSN 为代表的即时通信工具。互联网正在进入"视听新时代",主要表现在网络电视、视频直播等领域广泛应用互联网技术以及音频视频文件的上传与下载。

"新媒体"的概念与传统媒体(广播、电视、电影等)的概念相比较来说,一些国外研究学者和媒介机构认为,二者之间的差别还是很大的。美国的新媒体艺术家列维·曼诺维奇(Lev Manovich)、锡拉丘兹大学(Syracuse University)新媒体教授凡·克劳思贝(Vin Crosbie)和美国新科技刊物《连线》(WIRED)杂志都认为:"所谓新媒体已经不再可能是任何一种特殊意义上的媒体形式,它在实质意义上已经演变成为一组数字信息,一种实现了'所有人对所有人传播'的信息流,或者说是一种融合了人际传播和大众传播特点的信息呈现方式。"①

中国的学者认为,新媒体概念的产生并不是对传统媒体的完全背离,而是对传统媒体的补充和延伸。因此,他们在对新媒体进行界定的过程中,既延续了传统媒体实体性概念的架构模式,同时也充分吸收国外关于新媒体概念的界定。如清华大学新媒体传播研究中心主任熊澄宇认为:"所谓新媒体就是指在计算机信息处理基础上出现和影响的媒体形态,它包括了在线的网络媒体和离线的其他数字媒体等形式,并且随着时间的演变,新媒体的具体所指也在发生着潜移默化的变化。"②上海交通大学的蒋宏、徐剑教授则认为,新媒体就是指:"20 世纪后期,在世界科学技术发生巨大进步的背景下,在社会信息传播领域出现的,建立在数字技术基础上的,能使传播信息大大扩展、传播速度大大加快、传播方式大大丰富的、与传统媒体迥然相异的新型媒体",其外延则包括了"光纤电缆通信网、都市双向传播有线电视网、图文电视、电子计算机通信网、大型电脑数据库通信系统、通信卫星和卫星直播电视系统、高清晰度电视、互联网、手机短信和多媒体信息

---

① 杨状振.中国新媒体理论研究发展报告[J].现代视听,2009(5)
② 匡文波."新媒体"概念辨析[J].国际新闻界,2008(6)

的互动平台、多媒体技术以及利用数字技术播放的广播网等"[①]。从传播手段的进步与数字技术的发展来界定"新媒体"的概念,在内容表述上涉及了新媒体的多个方面,但是不难看出这个概念也还有其局限性。

由以上对于新媒体的论述来看,虽然对于新媒体的研究有了很大的进步,但是其概念仍是众说纷纭,并没有形成统一的定论。综合而言,我们认同的观点是:"新媒体是相对于传统媒体而言,建立在数字技术基础上,通过计算机网络、无线通信网、卫星等介质,利用计算机、手机、数字电视机等终端,为人们提供信息和服务的传播形态"[②](图7-2)。

图7-2 新媒体

---

① 蒋宏,徐剑.新媒体导论[M].上海:上海交通大学出版社,2006,第13页
② 王传中.新媒体对大学生生活、学习、思想的影响[J].高校理论战线,2009(7)

二、新媒体的特点及分类

(一)新媒体的特点

互联网(Internet)是国际信息互联网络的简称,生活中人们通常称其为网络,是指集通信网络、计算机、数据库以及日用电子产品于一体的电子信息交换系统。[①] 随着信息化时代的到来,在世界范围内互联网技术都获得了突飞猛进的发展,对人们的生产和生活产生了巨大的影响,因此,在报刊、广播、电视等传统大众传媒之后,人们将这种新生的互联网称为"第四媒体"。新媒体技术的特点主要表现在以下几方面。

1.开放性

网络的开放性集中体现在每一个网址对所有的访客都是"一视同仁"的,没有差别对待。[②] 当然,有的是有条件开放,有的是无条件开放。但无论如何,作为访问者,其始终拥有充分的自由选择权,网址面前人人平等。因此,所谓开放性只是一种相对的开放,是给予访问者充分的自由、平等选择权意义上的开放。在网络的世界里,只要输入对方的网址,就可以尽情地浏览网址下的内容,没有国籍和地域的限制和歧视,也没有种族和民族的歧视,它把所有的访客都视为同质无差别的。所以,通过网络就可以不受时间和空间的限制,自由地遨游全球了。

2.共享性

网络的共享性体现在网络资源的无排他性。从根本上来说,

---

① (美)莱文森著;熊澄宇译.软边缘:信息革命的历史与未来[M].北京:清华大学出版社,2002,第159页

② (加拿大)麦克卢汉著;何道宽译.理解媒介——论人的延伸[M].北京:商务印书馆,2000,第428页

它也是由网络的开放性所决定的。网络上的资源不是哪一个访客可得而私之的,而是可以为所有访客共同享用的。不过,这不等于说网络上的一切资源都可以无偿享用,往往许多具有稀缺性的资源是设定了条件的,是有偿的。但是,即使有偿,也并没有破坏网络的共享性特征。这是因为,无论有偿或无偿,它就是无差别地对待每一位访客的。

3.交互性

网络的交互性反映了网络作为新大众传媒所具有的特质。网络媒体与传统媒体点对面的单向的线性传播方式不同,它是点对点的双向交互式的传播方式。[1] 换言之,网络访客可以变"客"为"主",不再是纯粹的被动接受者,还可以成为积极主动的传播者。例如,面对报纸、广播、电视等传统媒体,你只能是一个被动的读者、听众或观众,自己当下的所思、所想、所为对它们没有任何影响。然而,当你面对网络的时候,你就不单纯是一个看客或听客,通过网络你可以上传照片、视频、音频,你可以留言、发帖子,你可以构建自己的博客,你完全可以成为一个网络资源的提供者和创造者。随着即时通信技术的不断发展和完善,网络的交互性更加淋漓尽致地展现出来,网友之间可以自由地进行音视频聊天,可以自由地传送各种电子文件。因此,在网络社会,网民缺乏的并不是信息资源,而是筛选信息和自我约束的能力。

4.创新性

创新是网络的生命力所在,没有创新,也就没有国际互联网的今天。网络的创新性源自于网络的平等、开放与自由。网络巨大的潜力给每个国家、每个组织、每个个人提供了全新的机会。加上网络本身充满着无数不确定因素,充满着无限的可能性,因而,在竞争激烈的网络世界,每个国家、每个组织、每个个人在网

---

[1]　黄升民.数字化时代的中国广电媒体[M].北京:中国轻工业出版社,2003,第205页

络方面都可能成功,也都可能失败,关键在于有没有创新性。[①]

5.多媒体性

网络的多媒体性就是指网络作为新兴的"第四媒体",是报纸、广播、电视三大传统媒体的有机结合。通过网络,不仅可以阅读图文资料,还可以收听音频节目,也可以观看视频节目。也就是说,读报纸、听广播、看电视,完全可以通过网络来实现。只要网络的传输速度足够快,容量足够大,网络电视、网络电影等就可以轻轻松松观看了,无须下载,在线点播即可。因此,网络的多媒体性同时也充分体现了网络资源的丰富多彩,体现了网络所具有的强大吸引力和冲击力。特别是网络游戏的开发和使用,进一步活化了网络资源,让网络具有传统三大媒体望尘莫及的独特魅力。

(二)新媒体的分类

1.以论坛、贴吧为代表的电子公告板媒体

自从 1994 年中国大陆首个电子公告板(Bulletin Board System,BBS)曙光站出现,到 1995 年 BBS 成为中国大学生的网络社区以来,在论坛里发帖、评论、转帖成为一种时尚。[②] 电子公告板成为大学生的心理画板,成为贴满了大学生思想动态的广告牌,抒发了大学生的情绪,收获了网络人际的关怀。从清华大学水木社区 BBS,到天涯、猫扑等大型论坛,到活跃的考研论坛、百度贴吧等,各式各样以兴趣爱好或专业群体区分的论坛分化重组了大学生,中国大学生与贴吧论坛密切联系着。

2.以微博、微信为代表的微媒体

微博(Microblog)与微信(Wechat)契合了快速变动的时代对

---

① 蒋宏,徐剑.新媒体导论[M].上海:上海交通大学出版社,2006,第 18 页
② 熊澄宇.新媒介与创新思维[M].北京:清华大学出版社,2001,第 105 页

信息"短平快"的追求。① 以媒介的短小精悍获取信息的海量广博,以个人微薄力量带动网络意见裂变,见微知著,博采众长。2009 年中国新浪公司开通微博,2010 年腾讯公司启动微信研发,微媒体在中国社会开创了全新的新媒体趋势,成为当前最适宜高校使用和发展的媒介平台,为大学生和思想政治教育工作者提供了最新的媒介机遇。

3. 以 QQ、MSN 为代表的即时通信媒体(Instant Messenger,IM)

OICQ 产生于 1999 年,后来演变成了 QQ,成了与人们生活息息相关的主流即时通信,其无论是在功能方面还是在技术方面都获得了更大的拓展。目前中国绝大部分大学生都拥有 QQ 号,QQ 通信成为最低廉、便捷的联系方式,大学生友谊交际成本大为降低,个人间联系更加便利。在此后的时间内,又陆续产生了新浪 UC、中国移动飞信、阿里旺旺等即时通信工具,成为广受大众尤其是以大学生为代表的年轻人喜爱的新媒体。这就进一步催生了大学生建立以 QQ 为基础的网络媒体生活,加强了思想沟通的通达度。

4. 以彩信、手机报为代表的手机新媒体

手机使用历经长期的电话阶段后,逐步多元兼并发挥传媒载体作用。自从 2004 年第一份手机报《中国妇女报·彩信版》面世,到 2009 年中国互联网络信息中心正式成立,手机报逐步成为成熟的新媒体。② 目前,校园手机报成为大学生接收的定期媒介,共青团系统手机报也普及到团员青年中,企业手机报更是成为企业发展的纽带,政府组织手机报也定期向民众传输政策服务。大学生手机拥有量巨大,借助手机可以实现新媒体的点对点精准宣传和高效服务。

---

① 魏武挥.微信统领时代的媒体人和自媒体面面观[N].东方早报,2013－04－17
② 熊澄宇.新媒介与创新思维[M].北京:清华大学出版社,2001,第 214 页

5.以博客、空间为代表的网络日志媒体

自从 Blog 或 Weblog(Web Log,网络日志缩写)一词在 1999 年出现,到 2002 年博客进入中国,中国的大学生开始写公开的博客和日志就逐渐成为一种趋势,受到了年轻一代的追捧和喜爱。[①] 网络日志第一次实现了个人作为传媒核心的诉求,博主成为自主呈现和分享的主体。大学生也在网络日志中学会表达自己的思想动态,并通过评论的方式交流,通过阅读名博的方式学习,通过日志列表记录成长经历。一些大的门户网站,如新浪、搜狐、网易等,都陆续开发出了属于自身的博客,再加上原来的百度空间、QQ空间、人人网等,更加丰富了网络日志的载体和形式,大学生通过这些网络平台可以发表日志或是书写心情,受到了大学生的欢迎,并逐渐成为大学生个人的专属媒体,丰富了大学生的业余生活。

三、将新媒体运用于大学生思想教育的内在原因

(一)大学生对新媒体的需求

在很长时间内,大学生对媒体工具都有很大的需求,容易被网络媒体所影响,因此在对大学生进行社会主义核心价值观教育的过程中,就应充分抓住大学生的这一心理,对网络媒体进行充分的运用。也就是在大学生对新媒体的需求之中产生了社会主义核心价值观教育新媒体化的趋势,进一步激发了新时期的教育工作。[②]

"2013 年 1 月 15 日,在中国互联网络信息中心(CNNIC)发

---

① (美)约翰·费斯克著;李彬译.关键概念——传播与文化研究辞典[K].北京:新华出版社,2004,第 161 页

② 黄升民.数字化时代的中国广电媒体[M].北京:中国轻工业出版社,2003,第184 页

布的《第 31 次中国互联网络发展状况统计报告》中显示,截至 2012 年 12 月底,我国手机网民数量为 4.2 亿,年增长率达 18.1%,远超网民整体增幅,手机网络各项指标增长速度也全面超越传统网络。"[①]CNNIC 表示,中国的网民数量在世界上已经居于前列,网络的普及和网民的增长,在经历了前几年的迅速增长之后,现在已经进入了平稳增长的阶段。随着智能手机的普及,再加上无线网络升级等因素,手机网络数量出现了快速增长的现象。而在新媒体用户方面,我国微博、微信用户规模则早在 2012 年 12 月底已经超过了 3.09 亿,其中手机终端新媒体用户数量已经接近总体人数的三分之二。而据 CNNIC 数据显示,高中和大专以上学历人群中已经达到了较高水平的互联网普及率,特别是对大专以上学历的人群来说,接近饱和状态是他们上网比例的数据。这意味着几乎所有的青年学生都在使用新媒体。作为高校思想政治教育者,在这样的实际情况下,在开展工作的同时是不可能绕开新媒体这一媒介的。

当前微博微信已经成为大学生人际交往的一个主流渠道,63.1%的大学生会通过手机终端、计算机网络终端等连入微博、微信等平台开展社交活动。[②] 并且大学生的认知方式和思维方式都由于受到新媒体的影响在发生着改变,从而导致大学生价值观念的变化。网络及网络文化带来的开放、自由、民主、平等的价值观同时也在很大程度上影响和冲击着当代大学生的思想观念、价值观念以及行为方式。

(二)新媒体对大学生思想的刺激作用

党的十八大报告中提出了"坚持正确导向,提高引导能力""唱响网上主旋律"等战略任务。大学生处于 17—24 岁,在这一阶段,人的精力表现最为旺盛,思想最为活跃。并且随着大学生

---

①　中国互联网信息中心.第 31 次中国互联网络发展状况统计报告[R].2012－01－15

②　朱海松.第五传媒——无线营销下的分众传媒与定向传播[M].广州:广东经济出版社,2007,第 83 页

生理和心理的成熟发展,他们希望通过广泛深入的社会实践来运用所学的理论,从而证明自己的人生价值,实现人生目标。而新媒体对大学生的影响像一把"双刃剑"。如何树立一个正确的导向,引导大学生确立正确的价值观,抵御腐朽思想的侵蚀,成为大学生社会主义核心价值观教育需要认真思考并执行的任务。

"新媒体技术速度快、覆盖面广,能够提供丰富、即时的信息,能够为宣传党和国家的路线、方针和政策提供良好平台"①;新媒体具有开放性、虚拟性的特征,这一优势有利于大学生及时通过这一载体把所有的不良情绪很好地宣泄出来,从而帮助其解决心理困惑;通过新媒体技术的不断发展,大大拓展了信息传播的范围和速度,能够使学生及时有效地了解外部世界,从而开拓了学生的国际视野;大学生通过新媒体技术参与互动平台,对于培养学生的公民责任意识具有很好的促进作用,是培养学生民主观念的优良场所。新媒体技术不仅给大学生带来生活上的便捷,也为大学生提供了更加广阔的交际领域,通过新媒体大学生能够使自我得到充分的展示,从而获得不同于现实世界的满足感和成就感,获得自信。但是不可忽视的影响是很多具有深度意义的新闻事件在新媒体的传播过程中往往被简单化,使大学生丧失深度思考的能力,并且带有媒体的倾向思维,不利于培养其独立思考的能力;网络信息丰富而良莠不齐,易造成大学生思想混乱,可以说在大学生生活、学习、思想方面新媒体带来了积极的影响,但不可忽视的是负面影响在很大程度上也是存在的。

在新媒体之前,几乎所有的媒体都是大众化的。而新媒体却能够面向更细分的受众甚至到个人。与传统媒体受众只能被动接受阅读或者观看一样的内容有所不同,新媒体时代每个人都可以定制自己所需要的内容,也就是说,每个新媒体受众最终接收到的内容组合都是因人而异的。因此,高校思想政治工作者可以利用新媒体这一特性,针对个体学生开展社会主义核心价值观教

①　吴惠.新媒体:新机遇与新挑战[J].高校理论战线,2009(7)

育。高校思想政治教育工作者应该努力引导大学生合理、适度使用新媒体，趋利避害，使之助力学生思想进步、健康生活和学习成长，塑造大学生健全的人格和健康的身心。

四、新媒体在提高大学生社会主义核心价值观教育方面的优势

与传统媒体相比较，新媒体在大学生社会主义核心价值观教育中所占有的优势主要表现在以下几点。

(一)新媒体普及率

从新媒体的使用上来看，大学生群体对新媒体的使用率很高。据研究显示，在大学生群体中，有97.44％的人对新媒体有一定的接触或是了解，在这其中，又有79.49％的学生对新媒体了解得较为深入。在大学生的日常生活中，大概有94.59％的大学生在一天中，使用新媒体的时间大约在1小时以上，而大约有67.67％的大学生在一天内使用新媒体的时间则达到了两个小时，甚至更长的时间。在这些大学生所运用的新媒体工具中，其中QQ的使用率为92.31％，微信的使用率为92.02％，微博的使用率为68.09％。此外，在对大学生社会主义核心价值观网络教育的调查中，有92.39％的大学生是通过新媒体的途径来进行了解和学习的。①

(二)新媒体传播

从传播角度上来看，新媒体以其独特的优势对大学生产生了极大的吸引力。在对大学生新媒体的使用研究过程中表明，79.20％的大学生认为新媒体传播信息的速度较快，有利于及时与人进行沟通学习；78.35％的大学生认为新媒体的操作更为简

---

① 穆庆夏.浅析如何运用新媒体开展青少年社会主义核心价值观教育——以天津某高校青年大学生调查为例[J].才智,2015(24)

单,无论在什么时间或是什么地点都可以了解到最新的信息；72.65%的大学生更为喜欢新媒体庞大的信息量,可以在最短的时间内获得更多的信息。由于新媒体是在传统互联网技术的基础上所产生的,因此其具有互联网技术的所有优点,包括平等、开放、共享的技术理念和文化魅力等,使新媒体成为信息传播和文化交流的重要载体。①

(三)新媒体技术

从技术发展的角度来看,随着新媒体技术的不断发展,大学生对于新媒体的依赖也日渐加深。在大学校园中,随处可以看到"短信族"和"微博控",这从一定程度上就可以表明新媒体对大学生的影响正在逐渐加深。同时也表明,新媒体与手机终端技术融合的先进性,实现了电话上网的便捷性,满足了青年大学生对信息时效性的需求,使得更多的大学生成为新媒体技术的忠实"粉丝"。根据调查结果显示,有 78.63%的大学生认为,在未来的发展中新媒体技术将成为人们沟通使用的主要工具。②

第二节　网络媒体在大学生社会主义核心价值观教育中的重要作用

网络媒体作为一种新兴的宣传思想教育的载体和形式必然会导致纷繁复杂的观念形态充斥其间,深刻影响着现实社会价值观的建设和发展。在构建社会主义核心价值体系的社会背景下,我们尤其要研究和关注网络媒体对大学生社会主义核心价值观的影响。

---

① 穆庆夏.浅析如何运用新媒体开展青少年社会主义核心价值观教育——以天津某高校青年大学生调查为例[J].才智,2015(24)
② 穆庆夏.浅析如何运用新媒体开展青少年社会主义核心价值观教育——以天津某高校青年大学生调查为例[J].才智,2015(24)

一、网络对大学生社会主义核心价值观教学改革的影响

网络文化即指随着网络技术的广泛应用为标志的信息时代的文化。网络时代的物质文化即计算机、网络、虚拟现实共同构成的网络环境;网络时代的精神文化即包括网络内容和由于网络文化的影响下人们广泛的价值取向、思维方式等。

(一)网络教育促使社会主义核心价值观实现全方位的教学互动

通过网络平台进行的交互活动具有很多的优点,包括渠道通畅、容量大等,并且其可以进行同步交互和异步交互。所谓同步交互是指互动主体在同一时间进行的活动,如朋友之间在 ICQ、MSN、QQ 等平台上进行的聊天就是一种典型的同步交互。异步交互即是指不在同一时间进行交互,如电话留言、微博等,在网络中,异步实现更为简易。任何一条新闻可以在任何时间发表跟帖;电子邮箱中的邮件,可以挑选空闲时间随时进行回复等。从一定程度上可以说,交互过程实际上就是将信息进行再加工和再传播的过程。

老师在教学过程中,可以选择那些容易被学生接受,并且容易引起学生兴趣的多媒体教学方式,来对学生进行社会主义核心价值观教育。一方面,老师可以在教学中采用多媒体教学,可以制作包含有精美的图片和生动形象的课件,吸引学生的注意,调节课堂的气氛,使学生从内心里真正接受社会主义核心价值观所倡导的观念和思想;另一方面,可以在校园网的基础上,建立教育网站。

在网站上可以发布各种不同形式的社会主义核心价值观内容,包括党的方针政策、社会主义共同理想等。可以对学生学习生活中出现的问题进行及时解答,同时还可以探讨社会中的特点话题,发表不同的看法,引导学生树立正确的世界观、人生观、价

值观。除此之外,高校还可以通过开设聊天室,了解学生当前的思想状况,及时帮助他们解决在学习和生活中遇到的难题。教师也可以通过个人主页、博客、电子邮件、微信等方式,与学生进行思想交流,充分发挥学生的主体地位,使学生主动、积极地学习社会主义核心价值观。

(二)网络教育改变了传统社会主义核心价值观下的封闭式课堂

国际互联网的基本特征之一就是开放性,这也是网络的最大特征。在网络世界,各种文化能够得以充分的展现和交流。网络文化融合了不同国家和民族的文化特征。网络的开放性保证了网络文化永远有新的活力,让网络文化保持了新陈代谢的能力。网络系统的开放性为各类信息的存在提供了一个平台,也使得思想政治课程教育的教学空间更为开放。过去的大学生在学习社会主义核心价值观时,更多采用"上情下传"的方式,大学生获取信息资源的渠道比较狭窄。在网络平台上,师生平等、开放地获取信息,事实证明,简单的灌输教育已不可能达到好的效果,甚至会引起大学生的反感,教学空间的开放必将引起一场教学系统的变革。

(三)网络教育实现了现实和虚拟教学活动课堂的融合

网络传播的发展有赖于网络信息技术的发展,也为大学生社会主义核心价值观课程教学的改革提供了物质保障。网络具有的多媒体平台,可以为大学生的学习提供课件制作方面的支持,使课件更加丰富和生动,更有利于调动学生学习的兴趣和强化学习的效果。网络的同步交互、异步交互,加上人际传播、公众传播等的结合,使得网络课堂教学得以实现,不同空间的远程教育也能时时开展,教师在讲台上进行的生动的讲解,可以利用网络大范围、同步传播给不同空间的学生。大学生社会主义核心价值观教育的现实的课堂教学与虚拟网络课堂得到了有机融合。

(四)网络教育推进了社会主义核心价值观主题网站的建立

2014 年 2 月 27 日,习近平总书记指出,做好网上舆论工作是一项长期任务,要创新改进网上宣传,运用网络传播规律,弘扬主旋律,激发正能量,大力培育和践行社会主义核心价值观,把握好网上舆论引导的时、度、效,使网络空间清朗起来。

社会主义核心价值观的培育和践行是一个系统工程,其中一个重要方面就是要加强社会主义核心价值观培育和践行的网络建设。目前,我国存在着各级各类的以思想政治教育为主题的"红色网站"。但从调查的情况看,这些"红色网站"的点击率普遍偏低,大学生群体中经常使用"红色网站"的人数不足一半,教育效果不尽如人意。从网站建设的角度看,导致这种状况的主要原因在于:一是网站建设功能定位不准,缺乏特色,服务功能差。"红色网站"建设普遍考虑的是实现宣传、教育功能,没有很好地区分层次、区域和特定网民群体,不同的网站在栏目设置、内容框架等方面趋于雷同,缺乏自身特色;重灌输教育而轻信息服务,网站的实用功能如信息沟通、学习、休闲娱乐等功能简单匮乏,难以满足网民对日常工作、学习和娱乐等方面的综合信息需求,削弱了网民对它们的依赖程度和上网兴趣。二是传播手段不够丰富,传播方法不适应网络媒体的要求。目前思想政治教育网站开发的视听功能(如在线视频点播等)和内容严重偏少,绝大部分网站还停留在简单的文字、图片传播方式上,其建设水平与商业网站差距悬殊;同时,缺乏对网络宣传艺术的研究,许多网站的宣传内容报道会议活动多,与网民日常生活密切相关的信息少;摆成绩多,讲问题少;说教多,分析引导少,这种"大而空"的通病,也使网站很难具有吸引力。三是信息更新不及时,时效性差。[①] 网络传播具有即时性的特征,对信息更新、反馈的时效性有很高的要求。但一部分思想政治教育网站不重视信息内容的及时更新维护、互

---

①　汪盛科.网络文化的冲击与改进高校德育工作[J].高校理论战线,2000(11)

动反馈差,这也使上网者对它们丧失了兴趣。四是不注意对网站的宣传,因此难以在网上树立起富有特色的品牌。

要建设好社会主义核心价值观培育和践行主题网站,必须在汲取以往思想政治教育主题网站建设经验并反思的基础上,在坚持导向原则、求实原则、安全原则等前提下,注重以下建设环节:一是分层分类,明确网站定位,打造富有特色的文化教育网络体系;二是促进主题网站信息服务的全面性和综合化;三是提高主题网站信息服务的时效性和互动性;四是重视综合运用多种手段进行网站形象宣传与维护。

二、大学生社会主义核心价值观开展网络课程必要性

利用网络拓展大学生社会主义核心价值观理论课程的教学途径,对于那些拥有完善网络基础设施的学校是很有必要的。网络教育不仅能弥补课堂教学的不足,对于促进大学生社会主义核心价值观课程的发展也很有帮助,还能通过对新教学途径的利用,认识网络教育在新时期对大学生进行思想理论教育的重要作用,为我们用先进理论占领网络这一思想打下基础。大学生社会主义核心价值观网络课堂的必要性可以概括为以下几点。

(一)符合新时期的发展潮流

大学生社会主义核心价值观网络教育适应了时代要求。有人预言:如果说 19 世纪是铁路的时代,20 世纪就是高速公路的时代,那么 21 世纪将无疑是网络信息的时代。我们要高度重视网络信息对当代大学生的影响,在网络教育管理方面也应该升级,加强指导、趋利避害,把握大学生社会主义核心价值观教育的主动权。

(二)有助于引导大学生健康成长

网络具有虚拟性,多少会强化大学生在网络中的"虚拟成

功"。大学生寻求网络互动中的优势地位,实现其在现实中不能轻易获得的满足感。人的世界观、价值观的形成时期通常是在大学时代。大学时期可谓是一个关键期,大学生的性格、价值观的可塑性都非常强。这个时候很多大学生如果不具备自我管理的能力,就会造成学习目标不明确、态度不端正等一系列问题。通过学生生活中经常接触的网络进行教学,大学生更容易接受,引导大学生健康成长的效果将会更好。

第三节　利用网络媒体促进大学生社会主义核心价值观教育

　　网络媒体是具有重要影响力的思想武器,是开展社会主义核心价值观教育、推动社会主义和谐社会建设的有生力量,是传播先进文化、弘扬社会正气的有效途径。现阶段,我国大众传媒在代表先进文化的角度宣传党的方针政策、监测社会环境、协调社会关系、传承文化,对大学生价值观的塑造也起到积极的引导作用。但是我们也应该看到,网络作为一种新兴的载体在传播社会主义核心价值观过程中必然会存在着各种问题,影响着其功能的发挥,对大学生社会主义核心价值观教育产生一定的阻碍作用。

一、大学生社会主义核心价值观网络教育的优势

(一)凸显了教育活动中大学生的主体地位

　　在传统价值观教育模式中,大学生的主体地位往往被忽视,教师往往取代学生,扮演了教育过程的主体主导者,学生则沦为了理论灌输的"接受体"。① 在利用网络进行大学生核心价值观教

---

① 　郑开来.青年上网心态的文化研究[J].青年研究,2001(7)

育模式中,学生可以享受到公平的教育资源,能够充分发挥自己的主体地位。

网络思想政治教育可以弥补传统价值观教育的不足。在过去,价值观教育只能是通过纸质的教材进行,而互联网集声音、色彩、图像于一体,运用一些非线性链接、跳转等功能,将教学内容从书本扩大到更大的范围,拓展了核心价值观的相关内容。网络思想政治教育延伸到学生的课堂之外,在日常生活中对学生进行教育,利用各种资源对学生进行核心价值观教育,丰富了核心价值观教育的形式。

(二)教师教学实践更加得心应手

在传统的教学观念中,教师是教学的主体,常常以一种居高临下的姿态出现在学生面前,以单向、灌输式的方式传授核心价值观,严重地扼杀了学生的主动精神和创新能力的发挥。在网络思想政治教育模式中,一是教师的观念转变了,教师不再是高高在上的宣讲者,学生的主体地位突显。在社会主义核心价值观的学习过程中,学生不再仅仅是被动地接受知识,而是主动参与到对社会主义核心价值观知识的构建过程。学生要完成自己与学习环境的交互,进而接受知识,以实现核心价值观的内化。二是教师教学地位得以改变。在网络中,教师与学生获得信息的机会和途径都是一样的,使之通过网络学习学生可以掌握到比老师更多的知识。在这种情况下,教育就不再充当社会主义核心价值观的传播者,而是成为学生学习社会主义核心价值观的指导者,甚至是合作伙伴。通过运用先进的互联网技术,教师的教学任务量大幅度下降,因此就会腾出更多的时间来对社会主义核心价值观进行深入的研究,开发出更多优质的教育课程。三是教育手段的丰富。高校可以利用博客、BBS、校园论坛等进行价值观的教育。

(三)学校网络教育建设为核心价值观教育提供支撑条件

首先,大学生使用互联网的高普及率为网络思想政治教育提供了实施保证。纵观当前大学校园,学生拥有个人电脑的概率很高。加之宽带校园网络的优质建设,使得在大学中建立核心价值观网络教育基地成为可能。大学里有着充足的教育资源,教师可以将制作好的有关核心价值观教育的多媒体课件上传到网络教育基地,促进了学生的自主学习,为核心价值观教育的开展提供了实施保证。

其次,校园网络建设为网络思想政治教育提供了技术支持和师资保证。

第一,在网络教学模式下,高校的网络信息资源建设取得了很大进展,顺利开展了网络教学,并在此基础上,发展个性化教学模式。在网络技术和多媒体技术的支持下,充分利用开放型的网络环境,汇集了大量包括数据、资料、程序以及教学软件等多方面的教学资源,使得一个高度综合集成的信息库由此形成。这种开放式的网络教育资源库有利于网络教育基地的建设和发展,为大学生社会主义核心价值观教育提供了技术支持。

第二,伴随着网络思想政治教育的发展,高校信息技术教师队伍日渐成熟。教师运用计算机的水平大大提升,学校重视对教师的信息技术培训,开展了多种形式、多种层次的培训活动,使广大教师的现代教育理论水平、教研能力和运用以计算机及网络为核心的信息技术的能力得到了很大的提高,为大学生社会主义核心价值观教育提供了师资保证。

(四)网络平台建设提高了社会主义核心价值体系宣传的时效性

网络平台以其信息的快捷性、多样性、广泛性保证了大学生社会主义核心价值体系教育的时效性。一方面,大学生可以第一时间接触到能够反映教育内容的时事新闻,并将自己的所思所想反馈出来;另一方面,时效性也指教育内容应具有理论上的前沿性并体现时代性,网络平台的出现,网络学堂等教学手段的使用,使大学生可以牢牢把握与时俱进的最新理论成果。

二、当前大学生社会主义核心价值观网络教育的缺陷

大学生社会主义核心价值观网络平台建设是信息化发展的产物,是高校思想政治教育载体的拓展与方法创新,也是现代高校思想政治教育与新型传播模式的典型结合。从目前网络平台的建设、管理和发挥作用的情况看,存在着以下几个方面的问题。

(一)网站吸引力不足,大学生关注度不高

目前,大学生应用网络的时间、范围和程度都有了日新月异的变化,大学生社会主义核心价值体系网络平台成为重要的网上思想政治教育阵地。大学生社会主义核心价值体系教育网站以马列主义、毛泽东思想、邓小平理论为指导,以积极发展、充分运用、加强管理、趋利避害为工作方针,大力传播和弘扬科学理论、先进文化及健康信息,不断健全和完善"教书育人、管理育人、服务育人"体系。在 2000 年 9 月教育部《关于加强高等学校思想政治教育进网络工作的若干意见》指导下,涌现了许多优秀的大学生社会主义核心价值体系教育网站。但是,面对信息社会的严峻挑战,有的教育网站内容空泛,采用单纯的图片、理论文章作为网站主体,虽然内容较直观,但往往重说教轻引导,让人感觉枯燥无味,缺乏对大学生的吸引力,点击率不高,进而使得网络教育缺乏针对性和有效性。

(二)信息技术手段不完善,互动性不强

高校中大学生心智还不够成熟,是其树立正确世界观、人生观和价值观的关键时期,是其走向成熟的一个重要阶段。在现代社会中,"90 后"大学生被称为网络一代,更加自主地进行社会观察,更加自由地表达思想,更有效地汇集公众意见。他们思维思辨性强,对于理论观点,往往具有较强的批判性,因此需要更多的交流、沟通甚至是辩论,但是大学生社会主义核心价值体系教育

类网站平台突出了较强政治理论性，在形式上往往中规中矩，你说我听，缺乏互动交流。

（三）缺乏能够发挥引导功能的管理人员

在网络平台发展初期，网站设置栏目少，基本以信息资源展示为主，信息发布成为主要功能，因此，大多数高校并未配置专门的工作人员，一般由党委宣传部、团委的教师开展相关的工作。但是，随着信息技术的不断进步，大学生社会主义核心价值观教育网络平台建设、管理和维护对管理人员的理论水平、知识技能提出了更高的要求，无论是管理人员数量还是素质都亟待提高。

三、大学生社会主义核心价值观网络教育的主要途径

（一）发挥网络阵地的价值引导作用

在与各界优秀青年代表座谈上，习近平总书记发表讲话，强调青年最富有朝气、最富有梦想，青年兴则国家兴，青年强则国家强。在网络新媒体快速发展的时代，大学生的思想、行为以及价值观念受到来自多方面信息和社会思潮的影响，以社会主义核心价值体系为引领，树立大学生正确的理想信念，是当前思想政治教育提高实效性的重要路径，对大学生以及整个民族的未来都是极为重要的。

1.网络舆论深刻地影响着大学生的价值取向

根据 CNNIC（中国互联网络信息中心）的最新统计，截至2014 年 12 月，我国网民规模达 6.49 亿，全年共计新增网民 3117万人。互联网普及率为 47.9％，较 2013 年底提升了 2.1 个百分点。2014 年新网民最主要的上网设备是手机，使用率为 64.1％，由于手机带动网民增长的作用有所减弱，故新网民手机使用率低于 2013 年的 73.3％。由于 2014 年新增网民学生群体占比为 38.

8％,远高于老网民中的 22.7％,而学生群体的上网场所多为学校、家庭,故新网民使用台式电脑的比例相比 2013 年上升明显,达 51.6％。①互联网打破了传统媒体的时空界限,成为覆盖广泛、快捷高效、影响巨大、互动程度高和发展势头强的新型大众传媒。

当前,各种社会思潮与各种利益诉求在网络空间中形成交汇中心,在这里,各种意识形态相互较量。互联网作为特殊的阵地,在推进社会主义核心价值观建设中必须加以重视,特殊对待。凭借便捷、高效、廉价的特点,现代社会或缺信息的主要认知渠道已经转到网络上,由此造成人们政治态度、道德风貌和价值取向在很大程度上都受到网络舆论的影响。所以,充分发挥网络舆论对人们价值观形成的引导作用,在建设大学生社会主义核心价值观方面具有重要的现实意义。

2.在培育社会主义核心价值观中注重网络自身优势的发挥

面临信息化发展潮流与培育和践行社会主义核心价值观现实,在提高宣传教育工作科学化水平方面,我们要充分运用数字技术以及网络技术优势,发挥网络传播便捷性和交互性强的优势,在传播和弘扬社会主义核心价值观中把网络作为主阵地和重要场所,充分发挥其自身优势,从而占领文化传播的制高点,将宣传思想工作的主导权在高速发展的信息化时代下牢牢掌握。

把社会主义网络文化建设在思想上高度重视起来,采取多种措施规范和管理互联网、手机短信等新兴媒体的应用,对一些重点新闻网站要扶持和建设,向社会公众提供多元化的网络文化产品和服务,主动引导网上舆论,对一些有害信息的传播蔓延进行有效防范和遏制,努力做到在社会主义先进文化传播中将网络作为前沿阵地,以更广阔的发展空间促进人们精神文化生活的健康发展。

新闻网站、学校网站、社科网站要发挥自身优势,针对网上多

---

① CNNIC:2015 年第 35 次中国互联网络发展状况统计报告

样性的思想思潮要做到坚持以社会主义核心价值观为引领，采取多种形式（开设专题、评论、访谈和微博、QQ群等）通过网络传播社会主义核心价值观。除此之外，还要通过网络开设网上讲堂，针对道德教育进行专门的演讲，倡导良好的网络道德风尚。

（二）灵活运用博客、微信、QQ 等通信工具弘扬社会主义核心价值观

作为个人信息发布平台，博客、微信、QQ等简单方便，通过这些工具，任何人都可以非常便捷地完成个人网页的创建、发布和更新。博客、微信、QQ的出现和发展，为拓展社会主义核心价值观培育提供了新媒体和新形式。

1.积极创建微博，构建大学生社会主义核心价值观教育新平台

作为大学生信息交换和人际交往的重要平台，微博已经得到广大大学生的普遍认可。大学生使用微博在大学校园内是非常普遍的现象。因此，在大学生社会主义核心价值观教育中要想充分发挥微博的优势，对于高校来说就必须积极开通校园官方微博，密切联系大学生。但在这个过程中应坚持三个统一的原则：一是原创与转发相统一。对于合适的有主题意义的经典博文要进行适量转发，并在此基础上，分阶段设定不同的宣传主题，根据最新的思想要求撰写原创博文，在学生中进行传播，提高教育的实效性。二是教育与沟通相统一。正确处理好校园官微与学生微博之间的关系，将两者平等对待，与学生进行互粉或者互相点名，相互借鉴、相互学习，营造友好融洽的关系，践行核心价值观。三是线上与线下相统一。对于校园官方微博来说，学生不仅可以利用其进行在线交流，还可以进一步形成良好的校园风气，在开展校园活动中，充分学习官微的主题内容，引领大学生践行核心价值观。

2.通过 QQ 聊天工具,开展个别化思想政治教育

腾讯公司是国内最早从事即时通信和移动通信的专业软件开发商,其主要软件产品 QQ 已成为国内主要即时通信网络工具。随着互联网的发展,QQ 聊天工具已经开始运用到社会生活的每个角落。

QQ 因其具有匿名性、隐蔽性和无约束性,从而导致学生不用顾忌现实世界的困扰,他们在虚拟空间上能够放松心态吐露自己的心声,把自己的真实想法表达给倾听者。再者,在 QQ 中,教师通过设置个性化的网名,特别的头像,并且在与学生沟通的过程中可以使用一些诙谐的 QQ 表情,轻松幽默的语言,只可意会不可言传的 QQ 图像等,使得其在学生心目中的形象不再那么严肃,而是亲切可爱,从而就会大大拉近师生之间的心理距离,进而能够更容易地获得学生的认同。这样的表现无疑可以使彼此之间袒露真性情,甚至可以无话不谈,进入更深层次的精神交往,从而可以使教师能及时地了解学生的真实想法,帮助学生解决思想和心理问题,对他们进行正确引导。

此外,目前 QQ 群中涉及的广告、虚假信息、违规商业活动、传销、诈骗、极端思想渗透已露出了端倪,以往依靠 QQ 群管理员发现一例清理一例已经无法及时维护即时通信的健康环境。为此,我们应当加强对网络即时通信工具的监管,进一步规范文明通信环境。网络即时通信工具是信息时代舆情监测的重点:首先,网络即时通信新媒体具有强大的传播能力,必须纳入舆情监测的视野;其次,网络即时通信工具舆情监测必须研究透彻,并且对即时通信工具的新兴功能及时把握;最后,网络即时通信工具常常出现复杂舆情,必须重点监测。①

3.开通微信交流平台,抢占网络价值观培育阵地

随着网络的迅速发展,使用微信进行免费的即时信息推送与

---

① 汪盛科.网络文化的冲击与改进高校德育工作[J].高校理论战线,2000(11)

语音对讲等功能已经成为多数年轻人生活中必不可少的一部分,通过微信这一平台,大学生在社会主义核心价值观教育过程中的交流是平等的,而且收到的效果也是快捷高效的。以学院或者班级为单位在微信上组织交流群,师生可以通过手机将所遇到的热门话题进行实时互动,及时进行交流和探讨;除此之外,把学校作为一个更大的单位群体创建微信平台,与校园文化相关的文章推送给相关关注者,图、文、声并茂,用丰富多彩的形式弘扬社会主义核心价值观,抢占网络价值观培育阵地。

(三)以社会主义核心价值观为指导,引领校园网络文化建设

校园网络文化是在校园网络环境的影响下,逐渐产生的一种新的文化形态,其是对传统校园文化的虚拟,又是对其的发展和延伸。随着人们对互联网重视程度的逐渐加深,电子计算机和网络信息技术都获得了迅速的发展,在其影响下,校园网络文化也出现了迅猛发展的形式,并逐渐成为高校校园文化建设不可缺少的环节。在校园网络文化建设中,要始终坚持以社会主义核心价值观为指导,倡导学生积极参与,在校园实践中不断提升学生的内在修养和素质,树立正确的世界观、人生观和价值观,实现学生的全面发展。

从当前中国高校的校园建设来看,大多数的高校都已经建立了自己的网络平台,为学生提供成绩浏览和信息查询等服务。在对大学生进行社会主义核心价值教育的过程中,高校就可以在校园网站的基础上,建设社会主义核心价值观教育专栏,从形式、内容上给学生耳目一新的感觉。在内容的选择上,可以选择学生践行社会主义核心价值观的典型,然后倡导学生进行学习,注意信息内容的真实性与实效性。

高校还要注重加强校园网的软硬件建设,改善校园网络基础设施,加大物质投入,推动技术升级。[①] 首先要充分利用高校自身

---

① 　吴惠.新媒体:新机遇与新挑战[J].高校理论战线,2009(7)

的技术人员和网络资源优势,自主地逐步设计出自身特色的应用系统。其次,要加强网络教育软件建设。最后,为了发挥校园网的作用,有必要对各级领导干部和广大师生进行有针对性的培训,提高他们利用校园网开展教育教学、管理、服务等工作的能力。

在校园网络文化的建设过程中,还要注意规范高校师生的网络道德素养,倡导网络文明,防止网络暴力的出现。此外,高校可以建立网上竞赛、网上交流、网上信息发布、网上意见征集、网上心理咨询、网上谈心等一整套网络评价体系,让大学生随时进行自检和自评,倡导自我约束,全面提高自身素质。除此之外,还要加强对校园网络的管理,为大学生社会主义核心价值观教育提供一个良好的网络环境,引起学生的兴趣,有利于大学生学习效率的提高。

(四)加快网络法制进程,建设有序的网络教育环境

随着互联网技术的迅速发展,其对人们生活的影响也日益加深,被誉为网络信息时代的虚拟社会。在这个虚拟世界中,信息含量巨大,不仅存在着对人们的生活、工作、学习都有帮助的信息,同时不可避免的还存在着一些落后的、负面的信息,例如犯罪、赌博、色情等方面的垃圾信息。这些垃圾信息的存在会对人们的思想和生活产生严重的影响。因此,加强互联网使用的监管和立法势在必行。要不断完善网络方面所涉及的法律制度,推进网络法治进程,通过法律的强制力来对人们的网络行为进行约束,剔除网络环境中的垃圾信息,净化网络环境。为了优化网络教育环境,实现网络思想政治教育的可持续发展,国家有关部门应该提高执法能力,加大执法力度,推进网络法治进程,净化网络空间,建设有序的网络教育环境。

四、大学生社会主义核心价值观教育的队伍保障

党的十八大报告中,关于加强教师队伍建设的要求进一步明

确提出了"提高师德水平和业务能力,增强教师教书育人的荣誉感和责任感"的具体目标。大学生思想政治教育者作为教师中的一个特殊群体,提高自身道德水平,学习提升开展思想政治教育工作的相关技能,增强对学生工作的荣誉感和责任感,也成为新时代的基本要求。新媒体技术的广泛应用对教育主体提出了更高的要求。为了为大学生社会主义核心价值观教育打下坚实的基础,就必须要为大学生社会主义核心价值观教育打造一支专业知识丰富、道德品质高尚的教育队伍。

(一)创新教育理念,树立平等互动的新主体观

实行教育的根本目的是实现人的全面发展,因此在高校教育中,必须要将"立德树人"放在首位,跟随时代的发展不断创新教育理念,坚持以学生为本,实现教师与学生之间的良好沟通互动。苏联教育家苏霍姆林斯基指出,"人的内心有一种根深蒂固的需求——总希望自己是一个发现者、研究者、探寻者"[1]。对于学生也是如此,在通过自己的能力努力探寻并获得答案之后,会产生积极的情感。因此,要使学生成为教育的主体,积极引导学生主动参与教育过程是根本[2]。此外,发挥学生的主体作用,还要注重在教育实践中建立良好的师生关系。基于社会主义核心价值观教育以育人为主的特殊性,教师应更注重与学生一起分享思想情感与道德认知,与学生共同探寻真理,师生在平等和谐的氛围中相互启迪,形成互动、双向交流的模式。在这样的关系中,学生才敢于发挥积极性、创造性,拥有思考和创造的空间,才能更有效地内化和外化教育内容。

---

[1] (苏联))B·A·苏霍姆林斯基.给教师的建议[M].北京:教育科学出版社,1984,第 167 页

[2] 张立成.大学生社会主义核心价值体系教育研究[M].北京:北京师范大学出版社,2013,第 120 页

(二)实施能力素质提升工程,打造能力精湛的专兼职队伍

就当前高校现状来讲,大学生社会主义核心价值观教育队伍包括学生辅导员、与他们接触的专业课老师、后勤保障教务管理等职能服务管理部门老师、校内外大学生教育实践基地老师、兼职学生工作干部等,但在这其中起主要作用的是高校辅导员和社会主义核心价值观的老师,他们被看作是大学生社会主义核心价值观的专业教师。

首先,对大学生进行社会主义核心价值观教育,必须要坚持正确的指导思想,帮助学生树立起正确的世界观、人生观和价值观。邓小平指出:"要教育人民,必须自我教育。要给人民以营养,必须自己先吸收营养。"①这就要求,思想政治教育者必须坚持以马克思主义为指导,深入贯彻党的十八大精神,全面落实党的教育方针,严格执行党的基本理论和基本路线,在中国共产党的领导下,始终坚持走中国特色社会主义道路。对于大学生社会主义核心价值观教育队伍来说,必须要拥护党的领导,坚持党的路线、方针、政策,在思想、言行上与党中央保持一致性。

其次,大学生社会主义核心价值观教育者,必须要坚持学习马克思主义思想,将其作为行动的指导,能熟练运用社会主义核心价值观教育的主要方法和艺术。而且为了丰富自身的理论知识,社会主义核心价值观教育工作者也要学习哲学、教育学、心理学、社会学等相关的人文社会科学知识,提高社会主义核心价值观教育队伍的综合素质。教师要掌握现代大学生的思想和心理特征,掌握大学生教育和管理工作的一般规律、方法和基本知识,具有较强的组织管理能力、调查研究能力以及文字写作和语言表达能力,并且在实际工作中要做到"一切为了学生,为了学生的一切",能够对性格迥异、能力参差不齐的教育对象,采取不同的教育方法和教育态度,真正做到因材施教。而且,现代社会的思想

---

① 邓小平文选(第3卷)[C].北京:人民出版社,1993,第241页

政治教育工作者要善于观察、勤于总结、勇于创新，具有较强的业务能力和科学研究能力，要不断地尝试探索新形势、新任务下大学生社会主义核心价值体系教育的新思路和新方法，努力实现思想政治教育工作方式的科学化、规范化和现代化。

最后，随着新媒体技术的发展，思想政治教育者必须实现自身的"媒介化"，不断提升自身的媒介素养，从而开拓大学生社会主义核心价值观教育的新局面。高校应当根据自身的实际情况，设立专门的思想政治教育工作者媒介素养培养机构，负责对该校思想政治教育工作者媒介素养的统一规划管理，制定出详细的培养计划，定期组织思想政治教育者参加系统性的培训，促进思想政治教育工作者媒介素养的整体提升。

五、大学生社会主义核心价值观网络教育模式的评价

用计算机网络和传统媒体相比，网络集计算机技术与通信技术于一身，其长处非常明显：资源广泛共享、信息存储量大并且传送快捷、交互方式良好。将这种新技术应用于教学之中，无疑是对传统教学方式的挑战。网络教学将实现教学在环境、内容、手段、方法等方面的变革。[①]

传统课堂教学时间是固定的，社会主义核心价值观网络教育模式打破了这一限制，大学生可以灵活安排学习时间。在传统的社会主义核心价值观教学中，教学地点通常是固定不变的，而网络教学模式将完全改变这一情况，凡是有计算机网络的地方，大学生都可以随之进行学习。

在传统的课堂教学中，其教学对象也是固定不变的，能够容纳的数量也极为有限，但网络教育模式则是开放性质的，时间上可以学习各个学期的知识，范围上全校学生都可以参与，大学的一项功能是服务社会，因此通过这种网络教学方式，就可以面向

---

① 吴惠.新媒体：新机遇与新挑战[J].高校理论战线，2009(7)

全体社会,让更多的人都参与到社会主义核心价值观的学习之中,这样就充分提高了教学资源的利用率。

在传统课堂教学中,教课的对象通常是群体,特殊情况下也可以对学生进行个别辅导,由于专业和年级的不同,教师也会因材施教,但是由于传统课时的限制,教学效果总是差强人意。与传统课堂教学相比,网络教学就更能适应学生的个体差异,学生能够根据自己的需要自主选择学习内容,这一模式有利于培养学生自主学习的能力。

传统的社会主义核心价值观教学过程中,由于受到课时的限制,每次讲课的内容都是有限的,大学生通常都会采用死记硬背的方式进行学习。网络教学方式所蕴含的知识量是传统教学方式完全无法比拟的,学生可浏览学习的内容庞大,学生可以开阔视野,扩展知识面,同时还有利于提高学生查找和筛选有效信息的能力。

传统课堂是一对多的传授方式,一个老师对多名学生,而在网络教学中,学生既可以是个体又可以是群体,教师亦然,所以可以采用多种授课方式。

大学生社会主义核心价值观网络教学模式具有以上所述的所有优点,但是任何事物都具有两面性,网络教学也不例外。在大学生社会主义核心价值观网络教育中,由于是远程教学,因此教师对学生的约束较为松散,这是优势同时也是弊端。如果大学生的自治能力较差,缺乏道德自律,那么网络教学应有的效果就不能发挥出来。网络教学对教育的硬件设备要求较高,必须要以计算机网络作为教学基础,缺少其中的任何一项,社会主义核心价值观网络教育都将无法实施。

参考文献

[1]马克思恩格斯选集(第1～4卷)[C].北京:人民出版社,1995.

[2]马克思恩格斯选集(第10卷)[C].北京:人民出版社,2009.

[3]马克思恩格斯全集(第19卷)[C].北京:人民出版社,1963.

[4]列宁选集(第1～4卷)[C].北京:人民出版社,1995.

[5]毛泽东选集(第1～4卷)[C].北京:人民出版社,1991.

[6]毛泽东文集(第7卷)[C].北京:人民出版社,1999.

[7]邓小平文选(第1～2卷)[C].北京:人民出版社,1994.

[8]邓小平文选(第3卷)[C].北京:人民出版社,1993.

[9]习近平.谈治国理政[M].北京:外文出版社,2014.

[10]习近平.青年要自觉践行社会主义核心价值观[EB/OL].http://edu.people.com.cn/n/2014/0505/c1053－24973276.htm.

[11]习近平.在同各界优秀青年代表座谈时的讲话[N].人民日报,2013－05－05.

[12]习近平.青年要自觉践行社会主义核心价值观——在北京大学师生座谈会上的讲话[EB/OL].http://news.xinhuanet.com/politics/2014—05/05/c1110528066.htm.

[13]刘云山.在第十五次全国高等学校党的建设工作会议上的讲话[R].教育部公报,2006－12－26.

[14]艾国,迟萌等.思想道德修养与法律基础[M].北京:高等教育出版社,2008.

[15]艾四林.中国梦与大学生思想政治教育[M].北京:中国

文史出版社,2015.

[16]陈芝海.大学生社会主义核心价值观教育研究[M].北京:光明日报出版社,2013.

[17]陈华洲.思想政治教育方法论[M].武汉:华中师范大学出版社,2010.

[18]陈建华.思想道德修养[M].南昌:江西高校出版社,2010.

[19]陈立思.社会思潮与青年教育[M].北京:北京大学出版社,2011.

[20]陈明吾.全球化背景下我国大学生爱国主义教育研究[M].武汉:长江出版社,2014.

[21]陈万柏,张耀灿.思想政治教育学原理[M].北京:高等教育出版社,2009.

[22]程伟礼,杨晓伟.中国特色社会主义核心价值观的历史形成[M].上海:复旦大学出版社,2012.

[23]程样国,胡伯项.至善之道——大学精神与高校校园文化研究[M].北京:群众出版社,2008.

[24]蔡红生.中美大学校园文化比较研究[M].北京:中国社会科学出版社,2010.

[25]崔华前.当代大学生社会主义核心价值体系教育机制研究[M].合肥:合肥工业大学出版社,2013.

[26]熊澄宇.新媒介与创新思维[M].北京:清华大学出版社,2001.

[27]陈志军,浦解明,左益.社会主义核心价值体系融入大学生思想政治教育全过程研究[M].北京:光明日报出版社,2009.

[28]杜晶波,张慧欣.大学生社会主义核心价值观培育路径研究[M].沈阳:东北大学出版社,2014.

[29]段鸿.现代德育——理论和实践[M].上海:上海教育出版社,2012.

[30]杜坤林.冲突与重建——当代大学生道德价值观研究

[M].上海：上海交通大学出版社，2013.

[31]董娅.当代思想政治教育方法发展新论[M].北京：中国社会科学出版社，2012.

[32]房广顺.社会主义核心价值观与中华传统文化[M].北京：人民出版社，2015.

[33]冯刚，柯文进.高校校园文化研究[M].北京：中国书籍出版社，2011.

[34]冯务中.网络环境下的虚实和谐[M].北京：清华大学出版社，2008.

[35]郭建宁.社会主义核心价值观基本内容释义[M].北京：人民出版社，2014.

[36]郭庆光.传播学教程[M].北京：中国人民大学出版社，1999.

[37]郭广银.社会主义核心价值观教育研究丛书：爱国[M].南京：江苏人民出版社，2014.

[38]高地.中国共产党社会主义核心价值观教育研究[M].北京：人民出版社，2013.

[39]宫志峰，李纪岩，李在武.大学生社会主义核心价值体系建设研究[M].北京：人民出版社，2012.

[40]黄德珍，李艳，石中晨.社会主义核心价值观教育研究[M].北京：中国文史出版社，2015.

[41]韩震.社会主义核心价值体系研究[M].北京：人民出版社，2008.

[42]黄蓉生.改革开放以来大学生思想政治教育论纲[M].北京：人民出版社，2014.

[43]黄升民.数字化时代的中国广电媒体[M].北京：中国轻工业出版社，2003.

[44]韩丽颖.当代大学生核心价值观研究[M].北京：人民出版社，2014.

[45]胡琦.高校文化德育论[M].杭州：浙江大学出版

社,2014.

[46]胡树祥,吴满意.大学生社会实践教育理论与方法[M].北京:人民出版社,2010.

[47]姜正国.建设社会主义核心价值体系与思想政治工作创新研究[M].长沙:湖南人民出版社,2012.

[48]姜国峰.网络思想政治教育模式的构建研究[M].昆明:云南大学出版社,2009.

[49]姜璐.钱学森论系统科学(讲话篇)[M].北京:科学出版社,2011.

[50]季明.培育和践行社会主义核心价值观学习读本[M].北京:人民日报出版社,2014.

[51]靖国平.价值多元化背景下学校德育环境建设[M].南京:江苏教育出版社,2009.

[52]蒋宏,徐剑.新媒体导论[M].上海:上海交通大学出版社,2006.

[53]李东,孙海涛.在大学生中培育和践行社会主义核心价值观研究[M].北京:中国书籍出版社,2015.

[54]李辉.大学生环境适应优化理论与方法[M].北京:人民出版社,2010.

[55]李辉.当代大学生理想信念形成的特点及机制研究[M].北京:中国书籍出版社,2012.

[56]李纪岩.当代大学生社会主义核心价值观培育研究[M].济南:山东人民出版社,2013.

[57]李建华,夏建文.立德树人之道——大学生社会主义核心价值观的培育与践行研究[M].北京:人民出版社,2015.

[58]李忠军.社会主义核心价值体系统领大学生思想政治教育研究内在逻辑与体系建构[M].北京:人民出版社,2014.

[59]李松林.思想政治理论课教学模式研究[M].北京:首都师范大学出版社,2006.

[60]李前进.我国大学生社会主义核心价值体系教育研究

[M].上海:上海三联书店,2014.

[61]李伟,王汝秀,杨芳.承载与失落:高校道德建设研究[M].北京:中国社会科学出版社,2010.

[62]李宇遐.高校思想政治教育精神动力研究[M].北京:科学技术文献出版社,2015.

[63]刘雪峰.高校思想政治教育与校园文化建设创新研究[M].哈尔滨:黑龙江大学出版社,2014.

[64]蔺光,申铁成,冯忠宁.大学和谐校园建设与管理[M].沈阳:东北大学出版社,2008.

[65]林泰.改革开放以来的社会思潮与青年思想政治教育[M].北京:中国社会科学出版社,2013.

[66]梁桂麟,徐海波.当代高校公共理论课教育教学研究[M].北京:中国社会科学出版社,2012.

[67]宁先圣,石新宇.社会主义核心价值体系与当代社会思潮[M].北京:社会科学文献出版社,2011.

[68]彭绪琴.当代大学生理想信念教育研究[M].北京:中共中央党校出版社,2008.

[69]普通高校思想政治理论课文献选编(1949—2006)[C].北京:中国人民大学出版社,2006.

[70]乔德福.家庭道德新论[M].北京:中国社会出版社,2008.

[71]秦岭.学校环境文化建设[M].北京:北京工业大学出版社,2009.

[72]阮俊华.知行合一·实践报国——大学生从社会实践走向成功[M].杭州:浙江大学出版社,2009.

[73]孙昌增,崔忠江,丁东升.当代青年社会主义核心价值观培育与志愿服务[M].成都:西南交通大学出版社,2015.

[74]孙庆珠.高校校园文化概论[M].济南:山东大学出版社,2008.

[75]宋惠昌.社会主义核心价值观专题解读[M].北京:中共

中央党校出版社,2010.

[76]《社会热点理论参考》编写组.建设社会主义核心价值体系学习参考[M].北京:人民日报出版社,2007.

[77]双传学.社会主义核心价值观研究丛书:实践[M].南京:江苏人民出版社,2014.

[78]涂可国.社会文化导论[M].济南:山东人民出版社,2014.

[79]王宗礼,甘德荣.高校德育的协同机制及其实践研究[M].北京:中国文史出版社,2015.

[80]王燕文.社会主义核心价值观研究丛书(总论)[M].南京:江苏人民出版社,2014.

[81]王虹,刘智.新媒体时代高校思想政治教育创新研究[M].北京:中国社会科学出版社,2012.

[82]王学俭,刘强.新媒体与高校思想政治教育[M].北京:人民出版社,2012.

[83]王红等.高校校园文化活动创新研究[M].南昌:江西人民出版社,2012.

[84]王小云,王辉.大学生社会实践概论[M].北京:中国经济出版社,2005.

[85]王文鹏,刘刚.多维视阈下的大学校园文化研究[M].北京:现代教育出版社,2009.

[86]吴向东.重构现代性:当代社会主义价值观研究[M].北京:北京师范大学出版社,2009.

[87]万美容.思想政治教育方法发展研究[M].北京:中国社会科学出版社,2007.

[88]许俊.中国人的精气神——社会主义核心价值观国民读本[M].北京:人民出版社,2014.

[89]徐萍.新时期大学生社会主义核心价值观教育读本[M].上海:上海人民出版社,2010.

[90]谢晓娟.社会主义核心价值观研究[M].北京:中国社会

科学出版社,2012.

[91]谢宏忠.大学生价值观导向:基于文化多样性视野的分析[M].北京:社会科学文献出版社,2010.

[92]徐园媛,李思雨,罗二鹏.大学生社会主义核心价值观教育长效机制构建[M].成都:西南交通大学出版社,2015.

[93]徐园媛,廖桂芳,苏洁.大学生核心价值观教育接受机制构建[M].成都:西南交通大学出版社,2011.

[94]杨明,张伟.社会主义核心价值体系论纲[M].南京:南京大学出版社,2013.

[95]喻嘉乐.新时代研究生群体社会主义核心价值观教育研究[M].杭州:浙江大学出版社,2015.

[96]杨业华.当代中国大学生核心价值观研究[M].北京:人民出版社,2011.

[97]杨晓慧.社会主义核心价值体系融入大学生思想政治教育全过程的基本问题研究[M].北京:人民出版社,2011.

[98]尹忠恺.高校学生工作导论[M].沈阳:东北大学出版社,2013.

[99]张志军,沈威,高飞.构建高校发展型学生工作体系的理论与实践[M].北京:中国书籍出版社,2015.

[100]张学森.核心价值观的历史演进与当代构建[M].北京:人民出版社,2014.

[101]张福记,李纪岩.高校思想政治教育研究[M].成都:四川教育出版社,2009.

[102]张书明,于春明,张彩丽等.高校和谐校园理论与实践[M].济南:山东大学出版社,2007.

[103]张禧,尹君,陈从楷.坚持社会主义核心价值体系,创新大学生思想政治教育[M].成都:西南交通大学出版社,2012.

[104]张立成.大学生社会主义核心价值体系教育研究[M].北京:北京师范大学出版社,2013.

[105]赵爱玲.中国特色社会主义核心价值体系建设研究

[M].北京：中国人民大学出版社，2013.

[106]赵元明.社会主义核心价值体系与大学生思想道德教育研究[M].长春：吉林大学出版社，2008.

[107]郑洁.网络媒体传播社会主义核心价值观研究[M].北京：中国社会科学出版社，2012.

[108]周玉清，王少安.大学文化建设论纲——社会主义核心价值体系引领[M].北京：人民出版社，2010.

[109]邹绍清.当代思想政治教育方法论发展研究[M].北京：人民出版社，2013.

[110]郑珠仙.国家意识形态安全与大学生社会主义核心价值观教育研究[M].北京：人民出版社，2014.

[111]朱海松.第五传媒——无线营销下的分众传媒与定向传播[M].广州：广东经济出版社，2007.

[112]（美）塞缪尔·亨廷顿著；周琪译.文明的冲突与世界秩序的重建[M].北京：新华出版社，1998.

[113]（美）托马斯·里克纳著；刘冰，董晓航，邓海平译.美式课堂——品质教育学校方略[M].海口：海南出版社，2001.

[114]鲍硕来，陈俊.社会主义核心价值观内化为大学生修身教育的路径思考[J].思想理论教育导刊，2015(1).

[115]蔡海生.高校基层党组织在思想政治教育进社团中的作用[J].思想政治教育研究，2006(10).

[116]陈秉公.论社会主义核心价值观"高势位"培育和践行的规律性[J].思想理论教育，2014(2).

[117]程霞，马得林.社会主义核心价值体系引领社会思潮机制研究述评[J].毛泽东思想研究，2014(5).

[118]常素梅.论心理认同机制在高校思想政治理论课中的运用[J].太原大学教育学院学报，2009(3).

[119]戴木才.积极培育和践行社会主义核心价值观[J].思想教育研究，2014(2).

[120]邸乘光.中国共产党推进马克思主义大众化的基本经

验[J].中国井冈山干部学院学报,2012(4).

[121]董雅.挑战与回应——思想政治教育工作在现时代的创新与发展[M].重庆:西南师范大学出版社,2002.

[122]顾协国.地方高校大学生信仰教育及实践路径研究[J].思想教育研究,2013(8).

[123]郭嫄.大学生社会实践基地长效机制建设探究[J].中国电力教育,2009(6).

[124]胡俊生,惠雁冰.建示范基地平台做育化人才文章[J].中国高等教育,2015(10).

[125]江畅.培育和践行社会主义核心价值观与中国价值观构建[J].思想理论教育,2014(4).

[126]靳玉军.论社会主义核心价值观教育的实践要求[J].教育研究,2014(11).

[127]蒋玉娟.大学生社会主义核心价值观教育途径探究[J].高教论坛,2010(11).

[128]李春梅,魏忠明,刘会亭.当代大学生社会主义核心价值观的培育路径[J].湖北社会科学,2010(9).

[129]李娟,王倩.社会主义核心价值观培育机制浅析[J].人民论坛,2013(14).

[130]龙一平,沈绍睿.大学生社会主义核心价值观教育策略诉求及其实现[J].前沿,2009(9).

[131]林贤如.深化大学生社会实践基地建设的路径探讨[J].学理论,2012(31).

[132]刘蕴莲.论新形势下加强大学生社会主义核心价值观教育[J].思想理论教育导刊,2014(5).

[133]刘会亭.当代大学生社会主义核心价值观的构建与培育研究[D].湖北工业大学,2011.

[134]匡文波."新媒体"概念辨析[J].国际新闻界,2008(6).

[135]孟庆恩.高校学生社团及其教育功能的实现[J].国家教育行政学院学报,2011(4).

[136]穆庆夏.浅析如何运用新媒体开展青少年社会主义核心价值观教育——以天津某高校青年大学生调查为例[J].才智,2015(24).

[137]唐雪莲.深化高校社会实践的育人功能[J].巢湖学院学报,2007(3).

[138]唐晓阳,李莉丽.打造"三维实践"体系培养高素质应用型人才[J].中国高等教育,2007(18).

[139]田永静,陈树文.加强大学生社会主义核心价值观教育有效途径探究[J].思想教育研究,2010(5).

[140]王晓晖.积极培育和践行社会主义核心价值观[J].求是,2012(23).

[141]吴惠.新媒体:新机遇与新挑战[J].高校理论战线,2009(7).

[142]文大山.城市文化软实力提升的路径及其保障[J].求索,2012(12).

[143]肖建.我国高校实践育人观的突破、困境与反思[J].江苏高教,2013(9).

[144]张国祚.张国祚和约瑟夫·奈关于软实力的对话[J].中国社会科学报,2012(15).

[145]汪立夏,李曦.当代大学生社会主义核心价值观内化机制的创新[J].思想教育研究,2012(12).

[146]王传中.新媒体对大学生生活、学习、思想的影响[J].高校理论战线,2009(7).

[147]王延伟,廖桂芳.论大学生社会主义核心价值观心理接受机制的构建[J].前沿,2010(6).

[148]汪盛科.网络文化的冲击与改进高校德育工作[J].高校理论战线,2000(11).

[149]袁永军,石秀霞,张丽敏.利用节日纪念日开展大学生主题教育活动现状分析[J].改革与开放,2013(3).

[150]余国林.发达国家高校隐性思想政治教育的启示[J].

思想政治教育,2011(1).

[151]杨状振.中国新媒体理论研究发展报告[J].现代视听,2009(5).

[152]周凌云.论新形势下高校校园文化建设[J].教育与职业,2009(32).

[153]张培营.如何使大学生社会实践活动双向收益[J].思想教育研究,2006(2).

[154]中共中央办公厅印发《关于培育和践行社会主义核心价值观的意见》把价值观教育融入国民教育全过程[J].中国职工教育,2014(1).

[155]郑开来.青年上网心态的文化研究[J].青年研究,2001(7).

[156]詹玉华.以社会主义核心价值体系引领高校校园思潮[J].江汉大学学报(社会科学版),2011(3).